Bist Du der, auf den ich gewartet habe?
Vollendung von *Katharsis*
Autobiografie

Katharina Beta

Bist Du der, auf den ich gewartet habe?

Vollendung von *Katharsis*

Autobiografie

Bachmaier

Bibliografische Information Der Deutschen Bibliothek
Die Deutsche Bibliothek verzeichnet diese Publikation in der Deutschen Nationalbibliografie; detaillierte Daten sind im Internet unter http://dnb.ddb.de abrufbar.

Originalausgabe
ISBN 3-931680-48-7

Satz: Dr. Bachmaier Verlag
Druck und Herstellung: buch bücher dd ag, Frensdorf

Zum Buch

Vor ungefähr zwanzig Jahren kam ich hier her. Es war ein stilles Wollen des Unterbewusstseins, nehme ich an. Rückblickend weiß ich, warum ich Wien zum Leben wählte.

Ich wusste nichts über das Land und die Menschen, niemand war mir vertraut. Anfangs wusste ich wirklich nicht, was ich hier finden wollte. Die Österreicher sind ein Volk, wurde mir erklärt, das vom katholischen Glauben geprägt ist und sich bemüht, das Land und den Glauben zu erhalten. Menschen haben aus der Landschaft Wesen gemacht. Damit wurde Wien für mich der Ort, der erzählt werden wollte, der den Wunsch hatte, sich mitzuteilen, der seine Geschichte in Auftrag gab. Es gibt Plätze und Orte, an denen ich, in denen wir ein Leben lang sind, oder die wir nur für einen Moment aufsuchen, Orte, die wir zufällig finden, oder Orte, deren Namen uns aus der Landkarte heraus schon anziehen. Es gibt Orte, die wir nicht wiedersehen werden, die in Vergessenheit geraten. Es gibt Orte, nach denen wir uns sehnen, oder solche, die uns das Fürchten lehrten. Es gibt auch Orte, die mich mit Ehrfurcht erfüllten.

Diese Stadt wurde für mich zu dem Ort, an dem ich mich wie zu Hause fühlen lernte. Orte sind immer ganz wirklich. Du kannst darin herum gehen. Du kannst dich auf den Boden legen, einen Stein mitnehmen oder eine Handvoll Erde ... Nur den Ort selbst, den kann niemand mitnehmen. Orte gehören keinem, selbst meiner Kamera nicht. Ich kann Bilder von diesem Ort machen. Damit leihe ich mir die Erscheinung dieses Ortes für eine kleine Weile aus – nichts als seine Oberfläche.

Vielleicht ist Wien ein Ort, von dem ich schon geträumt habe, und nach langen Irrwegen angekommen war. Diesen Ort konnte ich auch Insel nennen. Ort und Insel sind nicht nur Worte. Das sage ich, weil es zu meinen Angewohnheiten gehört, etwas so lange zu hinterfragen, bis ich eine annehmbare Antwort gefunden habe. Meistens ergeben sich aus

Antworten schon wieder neue Fragen. Eine Erkenntnis wurde: Insel ist der Isolation gleich, das heißt, allein sein können und wollen.

Insel erklärt sich als ein Ort, der vom Wasser umgeben ist, der bewohnt oder unbewohnt ist. Die Vorstellung malt Bilder von zerklüfteten Felsen, Bäumen und Sträuchern, ebenso wie von Tieren, die dort leben, von Vögeln, die dort singen. Ja, die Vorstellung baut eine Hütte auf diese Insel, um sich geschützt zu fühlen. Damit hat Insel den Charakter von Alleinsein, von Einsamkeit, von Ausgeliefertsein, ja auch von Hoffnung. Wozu würde ich mir eine Hütte bauen, wenn ich mich nicht schutzbedürftig fühlen würde? Man zündet ein Feuer an, das wiederum unterschiedliche Gründe hat, vom Wärmen zum Licht und Schutz und zur Zubereitung von Nahrung. Feuer stellt den Gesamtzusammenhang des menschlichen Lebens dar. Der Buddha vergleicht das Ende des Lebens und den Eingang in das Nirwana einem verlöschenden Feuer, das nicht imstande ist, sich noch einmal zu entwickeln.

Wenn jemand gut erklären kann, ist es möglich, das Wissen zu erweitern. Aber meine Vorstellung von Insel im Vergleich mit Wien ist schon sehr extrem. Es ist so extrem wie das Lesen eines Buches über die Liebe und dem Begegnen mit einem besonderen Menschen, ein Gegenüberstehen, eine Begegnung von vier aufeinander gerichteten Augen ... Ein Ort ist, wo Augen dich ansehen, wo sich die Augen treffen, entstehst du. Wir sind Augen-Wesen. Liebe ist mit Ort und Worten nicht verständlich zu machen. Sie sagen, dass wir auf dieser Erde einen bestimmten Platz haben, den wir auszufüllen, den wir lieben und auch verteidigen müssen.

Ich wusste nur, dass ich immer auf der Suche war. Was ich suchte, konnte ich niemandem erklären. Das Wissen war tief in mir, wurde nur in kleinsten Partikelchen verfügbar und dazu wurden oft einfache Erlebnisse wichtig, so wie die Begegnung mit dem Märchenerzähler.

Dabei fiel mir „das kleine Mädchen mit den Streichhölzern“ ein. Hier macht Andersen deutlich, dass die Ganzheit des Lebens letztlich nur von der Macht Gottes gegeben sein kann, die den gesamten Wirklichkeitsprozess und alle darin verflochtenen Schicksale lenkt und hält.

***

In den vergangenen Jahren habe ich sehr viel gelesen. Ich wollte meine persönliche Mitte finden. Märcheninhalte verglich ich mit dem gegenwärtigen Leben, und fand dabei so manchen nützlichen Hinweis zur Lösung eigener Probleme. Mir wurde – nicht in philosophischen Begriffen, sondern in Bildern und anschaulichen Geschichten – eine in sich harmonische, aber keineswegs leidlose Welt gezeichnet. Das Weltbild, das sich aus dem Märchen entwickelte, brauchte meine eigene Erfahrung die ich von der Welt hatte, und wie sie in Religionen, Wissenschaften und Philosophien überliefert wurde. Und unversehens kam ich zu dem Wort Weltanschauung. Eine gute Weltanschauung zu haben, wird als unverzichtbar gehalten. Und ich stelle mir immer bewegende Fragen: Ist das, was Menschen einer bestimmten Zeit wahrnehmen, wirklich alles, was es gibt? Was gibt es überhaupt? Und was bedeutet es für mein Leben, ob es Dämonen, Menschenwürde beim Ungeborenen, oder die göttliche Vorsehung gibt oder nicht?

Da erinnere ich mich der Worte des Marc Aurel, die ich kürzlich gelesen habe: „Daran ist immer zu denken, welches die Natur des Alls ist und welches die meine, und wie sich diese zu jener verhält.“ Wie finde ich zu mir selbst, die ich eingebunden bin in das, was ich nun einmal ohne mein Zutun „von Natur aus“ und in der Welt, die mich umgibt, bin?

Als mir eine Freundin sagte: „Du bist wie eine Insel“, wurde mir klar, dass sie mein Leben meinte. Ich habe mir mein Leben nicht selber gegeben und spreche ungern von mir selbst. Ich denke selten daran, dass ich nur den kleinsten Teil meines Lebens selber entscheiden kann. Da bilde ich keinen Unterschied zu anderen Menschen.

Und da wurde mir der Gedanke meiner Freundin klar: Unser Leben ist ein kleiner Fleck – eine Insel – im Gesamtgewebe der Wirklichkeit. Wir haben diese Webart nicht bestimmt. Es webt sich. Unser Leben ist ein winziges Bruchstück, das in jedem Augenblick seines Daseins vom Ganzen der Wirklichkeit umfasst wird. Es wird vom Ganzen hervorgebracht, eine Zeitlang getragen, und schließlich wieder zerstört. Alles Einzelne lebt nicht aus sich selbst, sondern aus dem Ganzen heraus.

Ich erinnere mich an die Worte eines alten Mannes vom Stamme der Inka, den ich in Peru kennen lernte: „Ihr braucht mich nicht zu kennen und ich euch auch nicht, aber trotzdem müssen wir uns alle respektieren und lieb haben. Wir sind nicht mehr und nicht weniger als jeder andere Teil des Universums. Ich bin die Sonne, denn die Sonne ist Natur und ich auch. Die Sonne ist riesengroß, und ich bin winzig klein, aber trotzdem bin ich ein Teil davon. Aber die Sonne ist, wie ich, winzig klein im ganzen Universum. Wir sagen immer, dass der Richtige der Älteste ist. Für uns ist das Älteste in unserem Sonnensystem die Sonne selbst. Das bedeutet nicht für uns, dass die Sonne ein Gott ist. In unserer Philosophie heißt es, dass das ganze Universum miteinander verwandt ist."

Der Überblick über das Ganze würde erschöpfend sein, und mir die Fragen beantworten helfen: Wie kam ich in dieses Weltgewebe hinein? Wie laufen meine Fäden zum Rest des Kosmos? Warum bleibe ich unfähig meine eigene Seele zu sehen?

Es drängt mich, die Grenzen des Wissbaren auszuloten, zu erwägen, was sich darin über verborgenes „Darüber hinaus" bekundet und ich frage danach, was es für meine Lebensführung bedeutet, dass ich mein Leben an einem Ganzen orientieren muss. Und ich muss gestehen, das es die Fragen sind, die mich offen sein lassen, für die Weite und Tiefe der Existenz, und die mich von Alltagsbanalitäten fernhalten.

Unbeantwortet bleibt mir die Frage, ob ich den Tod als den

Punkt ansehen kann, an dem die Weltharmonie für mich endgültig zerbrechen muss, oder ob mir der Tod neues Leben eröffnet. Muss es den Tod geben um Leben zu gewinnen? Mein weiser Lehrer Avenir sagte mir eines Tages: „Nur wenn du dich vom Altgewohnten, einem erreichten Lebensinhalt, auch zeitweise trennen kannst – wenn du auf eine unsichere ‚Insel' gehen kannst, bist du in der Lage, offen zu werden für die Erfahrungen neuer Dimensionen des Lebens. Wenn du dem Schmerz des Abschieds von der sicheren und erprobten Lebensgestalt aus dem Weg gehst, verhinderst du die weitere Reifung deines Lebens. Du begnügst dich mit dem bloßen Schatten dessen, was dein Leben hätte sein können."

Und der Gedanke kam mir vor meinem Aufbruch in meine neue Welt: Wenn es mir gelingen könnte, alles Leid, das im Leben aufgetreten ist, oder noch auftreten wird, restlos als Durchgangsstation zu neuer Erfüllung zu erkennen, dann bleibt doch der Tod. Und wenn sich dahinter kein weiterer Ereignishorizont auftut, ist er das rein Negative, eine Zerstörung, die nicht mehr Durchgang zu irgend etwas Neuem sein kann. Ist also der Tod – die Vernichtung – das Letzte, wozu wir bestimmt sind?

Alle Menschen streben nach irgend etwas, fragen nach eigener Bestimmung. Wenn sich aber in der Natur keine Zielbestimmung finden lässt, sondern nur in unserem Handeln vorkommt, dann wäre der Verdacht naheliegend, dass wir uns eine Bestimmung zuschreiben. In Wirklichkeit handelt es sich um eigene Erfahrungen. Es gibt gar keine festgesetzte Bestimmung?

So hat mancher Mensch, auch wenn er in guter Lebensverfassung lebt, manchmal einfach den Drang neue Erfahrungen zu machen, neue Daseinsräume zu erkunden, seine „Insel" zu suchen.

I. Kapitel

Eines Tages erhielt ich wirklich die Einladung zum Besuch einer Insel, die ich nicht kannte. Sie war nicht einmal ein Ort, den ich sehen wollte. Aber es war ein Ort, der mir eine Geschichte in Auftrag gab, der den Wunsch hatte, sich mitzuteilen.

Der Zeitablauf bis zum Erreichen des Ziels hat Warten zum Inhalt. Warten bedeutet auf etwas, aber auch auf jemanden zu warten. Wenn man mich fragte, worauf ich warte, habe ich nichts Konkretes sagen können. In mir war das Werden von etwas, das wortlos blieb, aber nach außen drängte und das schon sehr lange. Ich hätte auch sagen können: In mir ist eine Insel, denn alle noch unbekannten Zusammenhänge ruhten in mir. Der Besuch auf einer Insel war mir nahe gelegt worden. Der Name Amrum hat nichts mit dem Wort oder dem Getränk „Rum" zu tun, ließ ich mir sagen. Wer weiß das schon genau? Weiß überhaupt jemand etwas genau? Mir ging es bisher immer so, dass ich dann, wenn ich meinte, mein Wissen erweitert zu haben, bei irgend einer Begegnung spürte, wie wenig ich noch wusste.

Eine Freundin, die diese Insel schon kannte und in den Ferien lieber dort war als auf Sylt, erklärte mir: „Dort trinkt man gerne Tee mit Rum, oder man bereitet den Kaffee mit Rum. Das nennen die Insulaner ‚Pharisäer'. Brauner Rum (mit 40% Vol.) und Zucker gehören ebenso dazu wie geschlagene Sahne. Der Rum wird leicht erwärmt, mit 4cl oder nach Belieben in eine möglichst hohe Tasse gegeben, Zucker nach Geschmack zugefügt, und starker heißer Kaffee zu ¾ aufgefüllt; umrühren, damit der Zucker sich auflöst, obenauf die leicht geschlagene Sahne! Der *Pharisäer* wird durch die Sahnehaube geschlürft." Oder aber: die dampfende Tasse Tee, eventuell mit knisternden Klüntjes, das ist Kandis, und in Ostfriesland mit Sahnewölkchen versehen; ein Symbol friesischer Gastlichkeit, dabei ist es „erst" 250 Jahre her, dass der Tee nach Ostfriesland kam. Das gehört zur

Geschichte der Ostfriesen, denn Amrum ist eine Insel im ostfriesischen Raum der Nordsee...

Aber wie es zu der Einladung auf diese Insel kam, das steht im Zusammenhang mit meiner Geschichte, zu der mir Senecas Worte in den Sinn kommen: *Das Ziel steht uns fest, das die unerbittliche Notwendigkeit des Schicksals gesteckt hat; doch niemand von uns weiß, wie nahe er dem Ziel ist.*

***

Wichtigkeit bekam der Gedanke, dass Amrum der Punkt sein könnte, der zum „i“ gehört. Denn was ist ein „i“ ohne Punkt oder ein Punkt ohne „i“? Meine Neugierde blieb nicht in meinem Kopf sondern nahm Besitz von meinem ganzen Körper. Es wäre gut, grübelte ich schließlich, wenn ich meine Seele sehen, sie durchschauen könnte. Es würde keine Fragen mehr geben.

Ich spürte meine Unruhe und hörte mir neue Erklärungen für „Insel“ an. „Der Strand ist der Wüste ähnlich“, sagte Ilona, meine Freundin, als sie von einer Reise zurück kam. Und sie fragte mich: „Könntest du die Wüste ertragen?“ „Ja, ich glaube, dass ich Wüste ertragen, vielleicht sogar lieben könnte“, antwortete ich. „Vielleicht suche ich sogar Wüste im Zusammenhang mit Insel? Ich weiß es nicht.“ Wüste ist nicht Nichts. Nihil ist nichts. Ich weiß es. Ich war Nichts. Und ich blicke wieder zurück zum Anfang meines Daseins. Damals, als ich aus dem Koma erwachte, als ich kein Ich war und nicht denken konnte, da hatte ich keine Vorstellung von etwas und auch kein Empfinden. Ich konnte die Augen öffnen, konnte wahrnehmen, aber nicht wirklich sehen. Das Sehen kannte das Sehen noch nicht, und das Hören kannte noch nicht das Hören.

Hier und jetzt, dreißig Jahre später, wird die Vorstellung des Nichtseins vom Ich konzipiert, aber während mein Ich sich bemüht, das Nichtsein zu vergegenwärtigen, hat es gleichzeitig das Bewusstsein seines Daseins. Diese Gleichzeitigkeit verhindert die wirkliche deutliche Vorstellung vom

Nichtsein. Ich müsste also jetzt, um zurück zu kehren in jene Zeit, als ich Nichts war, aufhören mich als Seiend zu fühlen; das heißt, ich müsste unbewusst sein, ich dürfte nicht denken! Dann könnte ich aber das Nichtsein nicht denken. Hier ist der Kreis. Seit ich denkfähig wurde, ist mein Ich, mein Körper, sich seines Daseins bewusst. Wäre ich mir jetzt meines Daseins nicht bewusst, würde ich nicht denken, auch nicht den Gedanken des Nichtseins. Aber es gibt nicht nur den einen Weg. Meine Seele unterscheidet sich von meinem Körper. Sie ist immer noch beobachtend neben mir, nicht in mir.

Einmal wurde mir von einem Moderator bei einer Fernsehsendung die Frage gestellt, eine Frage, die mich lange beschäftigt hat, ja, die mich noch immer beschäftigt, wenn auch anders: *Was haben Sie gedacht, als Sie nichts dachten*?

Die Möglichkeit der Vorstellung, sich selbst als etwas Nichtdenkendes zu erleben, fehlte den Fernsehzuschauern, fehlte den Lesern. Inzwischen weiß ich, dass Menschen, die das Nichtsein nicht kennen, vom Nichtsein die gleiche Vorstellung haben wie von der Unendlichkeit, die sie in Formeln, aber nicht in ihr Gehirn bringen können. Triumphierend fühlen sich die Menschen über alle anderen Lebewesen, besonders die schwachen, erhaben. Dabei gelangen nicht einmal die großen Seelen zur schattenhaften Ahnung des Nichtseins und der Unendlichkeit. Was wäre dann, wenn es möglich wäre? Ein Emporheben über sich selbst? Aber wie soll der einfache Mensch solche Gedankenarbeit leisten? Das Nichts ist ihm unfassbar, die ewige Dauer des Ich selbstverständlich. Wobei dieses Ich ebenso rätselhaft ist, wie jeder Mensch. Man kann von einer Maschine keine Kraftleistung verlangen, die über das Vermögen der Bestandteile hinausgeht. Die Vorstellung des Nichtseins, ist eine Kraftleistung, die über das Vermögen des menschlichen Denkapparates hinausgeht. Ich weiß, dass Werdendes andauert, dass immer Rätsel und Fragen bleiben, und auch das Suchen nach Antworten. Aber man muss auch dann, wenn es Antworten gibt, mit den Antworten umgehen lernen. Meine Neugierde auf die Insel fand kein Ende, obwohl Amrum immer mit einem anderen Namen in Verbindung stand. Wenn ich Amrum sagte, meinte ich jenen Menschen, der mich dorthin eingeladen hatte. Sein Bild war in mir und um mich herum. Ja, es füllte mich aus.

Ich kaufte „Inselführer", las über Dünen, Strand und Wattenmeer, Pflanzen und Tiere der Küste, schaute Landkarten an, maß bereits den Inselumfang zum Laufen, so, als wollte ich mir dabei erklären, warum es mich dort hin zog. Ich lief schon um die Insel herum, ohne mit meinen Füßen den Sand zu berühren! Ja, so lebe ich, so bin ich.

Es war auch so, als wollte ich durch das Lernen von und über die Insel mehr über den Menschen erfahren. Ich wollte seine Geschichte erfahren... Amrum wurde zum magischen Wort. Aber was mich wirklich zog, konnte ich mir nicht erklären. Ich suchte Zusammenhänge und wusste nicht, dass ich mein Leben suchte. Und wenn der Strandwanderer einen Bernstein findet? „Jetzt und hier kämen Sie dazu etwa 4000 Jahre zu spät", erklärte mir eine sehr belesene Dame im Reisebüro, die keine meiner Fragen unbeantwortet ließ. Und das ist wirkliche Leistung! „Während der Bronzezeit war Bernstein, versteinertes Harz aus urzeitlichen Kieferwäldern, im Bereich des heutigen Skandinaviens sehr häufig; der Handel mit den Mittelmeerländern leitete im Norden die hochkulturelle Bronzezeit ein. Es lohnt sich kaum, an der Nordsee danach zu suchen, auch wenn man ganz viel Zeit hat." Ich hatte Zeit. Aber ich suchte nicht den Bernstein.

Bernstein steht wie ein Fossil für die Jahre meiner Kindheit, die mir aus Erzählungen bekannt wurden. „Es war einmal", so begann für mich das Märchen, „als deine Geschwister und du noch Kinder wart, und wir die Sommer an der Ostsee erlebten, während es in Berlin zu warm war, oft wohnten wir entweder auf Zoppot oder Nest. In den Morgenstunden gingen wir an den Strand und sammelten in einer Art Wettbewerb: „Wer findet die schönsten die größten

Bernsteine?“ Jeder hatte eine kleine Kiste dafür ausgesucht, in der die Schätze geborgen wurden“, erzählte die Mutter.

Bernstein hat meine besondere Zuneigung. Er spendet mir Kraft, ich spüre starke Impulse des natürlichen Stromkreises, wenn ich einen Naturstein nur fest in der Hand halte. Ich habe eine starke Bindung an den Stein, der aus dem Wasser kommt. Es gibt so wunderschöne geheimnisträchtige Geschichten über ihn. Und ich lese und lese ...

Immer wieder stellen sich neue Fragen, als wäre mein ganzes Dasein nichts anderes als Fragen. Beim Bernstein und der Ostsee angekommen, begann die Neugierde: Wer war die Frau, die vor Katharina lebte, wie war das Kind, das den Krieg erlebte, die Geschwister, die Eltern? Und viel wurde mir erzählt. Es klang wie ein Märchen, in dem es um eine Person ging, die vom Schicksal herausgefordert wurde, den eigenen Weg zu finden, die immer wieder fiel und immer wieder aufstand und dem Schicksal lachend die Stirn bot.

Meine Mutter nahm an, dass sie meine Erinnerung wecken konnte, wenn sie mir viel erzählte und mir Bilder zeigte. „Es war vor vielen Jahren in Berlin“, begann sie und wiederholte so oft, dass ich diese Geschichte bald auswendig kannte. Aber ich spürte nicht die fernste Regung mit mir. „Du wurdest als unsere zweite Tochter geboren. Unsere Ehe dauerte schon drei Jahre, als unsere erste Tochter geboren wurde. Dein Vater sagte damals zu mir: ‚Du weißt, dass ich mir einen Sohn wünsche!’ In unserer Familie gab es seit Generationen nur Söhne.“ Also hätte das zweite Kind ein Sohn sein müssen, dachte ich. In der kurzen Zeitspanne zwischen 1935 und 1938 bekam die Welt ein anderes Gesicht. Der Vater akzeptierte die zweite Tochter nicht. Sie bekam nicht einmal einen Mädchennamen, sondern wurde Fritz, nach dem „Alten Fritz“, Friedrich dem Großen, gerufen. Erst später wurde das Mädchen Irmhild genannt und im Standesamtregister eingetragen. Wir wurden nicht getauft. Politik und Militär waren dem Vater, der in Berlin die Militärakademie besucht hatte, näher als Gott und die Kirche.

1940 erfüllte sich der Wunsch des Vaters, sein Sohn wurde geboren. Das erste Kind war schön und gern gesehen, das dritte Kind, der Sohn, gehörte an die rechte Seite des Vaters. Und das zweite Kind? Noch dazu am zweiten Tag des zweiten Monats eines Jahres geboren. Nach meiner Geburt wurde die Mutter sehr krank. Vom Kindbettfieber erholte sie sich langsam nach einem Jahr. In dieser Zeit behütete mich meine Großmutter, die Aufsicht hatte ein Kindermädchen. Das erzählte mir später meine Großmutter, die schon länger als 90 Jahre lebte, als ich sie zu Beginn der 90iger Jahre in Kiel besuchte. In Berlin war es in jener Zeit üblich, dass die Herrschaften im vorderen Haus lebten und die Dienstboten im Hinterhaus wohnten. Aus den Fenstern des Vorderhauses war die Spree zu sehen und die Schiffe, die dort fuhren. Andere Fenster gaben den Blick zum Luisen-Schloss, dem Charlottenburger Schloss, frei. Das Vorderhaus war durch einen großen Innenhof vom Hinterhaus getrennt. Im Hof spielte manchmal der Leierkastenmann; aus dem Küchenfenster durften Münzen hinunter geworfen werden. Die Mutter erzählte, dass ich gern zugeschaut habe, denn ein Affe, der auf dem Leierkasten saß, weckte mein Interesse.

Im Innenhof spielten Kinder aus dem Hinterhof. Uns war das Spielen im Hof ebenso verboten wie der Kontakt zu den Kindern. Im Hof waren auch Schutzbunker. Kleine Türen führten zum Weg tief unter die Erde. Als der Krieg begann, suchten alle Familien, ohne Trennung nach Herrschaft oder Dienstboten, in den Räumen unter der Erde Schutz. Nach den ersten Sirenentönen wurden die Fenster der Wohnungen verdunkelt, die Trainingsanzüge, die immer im Kinderzimmer auf den Stühlen lagen, angezogen. Die kleine Tasche mit Getränken und Nahrung nahm jeder an sich, bevor wir den Weg zum Schutzkeller gingen. Dort gab es die Möglichkeit der Kontaktaufnahme zu anderen Kindern. Alle teilten sich die Angst. Wenn die Sirenen zur Entwarnung gehört wurden, konnte der Bunker verlassen werden. Alle kehrten in ihre Wohnungen zurück. Aber die Umgebung hatte sich verändert. Flammen stiegen auf, Teile der Häuser, ganze Häuser der Nachbarschaft stürzten zusammen, Blutende, Verletzte, Tote lagen auf der Straße, als wir Kinder waren in Berlin. Es wurde geweint und geschrieen. Das Haus, in dem wir wohnten, stand noch. Wir haben nicht mehr gewagt die Trainingsanzüge auszuziehen, behielten sie sogar zum Schlafen an, erzählte die Mutter. Kinderkrankheiten blieben nicht aus. Die Tür des Herrenzimmers, das Arbeitszimmer des Vaters, blieb verschlossen. Der Vater war in Afrika. Die Mutter und das Kindermädchen blieben mit uns allein, bis es in Berlin zu gefährlich wurde, und die Familien der Offiziere evakuiert wurden.

1943 sollte Ostpreußen Sicherheit geben. Wie es die Ostfriesen sagen: Es gibt die große Geschichte, das heißt, die mit den anderen; und die kleine persönliche Geschichte. So denke ich den Krieg als die große Geschichte im Unterschied zu den kleinen Geschichten der Familien. Natürlich gibt es auch große Schicksale in kleinen Familien. Viele Menschen wuchsen über sich hinaus. Die Großmutter nannte das Beispiel unserer Mutter. Wir haben uns alle an ihr festgehalten. Die Fragen „Was ist Krieg? Warum muss das alles sein? Wer ist mein Feind? Warum ist er mein Feind? Wo ist der Vater?“, blieben lange unbeantwortet. Die Frage, „wann können wir wieder zurück?“, wurde immer leiser gestellt. Im Herbst 1943 begann meine Schulzeit in der Nähe von Königsberg. Ich war noch nicht 6 Jahre alt.

Es dauerte nur ein Jahr, bis die Front näher rückte und Ostpreußen zu unsicher wurde. Es folgte die Evakuierung von dort zum Sudetenland, nach Zwickau, wo der Winter im meterhohen Schnee erlebt wurde. Wenn wir in der Schule ankamen, musste die Oberbekleidung ausgezogen und auf den Heizkörpern getrocknet werden. Die Räume waren feucht und Schimmel bildete sich an den Wänden. Meist waren die Sachen nach dem Unterricht noch nicht trocken. Ich weiß nicht, ob das für uns wichtig war, denn wir mussten ja wieder eine Stunde durch den Schnee bis zur Wohnung laufen. Die Räume, in denen wir lebten, wurden mit Holz geheizt, das wir im nahen Wald sammelten. Selten gab es Kohle. Die Hauseigentümer, die Flüchtlinge aufnehmen mussten, waren nicht besonders freundlich. Die Mutter hat nie den Mut verloren und versorgte uns so gut es möglich war. Ich war oft krank, denn ich war sehr klein und viel zu dünn. Die Schuld daran gab man meiner Lebhaftigkeit. Aber es waren die feuchten Räume und die feuchten Betten und die mangelhafte Nahrung. Schließlich kam der 8. und 9. Mai 1945. Der Zweite Weltkrieg war beendet. Ich weiß nicht, was das für uns Kinder damals bedeutet hat, und warum ich später vom Schicksal verurteilt wurde, das alles zu vergessen.

Die Mutter ließ nach dem Vater suchen. Alle Personen, die nicht im Osten bleiben wollten, mussten sich auf den Weg in ihre Heimatstadt machen. Das bedeutete einen Weg nach Berlin zu suchen und zu gehen. Wir hatten nichts anderes als das, was jeder von uns auf dem Leib trug. Es war ein sehr warmer Mai. „Du hattest eine Inge-Puppe", erzählte die Mutter mir, „du hast versucht sie zu beschützen." Wir hatten einen Kinderwagen, in dem all unsere Habe transportiert wurde, der Bruder musste gefahren werden. Er konnte noch nicht lange laufen, er war erst 5 Jahre alt. Ausruhen oder Schlafen konnten wir nicht in guten Hotels, wie wir es in Zoppot oder Nest oder auf unseren Reisen vor dem Krieg gewöhnt waren. Wir schliefen in ausgebrannten Bauernhöfen, wo brennende, verendende Pferde lagen und am Straßenrand tote Soldaten. Vor Stunden war dort überall noch Krieg ... Da stand das Feinbild noch sehr aufrecht!

Die russischen Soldaten hatten eigenartige Mützen auf und wir verstanden sie nicht, wenn sie zu uns sprachen. Gestikulierend, mit Waffen drohend machten sie klar, dass sie Schmuck und Uhren haben wollten. Wir hatten Angst. Sie schnitten sogar die Puppe auf, weil sie Wertsachen vermuteten. „Du hast deine Puppe weiterhin in deinem Arm getragen, obwohl sie einen offenen Kopf hatte", sagte die Mutter. „Als die Soldaten mich bedrohten, und mich ins

Gebüsch gezogen haben, habt ihr laut geschrieen und mich festgehalten. Andere Soldaten, die den Namen Wlassov hatten, haben uns geholfen. Wir gingen weiter. Tage, Wochen, wir schliefen in Scheunen auf dem Stroh und wurden von Wanzen gebissen, hatten Läuse in den Haaren und aßen die Kartoffeln mit der Schale. Wir hatten ein Ziel: Nach Hause zu kommen und den Vater zu finden."

Wir waren drei Kinder im Alter von 5, 8. und 11 Jahren.

Was ist die Zeit? Es wurde wieder Abend, es wurde wieder Morgen: ein Tag. Da begegneten uns wieder einige der freundlichen Wlassov-Soldaten; sie saßen am Straßenrand und nahmen ihre Mahlzeit ein. Als sie uns erblickten, luden sie uns ein, mit ihnen zu essen. Sie öffneten Gläser, in denen konservierte Wurst war, sie brachen von ihren großen Broten Scheiben ab und gaben sie uns. Wir hatten Hunger. Sie teilten ihr Brot mit uns. Das Gefühl satt zu sein, nahm die Angst weg. Wir bedankten uns und bekamen noch ein Brot und eine Konserve geschenkt, denn unser Weg würde noch lang sein. Es war die letzte Konserve, die diese Soldaten hatten. Sie streichelten unsere verlausten Haare und lachten fröhlich. Berlin war nicht mehr unsere Stadt, sondern ein Ort der Trümmer. Wo unser Haus gestanden hatte, war ein riesiger Krater. Im Park des Luisen-Schlosses standen russische Panzer. Viele Jahre später zeigte mir die Mutter die Bilder und versuchte zu erklären. Krieg und Feind bleiben für mich Fremdwärter. Wir hatten kein Zuhause mehr. Wir hatten nur unser Leben.

Wir bekamen ein Zimmer in einer Wohnung, die der Größe unserer früheren Wohnung entsprach. Jedes Zimmer wurde von anderen Menschen, die einander fremd waren, bewohnt. Die Mutter konnte über das Rote Kreuz erfahren, dass unser Vater lebte und in englischer Gefangenschaft in Dünkirchen war.

In der Nähe von Göttingen wurden Angehörige der Mutter ausfindig gemacht. Die Schwester ihrer Mutter hatte sich vor dem Krieg dorthin verheiratet. Der Vater ließ sich aus der

Gefangenschaft dorthin entlassen. Er war krank. Die Mutter sagte: Er ist kein Mann mehr. Das haben die Engländer gemacht. Ich verstand längst nicht alles, was sie mir sagen wollte. Die Mutter hatte keinen Beruf. Der Vater als Berufsoffizier hatte wenig Chancen einen zivilen Beruf zu finden. Man gab ihm schließlich im Finanzamt eine Möglichkeit Geld für die Familie zu verdienen. Es war ein schwerer Anfang. Er war von Entbehrung und Verzicht gekennzeichnet. Wir bekamen Schulspeisung, das war eine warme Mahlzeit in der Unterrichtspause. Und es gab Lebensmittelkarten. Ich war inzwischen so schwach geworden, dass ich in ein Kindererholungsheim auf die Insel Langeoog geschickt werden musste. Mutter zeigte mir Bilder von einem mageren kleinen Mädchen, das das neunte Lebensjahr erreicht hatte. Ich erholte mich an der Nordsee und konnte in Göttingen die Schulzeit abschließen.

Als ich 17 Jahre alt wurde, starb der Vater. Das Geld war knapp. Aber ich suchte meinen Weg. Ich machte die Ausbildung zur Kinder- und Krankenschwester und legte 1957 das Staatsexamen ab.

Dazu hatte ich ein Zimmer in der Klinik und entlastete die Mutter finanziell. Aber ich wollte „wissen". Im Abendkurs holte ich das Abitur nach und begann das Studium der Medizin, um Kinderärztin zu werden. Ich arbeitete in München in der Klinik „Rechts der Isar" im Nachtdienst, hatte dort ein Zimmer, war tagsüber im Hörsaal und finanzierte mein Studium allein. In München veränderte sich mein Leben grundlegend. Es war im Frühjahr des Jahres 1960.

II. Kapitel

Eine Freundin und ich saßen in einem Kaffee, das Stühle und Tische in die Sonne gestellt hatte, in der Nähe der Uni. Wir freuten uns der wärmenden Sonne und beobachteten die Leute. An einem Tisch in unserer Nähe saßen einige junge

Männer. Mir fiel einer auf, der braunäugig unter dunklem Haar zu mir herüber schaute und dann seine Augen hinter der Sonnenbrille versteckte. Als sich unsere Blicke begegneten, stand er auf, kam zu unserem Tisch und fragte: „Sind Sie als Touristen hier in München?"

Die deutsche Sprache fiel ihm schwer, unverkennbar war er Amerikaner.

„Nein, wir sind nicht Touristen" erklärte meine Freundin spontan in der englischen Sprache. „Wir studieren hier Medizin."

„Aha, darf ich mich zu Ihnen setzen?"

Dabei blieb es nicht, als Anna ihre Zustimmung gegeben hatte. Mit seinem Freund, den er als Tom vorstellte, setzte er sich zu uns. Er nahm seine Sonnenbrille ab. Vier Augen begegneten sich. Weiche dunkelbraune Augen und hellblaue Augen, die braune Pünktchen hatten, zogen sich magnetisch an. Immer wieder, immer andauernder suchten sich die Augen. Meine beiden Hände hielten die Kaffeetasse fest. „Möchten Sie Eiscreme essen?" Er sagte „Eiscrim". Und seine Lippen formten sich zu einem Kussmund.

„Oh, Eiskaffee hab ich gerne", sagte ich und spürte in mir eine sehr große Erregung. Meine Stimme zitterte, mein Gesicht wurde heiß. Ich konnte ihn nicht ansehen, konnte aber auch meine Augen nicht aus seinem Gesicht zurückhalten. Er streckte seine Hände aus, legte sie auf meine zitternden Hände. „Wir gehören zur Air Force", sagte er. „Wir haben unser Quartier in München und ich studiere schon einige Jahre hier." „Sie sprechen gutes Deutsch", stotterte ich und suchte meine Ruhe.

„Ja, ich lerne hier die Sprache." Er lachte ein befreiendes, herzliches Lachen. Es grub sich in meine Seele ganz tief ein. Es schuf sich dort einen Platz. Anna, meine Freundin und auch Tom sah ich gar nicht mehr. „Ich bin Mario" lachte er mich an. Dieses Lachen entblößte ebenmäßige weiße Zähne. „Das hört sich gar nicht so amerikanisch an," stotterte ich und spürte meine Verlegenheit wie meinen starken Herzschlag. „Ja, richtig“, lachte er, „gut beobachtet. Meine Vorfahren kamen aus Sizilien nach New York. Mein Zwilling und ich sind die erste Generation dort.“ Tom stand auf. „Leider haben wir nur sehr wenig Zeit“, erinnerte er den Freund. „Oh, ja“, sagte Mario nur ganz kurz: „Oh, ja, aber wir sehen uns wieder“...

Als er sich entfernte, sehr aufrecht und mit dem ganzen Gesicht voller Lachen, wäre ich gern mit ihm gegangen. Es war, als nähme er ein Teil von mir mit. Plötzlich war es in mir und um mich herum so entsetzlich leer. Ich versuchte mich auf den Strohhalm in meinem Eiskaffee zu konzentrieren, und schlürfte.

„He, was ist mit dir los?“, fragte Anna.

Ich schaute sie an, als gäbe es sie gar nicht, als wäre nichts mehr um mich herum. Das schrieb ich am Abend in mein Tagebuch. Und es war mir, als hörte ich sein Lachen und spürte seine Augen in meinem ganzen Körper. Wir trafen uns wieder. Er erzählte mir seine Geschichte und ich hörte die Namen Korea, Japan und Washington D.C.

Und wir liebten. Jede freie Minute verbrachten wir zusammen. Ich ließ Vorlesungen ausfallen und nahm im Klinikdienst Urlaub. Wir fuhren zum Comer-See und liebten. Ich wurde „seine“ Frau. Er wurde „mein“ Mann. Nie vorher war mir ein Mensch so nahe, so vollkommen eine Person mit mir. Unsere Seelen, unser Fühlen verbanden sich, wurzelten, gruben sich tiefer, setzten Runen.

Es gab die Gegenwart. Es gab kein Ich mehr, kein berufliches Ziel irgendwann in Afrika kranken Kindern zu helfen, dann wenn ich die Examen bestanden haben würde, um Kinderärztin zu sein. Es gab dieses Du, für beide von uns nur dieses Du, das zum Wir wurde. Wir waren ein Ganzes. Nein, es war kein Rausch, kein Traum. Wir lebten, handelten und dachten Wir als ein Ganzes, Untrennbares.

Dann kam der 2. September, als er für eine „kurze“ Zeit nach Washington gerufen wurde. „Sei nicht traurig“, sagte er „ich komme ja bald wieder.“ Ich schrieb ihm, aber meine

Briefe kamen „Empfänger unbekannt“ zurück.

Ich bekam drei Briefe von ihm. Ich prüfte die Adresse. Briefe, die er mir schrieb, hatten keine Adresse mehr.

Dass ich ein Kind erwartete, war kein Geheimnis mehr. Die Mutter war entsetzt. Der Begriff uneheliches Kind kam der höchsten Schande gleich, die meiner Familie angetan werden konnte. „Du wirst dieses Kind nicht bekommen“, die Worte der Mutter. „Du hast dein Studium noch nicht fertig, du hast kein Geld, um ein Kind allein zu erziehen ... Du wirst das Kind nicht bekommen. Wir werden einen guten Arzt finden, der ...“

„Ich werde das Kind bekommen.“ Mein Standpunkt im konzentrierten Schmerz der Frage: Wo ist er? Was ist geschehen? Das Leben wurde zu einer Zwangsvorstellung. Sein Kind sollte so sein wie er, wünschte ich, damit würde der Vater gegenwärtig sein und bleiben.

Um meine Ruhe zu finden, sagte ich der Mutter, der Vater des Kindes sei auf dem Flug nach Washington verunglückt, die Maschine sei abgestürzt. Ein toter Vater ist für gutbürgerliche Familien angenehmer als einer, der die Mutter verlassen hat, warum auch immer. Ich lernte mit der Lüge zu leben. München und Göttingen, wo die Mutter wohnte, waren weit entfernt. Und schließlich erklärte sich die Mutter bereit das Kind zu versorgen, während ich meinem Studium nachgehen konnte. Sie bestand darauf, dass ich aus München nach Göttingen käme und dass ich baldmöglichst heiraten und dem Kind eine Familie geben sollte.

Unser Sohn wurde am 7. März 1961 geboren. Er war das Abziehbild seines Vaters und hatte so dichtes dunkles Haar, dass die Schwestern ihm eine Schleife binden konnten. Er war ein schönes vollkommenes Kind. Er wurde in Hannover geboren. Meine Schwester und deren Ehemann wurden seine Paten. Unverhohlen erklärte mir meine Schwester, dass sie dieses Kind gern haben möchte, denn bei ihr, in ihrer Ehe, würde es ihm immer gut gehen „Du weißt, dass ich keine eigenen Kinder haben werde. Und du bist schließlich wieder frei.“

„Nichts, wird mich von diesem Kind trennen", erklärte ich ihr.

„Du liebst nicht das Kind", sagte sie, „du liebst den Vater in diesem Sohn." Dabei blieb es. Ob sie recht hatte, weiß ich nicht.

In einem Urlaub, den meine Mutter, die Paten und ich gemeinsam an der Jugoslawischen Küste verbrachten, lernte ich einen Mann kennen.

Ich kam dem Wunsch der Familie entgegen und wollte dem Kind, das „keinen" Vater hatte, eine Familie schaffen. Mario lebte in meinem Herzen. Und das füllte er aus. 1962 im März heiratete ich Wolfgang. Was eine Ehe bedeutet, war mir damals sicherlich nicht klar. Er befand sich in der Ausbildung zum Redakteur einer Zeitung. Hatte Gebrauchsgraphik studiert und hatte eine geschiedene kinderlose Ehe hinter sich.

Er war noch ohne Arbeit, ohne Einkommen. Ich habe gearbeitet, Geld verdient und studiert. Zwei Söhne wurden geboren. Michael wurde seinem Vater täglich ähnlicher. Bald konnte ich den „fremden" Mann neben mir nicht mehr ertragen. Der Schmerz in meinem Herzen verstärkte sich, heimlich intensivierte ich die Suche in Washington D.C. Wolfgang hatte das schon lange gespürt und lebte mit Freundinnen, bis eine von ihm ein Kind erwartete. Das gab den wirklichen Anlass, dass wir uns 1967 trennten und die Scheidung 1968 ausgesprochen wurde. Wolfgang nahm seinen ersten Sohn mit in seine dritte Ehe. Mein erster Sohn und der jüngste, der erst 5 Jahre alt war, blieben bei mir.

Ich begann mehr als vorher zu arbeiten, legte notwendige Prüfungen ab und begann die Fachausbildung, wollte mein Berufsziel erreichen. Wir hatten in Heidelberg eine schöne geräumige Wohnung zu der ein großer Garten gehörte. Zu meinem bewusst geführten Leben gehörte das Tagebuch. Es diente mir später dazu, alles auf- und weg zu schreiben und Übersicht von allem, vom Ganzen zu bekommen.

Am 4. Juli 1970 hatte mich eine Freundin zu einem

Konzertbesuch eingeladen. Es war ein Wochenende und die Mutter hatte sich bereit erklärt, während meiner Abwesenheit auf die Kinder zu achten. Beruf und Haushalt waren oft stark belastend und die Mutter versuchte mir zu helfen. Sie hatte Freude an den Kindern und liebte Michael, wie sie vielleicht eigene Kinder nie geliebt hatte. Aus dem Konzerthaus bin ich niemals mehr in meine Wohnung zurück gekehrt. Niemals mehr wurde ich die Mutter meiner Söhne. Niemals ist ein schreckliches Wort. Es ist wie ein Messer, das den Tod bringt, indem es Leben zerschneidet. Auf der Rückfahrt in meine Wohnung nahm mir ein Lastwagenfahrer auf der Autobahn die Vorfahrt. Ich konnte nicht ausweichen, sondern fuhr in ihn hinein. Viel später gab mir meine Schwester die Polizeiberichte, in denen ich den Unfallhergang nachlesen konnte. Sie hatte die Klärung aller juristischen Angelegenheiten übernommen, während ich im tiefen Koma im Spital liegen musste.

Meine Schwester gab auch meine Wohnung in Heidelberg auf, und nahm alle persönlichen Sachen, Bücher und Dokumente an sich. Die Wohnung würde nicht mehr gebraucht werden, erklärten ihr die Mediziner, denn es bestünden keine Überlebenschancen, die Gehirnverletzungen seien zu massiv. Mehr als 20 Jahre danach, als ich schon in Österreich eine Wohnung hatte, bekam ich meine wichtigen Dokumente. Dazu gehörten auch Briefe Bilder und Tagebücher aus dem Jahr 1960 und danach.

Die Söhne warteten nicht nur viele Monate, denn die Folge war und blieb eine Totalamnesie. Das ist eine Grausamkeit des Schicksals.

Diese drei Kinder waren 5, 8. und 11 Jahre alt, als die Mutter ihre Fürsorge übernahm. Diese Kinder wurden zu Flüchtlingen, die kein Zuhause mehr hatten. Sie warteten in fremden Wohnungen vergeblich auf meine Rückkehr. Es bedeutet, dass alle meine Erinnerung ausgelöscht war und blieb. Ich hatte wieder alles, und diesmal auch meine eigene Identität verloren. Ein Flügelschlag – und hinter uns Äonen.

III. Kapitel

Selbst ein Weg von tausend Meilen beginnt mit einem Schritt, sagt ein Sprichwort. Und ich begann wieder zu gehen.

Vor langer Zeit schrieb Goethe die Worte: Ganz leise spricht ein Gott in unserer Brust, ganz leise ganz vernehmlich, zeigt uns an, was zu ergreifen ist und was zu fliehen.

Es dauerte nur einige Jahre, bis ich mich in dieses Land, in diese Stadt gerufen fühlte und dem Rufen folgte. Langsam entwickelte sich Vertrauen zum Schutzwall der Alpen. Ich wurde Mitglied im Alpenverein und fand Kontakt zu freundlichen Menschen. Bald suchte ich nach der Antwort: Was ist hinter den Bergen? Was wird mir geschehen, dachte ich, wenn ich oben angekommen sein werde? Wo die Berge sind, da ist Gott, hatte mir Felix, der Bergführer, erklärt; auf dem flachen Land haust der Teufel. Von Gott und dem Teufel hatte ich damals keine Ahnung. Ich hatte mich weder mit dem einem noch mit dem anderen beschäftigt.

Felix hatte eine besondere Art den Berg zu begrüßen, mit ihm zu sprechen, sich ihm anzuvertrauen. Er berührte die Steine und streichelte sie wie einen menschlichen Körper. „Horch“, flüsterte er, „was der Berg dir zu sagen hat; wie die uralten Steine reden und dich ansehen. Wir wollen schweigen und lauschen.“ Felix, der Geologe, gehörte auch zur Bergrettung.

Heute gestehe ich mir, dass ich kaum etwas verstand, dass ich mir später in der Nationalbibliothek und im Museum der Stadt Bücher holte, um meine Fragen wenigstens teilweise beantwortet zu finden. Zeit – was ist Zeit – blieb für mich ein Rätsel, denn ich bin ja ohne Zeit.

Was unterscheidet den Stein vom menschlichen Körper, fragte ich mich und hörte in mir sehr deutlich das Rauschen der Brandung, spürte die Muscheln in meiner Hand. Augen schauen mich aus der Tiefe der Muscheln an. Etwas Unbekanntes, Starkes hielt mich fest, während meine Hände und Füße den Stein berührten. Wortloses Entgleiten. Nach starker Erschöpfung stieß meine Seele einen erlösenden Schrei aus. Ich ging zurück ins Tal und überwand die Traurigkeit mit der Vorfreude auf die nächste Wanderung.

***

Ich musste über Villach nach Wien kommen; mein Glaube an einen vorbestimmten Weg festigt sich ebenso wie die Gewissheit, dass alles was geschieht, einen Sinn erfüllt. Zufall ist nicht wirklich blind. Er ist Signal und Wegweiser. Meine Erfahrungen sind jünger als meine Gedanken. Mauern und verschlossene Türen in meiner Nähe geben mir das Gefühl begrenzt und eingeschränkt zu sein. Vor einer Tür stehen zu müssen, nicht weiter gehen zu können, nicht erfahren zu können, was dahinter ist, oder ob etwas dahinter ist, schafft Unruhe in mir. Dafür gibt es eine Ursache.

So wie sich andere Menschen an ihre Kindheit erinnern, wenn sie nach Zusammenhängen suchen, so beginnt mein Erinnern mit dem Erwachen aus dem Koma. Damals im Spital hatte ich in dem Raum, in dem mein Bett stand, eine Öffnung an einer Wand wahrgenommen. Wenn Schwester Monika von mir weg ging, schloss sich die Öffnung hinter ihr. Sie war aus meinem Leben weggegangen. Ich konnte ihr nicht nachgehen. Ob ich damals Angst hatte, weiß ich nicht, kann es mir nicht vorstellen, denn ich hatte kein Denken und fand mich mit dem, was geschah, einfach ab.

Ich lernte, dass jeder Mensch eine Bedeutung für andere Menschen hat, und ihn zu Handlungen motivieren kann, die im Endeffekt ihm selber nutzen. Mit der Geschichte eines Landes ist es ähnlich; einmal gibt es die Geschichte *mit den Andern*, also das, was man normalerweise die *große Geschichte* nennt, und dann gibt es die ganz spezielle Geschichte der Familie, der Person, die schließlich jeden selbst ausmacht, deren Spuren im Gesicht eingetragen werden, in den Augen und später in den weißen Haaren. Die große Geschichte findet man in Chroniken.

Ich bin sicher, dass Neugier, neben dem Willen, meine stärkste Eigenschaft ist. Es ist nicht die Neugierde darauf, was Frau Müller zum Mittagessen kocht, oder welche Schuhgröße sie hat. Nein, mich interessieren Menschenleben.

In diesem Zusammenhang finde ich es erstaunlich, dass noch niemand vorgeschlagen hat, die Geschichte der Menschenseele zu bestimmen, die der Sterbende bekanntlich aushaucht. Ich glaube nicht, dass die Seele sich selbst erforschen kann. Ich weiß auch nicht, ob sie sich selber sehen kann. Ich kann mich ja selber nicht sehen, wenn ich keinen Spiegel habe. Es gibt so viele Worte, die im Zusammenhang mit Menschenleben neugierig machen, auch Liebe und Hass. Sie gehören zu dem geheimnisvollen Komplex, den man unwissenschaftlich das Gemüt des Menschen nennt. Aber ich denke, dass das Leben, das Gemüt, die Seele, unerklärlich sind und unerforschlich bleiben werden.

André Gide schriebt in seinen *Nouvelles Nourritures*, „alle Geheimnisse der Natur liegen offen da und bieten sich jeden Tag unseren Blicken, ohne dass wir ihnen Bedeutung schenken. Naturwissenschaften tun nichts als entdecken, zerfasern und erklären, was mehr oder weniger offen dagelegen hat. Und ich denke daran, dass das, was entdeckt wird, fast immer erforschlich ist, was nicht bedeutet, dass es dann verständlich wird. Das Unerklärliche, das mich anzieht, ist immer da gewesen, und braucht nicht entdeckt zu werden. Kann man sagen, dass es einmal den ersten Urmenschen gegeben hat, der gesagt hat: *ich lebe*; oder gar*: Ich denke, also bin ich*."

Unser Leben ruht auf tiefen, dunklen Fundamenten, weitaus tiefer als wir erkennen können; auf Fundamenten, deren Nennung durch die früher unerforschlichen Begriffe noch lange nicht abgeschlossen ist. Außerdem ist das Unerklärliche oft das Namenlose, das über den Sinn des Lebens und des Todes hinwegreicht.

Alles was gut und schön ist im Leben sollte unerforschlich

bleiben, denke ich. Einmal ist jeder in seinem Leben in einem dunklen Wald gewesen, worin Dante sich mitten in seinem Lebensweg befand; einmal ist in jener finsteren Nacht des San Juan de la Cruz auch seine Seele unbemerkt aufgestanden, in angstvoller Liebe entflammt, im still gewordenen Haus. Ich zögere, bevor ich das Licht aufdrehe. Nicht, weil ich das Licht scheue, sondern weil das Dunkel seine Geheimnisse hat, seine Träume, die es zu wahren gilt.

***

An meinem gewohnten Arbeitsplatz sitzend, schaue ich aus dem Fenster. Draußen, nur durch das Glas von mir getrennt, fällt Regen. Ich sehe wie sich die großen Äste des Lindenbaumes im Wind bewegen. Vögel suchen noch vergeblich den Schutz der Blätter, Knospen, die sich schon bilden, genügen ihnen nicht. Wind habe ich gern, fühle mich ihm verwandt, er weht von Irgendwo nach Irgendwo ... niemand weiß woher er kommt, wohin er geht, er kommt und weht und geht wieder. Weich ist er auf der Haut zu spüren, er streichelt und bleibt unsichtbar. Die Äste vor meinem Fenster bewegen sich, als winkten sie mir zu. Ich wohne in der ersten Etage. Das Haus hat drei Etagen. Die hohen Linden reichen über die Dächer hinaus. Es sind drei große alte Bäume, deren kräftige Stämme die Mitte des Hofes füllen. Während der Zeit der Blätter und Blüten sehe ich nur das Grün vor meinen Fenstern und höre das vielstimmige Gezwitscher der Vögel.

Der Regen ist heute andauernd, unablässig, unentrinnbar, stetig, gewichtig, unausgesetzt. Er fällt gleichmäßig und lückenlos. Es ist ein gestriger, heutiger und morgiger Regen. Er nimmt zu, entfaltet sich, flaut ab und nieselt vor sich hin. Er ist ein unermüdlicher Regen. Er ist besitzergreifend, verunstaltet die Kleidung, bildet Pfützen, er ist ein totaler, senkrechter nasser Regen. Er murmelt für alle Sprachen verständlich. Er lässt sich nicht ignorieren, meine Versuche scheitern. Ich schreibe bei der Hintergrundmusik seines Rauschens. Würde ich jetzt hinausgehen müssen, wozu mich allerdings niemand zwingen könnte, müsste ich einen Schirm nehmen.

Ich tröste mich mit dem Gedanken, dass die Sonne bald wieder da sein wird, und verbinde damit den Wunsch, dass sie bleibt. Sie wird die Wolkengespenster vertreiben Sie wird Blätter und Gräser trocknen und mich dazu verführen, nachher das Haus zu verlassen, um meinen Körper zu bewegen. Das schulde ich ihm noch. Mein Wünschen erfüllte sich.

Mein Schreibtisch hält mich fest. Ich habe begonnen ein Märchen zu schreiben.

Ich mache den Versuch, eine der Märchenheldinnen zu beschrieben und gebe ihr den Namen Urtica.

Das Märchen soll zeigen, dass das Leben selbst das Glück und das Gelingen schenkt, dass wir aber mitwirken müssen, damit die erlösende Kraft der guten Mächte wirksam werden kann. Mit den Worten: Tue immer das, was die konkrete Lebenslage, in der du dich befindest, erfordert; tue es sorgfältig und ohne dabei dein Glück erzwingen zu wollen. Handle aus der Verantwortung für die Lebensumstände heraus.

Vertraue darauf, dass die einzelnen Ereignisse deines Lebens, des Lebens der anderen Menschen, ja, des ganzen Weltlaufs miteinander verflochten sind. Alle Aufgaben, die sich daraus ergeben, auch wenn sie keine sichtbare Beziehung zu deinem Lebensglück haben, tragen dazu bei, die Wirksamkeit guter Mächte freizusetzen, die dir den Einklang mit dir selbst und dem Schicksal verleihen.

Ich denke oft in solchen Stunden der Ruhe an meinen Anfang zurück. Mein größter Wunsch, hinter den Anfang sehen zu können, um zu erkennen, was war, sozusagen die Frage zu stellen: „Was war vor dieser Geburt?“, blieb bisher unerfüllt. Jede Verbindung zu der Frau vor mir fehlt. Bei allen Versuchen der Ärzte durch Hypnose etwas von mir zu erfahren, kam niemand weiter als bis 1960. In der Hypnose sprach ich über meine Liebe zu Mario. Jede Befragung endete am zweiten September. Ich sprach nicht von seinem Tod. Prof. Leuner erzählte mir später, dass ich weinen konnte.

Man verordnete mir Medikamente, viele Medikamente und viel zu lange. Nach sieben verlorenen Jahren schickte mich Herr Prof. Leuner zur Rehabilitation nach Bad Herrenalb. Er sprach von Emotionen, die mir fehlten. Was sind Emotionen, wollte ich wissen. „Was nützten Erklärungen, wenn sie nicht verstanden werden können“, hörte ich seine Antwort. „Emotionen müssen erlebt werden.“ Und wenn es sie nicht gibt?

Ich war nur ein dummes, hilfloses Menschen-Kind ohne Elternhaus, das einen Namen kannte: Katharina. Die eigentliche Tragödie ist nicht die Tatsache, das Gedächtnis verloren zu haben, sondern in der Folge ohne Erinnerung leben zu müssen, bodenlos zu sein und zu bleiben. Damals war für mich nichts außerhalb meines eigenen Körpers von Interesse. Man konnte mich nicht Person nennen, denn zur Person gehört das Person-Sein, das „Sich-selbst-bewusst-Sein“.

Ich wünschte mir zu verstehen und verstanden zu werden, Ich stellte anfangs nicht die Frage warum ich leben muss. Eine Frage. Nur eine einzige Frage? Immer wieder nur eine Frage: Warum? Warum ist mir das passiert?

IV. Kapitel

Während der Valium-Entziehungskur in Bad Herrenalb begann meine Entwicklung. Was mir dort bedeutsam wurde, waren die langen Spaziergänge durch den nahen Wald, die in den Morgenstunden vorgenommen wurden.

Anfangs war es für mich sehr anstrengend, ich fühlte mich nach dem Entzug der Tabletten schwach. Ich hatte Angst. Ich durfte nicht allein sein, nicht einmal nachts, denn die Zimmertür musste geöffnet bleiben. Mein Aufenthalt dort schloss sich an meinen Versuch – aus dem Leben zu gehen – an. Wenn wir am Nachmittag zum Hallenbad gingen, wo ich

Schwimmunterricht bekam, ging nur ein einziger Gast nicht mit uns. Er kam auch in den Morgenstunden nicht zum Spaziergang mit. Wenn ich vor ihm stand, gab es kein Vorbeischauen. Seine Augen zogen mich an. Wenn ich ihn in der Gruppe nicht sah, suchte ich ihn ohne es richtig zu wollen. Da war etwas, und grübelnd verbrachte ich Stunden und Nächte: Woran erinnert er mich? Erinnert er mich?

Das Ende der Therapie, die vier Monate gedauert hatte, trennte uns alle. Ich zog nach Baden Baden. Die Stadt gefiel mir. Sie gab mir ihre Geschichte in Auftrag. Stephan, der jüngste Sohn, kam mit mir. Michael konnte mich so, wie ich geworden war, nicht ertragen. Ich war ihm fremd. Er blieb bei meiner Mutter.

Ohne es noch richtig zu wollen, versuchte ich zum erstenmal, meine Geisteskräfte zur Lösung meiner Probleme zu aktivieren. Ich spürte Veränderungen in meinem Lebensablauf, die zuerst dem Ortswechsel zugeschrieben wurden. In Göttingen waren Menschen um mich herum, in Bad Herrenalb waren Menschen direkt um mich herum. In meiner kleinen Wohnung in Baden Baden war ich plötzlich mit mir allein. Ich musste mit mir selbst umgehen lernen. Dies fiel mir in jenen Tagen schwer. Ich dachte, öfter als ich es mir eingestehen konnte, an diesen besonderen Gast, der meine Aufmerksamkeit auf sich gezogen hatte. Und immer mehr fühlte ich Michaels Augen auf mich gerichtet. Bad Herrenalb wurde der Ort, wo Augen sich ansahen. Wo sich Augen trafen und Fragen stellten.

Dort hatte ich zum ersten Male bewusst die Nähe eines anderen Menschen nicht bedrohlich empfunden. Aber ich war mir deutlich bewusst, dass etwas in dieser fremden Person war, was mir seit vielen Jahren vertraut war, was ich seit vielen Jahren suchte.

In den kommenden Tagen und Wochen begann ich Menschen eindringlich zu beobachten, besonders achtete ich darauf, wie sie sich mir gegenüber verhielten.

Bald hatte ich eine interessante Begegnung mit dem greisen

Probst der russischen Kirche in Baden Baden.

Leider starb er bald darauf im Alter von siebenundneunzig Jahren. Ein jüngerer Mönch, Archimandrit, was gleichbedeutend ist mit Abt eines Klosters, aus Wien, übernahm die Sorge um die Seelen der Gemeindemitglieder, die ich nach und nach alle kennen lernte, mit denen ich die russische Sprache übte, und die mir erklärten, wo Wien und wo Russland sind. Sie waren sehr freundlich zu mir. Sie breiteten Landkarten vor mir aus. Viele rote und schwarze Linien zogen sie mit dem Bleistift. Es sind Kritzeleien, dachte ich, wie ich sie malte, als ich das Schreiben lernte. Ich spürte, dass der Anfang für mich schon Vergangenheit war.

Vater Avenir, so war der Name des Mönches, setzte den Unterricht, den der Probst Michail begonnen hatte, auf seine besondere Art fort. Ich suchte die Antwort auf eine meiner Fragen, *Was ist Gott*? Ich fragte nicht: W*er ist Gott?*

Wir saßen in seiner Wohnung, die sich an das Gemeindehaus anschloss, beinahe täglich zur gleichen Stunde zusammen. Er vermittelte mir Ruhe, war gütig und hatte ein großes Wissen. Avenir hatte ein schmales Gesicht, das von dunklem Haar eingerahmt wurde, das in den vollen Bart hinein wuchs, der wie das Haar an den Schläfen schon viele silbergraue Streifen zeigte.

Buschige dunkelbraune Augenbrauen umrahmten die großen klaren Augen, aus denen Weisheit sprach. Sein ganzes Wesen war davon geprägt. Er war nicht sehr groß und von schmalem Körperbau, der von der langen schwarzen Kutte eingehüllt wurde. Eine seiner Hände hielt stets das große goldene Brustkreuz umfasst. Und ich nahm mir vor, einmal nach dieser Bedeutung zu fragen. Ich hatte mich mit dem Gedanken vertraut gemacht, dass keine seiner Handlungen und Worte bedeutungslos waren. Seine Gesten waren ruhig, würdevoll, ohne pathetisch zu sein.

Der russische Mönch saß in seinem bequemen Sessel am Schreibtisch. Seine erste Frage an jenem Nachmittag lautete: *Liebst du dich?*

Ich wusste nicht was ich sagen sollte. Es war mir nur, als habe dieses Wort eine magische Kraft, die mich erschreckte. Eine Flamme begann in meinem Kopf zu brennen und verursachte dort einen sengenden Schmerz. Mein Körper begehrte auf, wollte sich bewegen. Und ich sagte zu mir: Du musst etwas tun. Aber am besten wird es sein, wenn du hier sitzen bleibst und still bist.

Ich lauschte meinen eigenen ungesprochenen Worten nach, als ob es sich um ein paar Takte Musik handelte, die ich nicht einordnen konnte. Nachdenklich sah ich mich im Zimmer um, als sähe ich es zum ersten Mal. Ein hölzernes Kreuz hing an der weiß gestrichenen Wand und viele Ikonen; an der Wand vor dem Fenster stand ein großer behäbiger Bücherschrank, am Schreibtisch standen die Sessel, in denen wir saßen und schufen eine Atmosphäre, die nicht alltäglich war. Ich fühlte mich nicht beengt, sondern geschützt. Meine Hände tasteten über die Armlehnen des Sessels, in den ich mich fest hineinlehnte. War es tatsächlich das beste, wenn ich hier saß und still war? Wenn ja, warum? Die Antwort ließ nicht lange auf sich warten. Weil du, wenn du still bist, besser hören kannst. Ja, dachte ich, das stimmt sicherlich. Aber ich wäre gern im Zimmer hin und her gelaufen, wenigstens Schritt um Schritt. Es hätte mich erleichtert. Dann würde ich schließlich vor den Ikonen stehen, sie ansehen, und vom Gespräch und Avenir ablenken, also blieb ich sitzen.

So geht es mir bis heute. Wenn ich über etwas nachdenke, dann laufe ich, und die Lösung fällt mir ein. Hier stellten sich Fragen, aus denen sich Lösungen ergeben sollten. Ohne bewussten Grund hob ich den Blick. Augen können sprechen. Zwei Fremde können auch mühelos durch einen einzigen Blick gegenseitiges Interesse bekunden. Avenirs Augen sprachen: *Ich bin dein Lehrer.*

Ich versuchte mit vielen Fragen eine Antwort darauf zu finden, warum mein Leben in zwei Hälften geteilt war. Eine Hälfte kannte ich nicht, obwohl es sie gab, obwohl der

Körper alle diese Jahre gelebt hatte. Er hatte den Zweiten Weltkrieg erlebt und hatte Kinder geboren, meine Brust hatten sie genährt, meine Arme sie gehalten.

Und diese Hälfte? Es gab niemanden, der mich daran hinderte, diese Lebenshälfte zu leben, wie ich es wollte, oder sie zu beenden. Aber warum waren diese beiden Hälften? Welche Bedeutung verband sich damit?

Und ich dachte in dieser Stunde an das Märchen von Dornröschen ... ein Symbol des Schicksalsgeflechtes, nicht, weil sich eine Dornenhecke um mich aufgerichtet hatte, oder weil jemand hundert Jahre hinter einer Hecke schläft, um dann, als wäre nichts gewesen, das Leben in dessen erster Jugendfrische fortsetzt? Märchen sprechen in Symbolen. Da kommt es darauf an, dass es die richtige Zeit wird. Sie muss erwartet werden. Das würde für mich so sein, als hätte ich nach 1960 lange geschlafen und würde im Frühling erwachen, wenn mich nach vielen Jahren der Prinz küsst. Vor dem Einschlafen, als die erste Liebe uns verbunden hatte, als wir frühlingsfrisch waren, das würde sich nach dem Wachwerden wieder erneuern. Und wir wären nicht älter. Welche Vorstellung? Und es wäre keine Fremdheit?

Der wichtigste Unterschied dieser beiden Leben ist es, dass ich einmal Mitglied einer Familie gewesen bin. Eine Familie ist wie eine Hand, mit fünf gesunden Fingern. Jeder dieser Finger hat eine bestimmte Aufgabe, vom Daumen bis zum kleinen. Aber fünf abgetrennte Finger machen keine Hand, ebenso wenig ist ein einzelner Finger zu irgend etwas nütze. Ich bin der abgetrennte Finger. Diese Hälfte ist Alleinsein. Die Seele, denke ich, spürt die Schmerzen, die mein Körper hat, nicht. Sie leidet andere Schmerzen. Sie hat auch einen anderen Willen.

Als Vater Avenir mir Gebäck anbot und Tee aus seinem Samowar reichte, – er stand auf dem Couchtisch vor uns und summte leise seine Melodie, während der Dampf des Wassers aufstieg, – da fiel mir ein, dass ich bisher nicht dachte: Jetzt muss ich aber etwas essen. Ich denke an das

Essen gar nicht als an eine eigenständige Tätigkeit. Essen ist wie eine sonderbare Musik, die die anderen Verrichtungen des Tages im Hintergrund begleitet. Ja, in Bad Herrenalb wurde dreimal täglich zu Mahlzeiten gebeten, die gemeinsam eingenommen werden mussten. Ich weiß, dass keine bewusste Tätigkeit daraus wurde. Ich fühlte mich von mir beobachtet, das machte alles noch schlimmer. Es war mir, als säße mein Körper in einem Käfig im Zoo, und ich ginge vorbei, nein, ich blieb stehen und starrte durch das Gitter – auf die dort still sitzende Gestalt und fragte schließlich: *Hallo, du, liebst du dich*?

Väterchen Avenir sagte mir: „Wenn du dich nicht liebst, wird es noch schwerer, die Frage nach Gott zu beantworten."

„Ich muss zuerst wissen, was Liebe ist?"

„Du hast gewusst was Liebe ist", erwiderte Vater Avenir. „Du hast geliebt. Du hast Kinder geboren. Dafür gibt es Urkunden." Urkunden, dachte ich, ich müsste doch Urkunden haben. Wo sind sie denn alle? Meine Schwester hatte alles in einer Spedition eingelagert, in Kisten waren Urkunden, Dokumente, Bücher. Ich muss die Urkunden suchen. Und im Denken dieser Gedanken sah ich die großen fragenden Augen meines Sohnes Michael auf mich gerichtet. „Darüber reden wir noch", tröstete mich Vater Avenir. „Wir haben viel Zeit, und du wirst unterschiedliche Menschen treffen, sie werden dir Beispiele und Vergleiche dafür bieten, was Liebe, was Selbstliebe, was Nächstenliebe ist. Menschen dienen einander. Ich weiß: du wirst lieben lernen."

„Was ist Liebe?"

„Gott ist Liebe."

„Du bist sehr kompliziert in deinem Denken. Sage es mir mit einfachen Worten, die ich verstehen kann."

„Langsam", gebot er, „ganz langsam."

„Es gibt eine Dimension, die die irdische Welt überschreitet. Deine kranke Seele stellt die Frage, was Gott ist. Gott ist etwas, was über das Vorstellbare hinaus geht. Ich sage dir: Du bist mehr als du darstellst, du weißt mehr, als du von dir zu wissen glaubst, es gibt ein unterbewusstes Selbst, eine Tiefendimension im Menschen, die nur im Glauben erfahren werden kann. Dieses Selbst in uns, diese Verbindung zwischen allen Menschen, macht es erst möglich Mitleid zu empfinden, den Schmerz eines anderen Menschen zu spüren, sowie das Bedürfnis ihm zu helfen. Es ist nicht das Ich. Es ist das Selbst, das Menschen verbindet.

Es ist falsch Gott in ein undefinierbares Jenseits zu denken, denn dann könnte er dir nicht in deinem unmittelbaren Nächsten begegnen. Alles ist in gewissem Sinne miteinander verbunden. Jeder Mensch ist durch diesen Geist mit dem anderen Menschen verwandt. Was gibt es größeres, als das Bewusstsein, Gottes Geist lebt in dir?“

„Ich bin ein Teil des Göttlichen? Unbetroffen davon ist meine körperliche Verwandtschaft, die ich ja wohl habe, obwohl ich niemanden kenne.“

„Ja. Die Familienbande sind nicht identisch, müssen nicht identisch mit der Seelenverwandtschaft sein.“

„Die geistige – seelische Verbundenheit ist stärker als jede körperliche?“

„Ja, ich denke schon. Keiner von uns hat selber verfügt, in welche Familie er hineingeboren wurde.“

Avenir sprach rasch, wie es sonst nicht seine Art war, weiter: „Die Natur ist nichts anderes als Gott und göttliche Vernunft, die sich der ganzen Welt und ihren Einzelteilen mitgeteilt hat. So oft du nur willst darfst du den Schöpfer unserer Welt mit anderen Namen nennen. Wenn du ihn Schicksal nennst, dann sagst du die Wahrheit, denn, wenn das Schicksal nichts anderes ist als eine Reihe von verketteten Ursachen, so ist Gott die erste aller Ursachen, von der die anderen alle abhängen. Wohin du dich auch wenden magst, du wirst ihm überall begegnen; er erfüllt alle seine Werke mit seinem Wesen.“

„Aber welchen Zweck hat das alles?“

„Der Gute missgönnt nichts, was gut ist. Also schuf Gott die Welt, so gut er nur konnte. Gott sucht niemanden, der ihm dient. Er dient den Menschen. Das Gute schadet nie dem Guten."

Ich war verwirrt nach unseren Gesprächen. Mein Interesse war geweckt worden. Ich hätte mich ganze Tage von ihm unterrichten und von ihm belehren lassen wollen. Ich wollte in seinem Zimmer sitzen und ihm zuhören, mich irgendwie beschützt fühlen. Meine Gedanken begannen zu erwachen, so dass ich mich bald Goethes Zauberlehrling ähnlich werden fühlte. Um Platz zu schaffen, um neue Gedanken und Impulse aufnehmen zu können, begann ich zu schreiben. Schreiben war damals besser gesagt ein Kritzeln, das ich manchmal selbst nicht mehr lesen konnte. Ich verwechselte Buchstaben, zog nur Bindestriche, ließ die Interpunktion weg und die Groß- und Kleinschreibung und versuchte es immer wieder. Aber wenn ich ein geschriebenes Wort sah, lernte ich schneller, merkte ich mir die Aussage.

Ich lernte allein, ohne jede Schule.

***

Mein erstes Buch war geschrieben. Meine Gedanken hatten ihr Wachsen begonnen. Viele Fragen beantworteten sich allein, einige blieben unbeantwortet. Ich blieb allein, Bücher häuften sich um mich herum, besondere, ausgewählte Freunde versammelte ich hier, wurden für mich zu Fragen und Antworten. Es gelang mir immer besser, mich auf die Gespräche mit Vater Avenir konzentrieren. Mein Erinnern festigte sich. Mein Gedächtnis begann zu arbeiten. Ich freute mich, es machte mich gewissermaßen stolz. „Wir wissen was du bist", sagte er einmal. „Was alles in dir verborgen ist, wirst du dir erarbeiten. Wenn ich kann, werde ich dir helfen. Frage nicht mehr danach: Warum ist mir das alles geschehen, sondern lebe dieses Leben, das dir gegeben wurde. Gestalte es nach deinem Willen, aber nicht ohne Vernunft. Liebe die Vernunft. Diese Liebe wird dich auch gegen Bitternis wappnen."

In dieser Zeit ließen mich die Gedanken auch nachts nicht

zur Ruhe kommen. Sie begannen mich zu quälen, sie malten Bilder, stellten mir Fragen und dachten sich Antworten aus. Träume sind das im allgemeinen Wortlaut. Für mich war das alles so gegenwärtig, denn selbst die Marktfrauen erschienen dabei, fragten wie es mir geht, und boten mir Steirische Äpfel an, die mit dem besonderen Geschmack. Meine Vorliebe für Äpfel war bekannt. Bald versuchte ich jeglichen Schlaf zu vermeiden. Es wollte mir nicht gelingen. Zum Schreiben fehlte mir die Konzentration. Während der Kopf auf dem Schreibtisch ruhte, schlief ich erschöpft ein und die Gedanken kamen.

„Siehst du die ungeheueren Seen in der Tiefe der Erde?“, hörte ich immer die gleiche monotone Stimme, die ich kannte, wenn sie zu mir sprach, sie glich jener, die mich zum Wachwerden gerufen hatte ... „Katharina, komm!“ Siehst du die Meere, die die Erde in ihrem Inneren verbirgt?

Siehst du die Flüsse alle, die in der Dunkelheit im Verborgenen dahingleiten? Dann siehst du überall den Grund zur großen Flut. Viele Gewässer fließen unter den Ländern, einige umgeben die Länder. Sie sind schon lange gefesselt. Menschen schufen ihre Bahnen neu. Sie werden durchbrechen und Strom wird sich mit Strom vereinen; die Sümpfe werden zu Meeren, die Quellen werden zu Flüssen, sie werden das Meer anfüllen, das Erdreich wird sich öffnen, wie die Krater der Vulkane, und die Erde wird flüssig werden.

Farbenspiele von Rot und Gelb, wie Wolken, die sich rasend schnell im Sturm bewegen. Wassermassen, die sich meterhoch aufbäumen, sah ich und spürte mich dazwischen, den wilden Elementen ausgeliefert.

Als ich wach wurde, brauchte ich lange Zeit um mich zu orientieren.

Ich schlich mich vom Schreibtisch zur Küche um mir Tee zu brühen. Warum schlich ich, als wollte ich mich nicht aus meinem eigenen Schlaf wecken? Warmer Tee mit viel Honig war mein Elixier.

***

Ich löste mich aus der Stadt Baden Baden. Stephan hatte seine Ausbildung beendet. Er wollte eigene Wege gehen. Ein Verstehen zwischen uns wurde immer schwieriger. Wo Michael war, wusste ich nicht. Meine Mutter hielt sich an seinen Auftrag, mir seinen Aufenthalt nicht zu verraten. Er wollte für sich sein. Ich war ihm eine Fremde. In mir blieben seine großen Augen lebendig. Er war ein besonderes Kind.

In mir blieb Traurigkeit aber auch die Forderung weiter zu gehen ... weiter. Nicht stehen bleiben. „Stirb und Werde." Bald kam ich in ein Land, das ich nicht kannte, zu Menschen, die mir alle fremd waren. Die Marie sprang in den tiefen Brunnen und erwachte auf einer Wiese.

V. Kapitel

In Villach, hielt ich mich auf dem Weg nach Wien nur ein knappes Jahr auf. Ich musste eine Wohnung mieten um der Aufenthaltsgenehmigung zu genügen, um den Kontakt zu Menschen aufzunehmen, die mir mit Offenheit und Liebenswürdigkeit entgegen kamen. Villach, ein Ort, der erzählt werden wollte, der den Wunsch hatte, sich mitzuteilen, der seine Geschichte in Auftrag gab, heiter, locker, offen. Ein Ort, den ich zufällig fand? Ich war angekommen, konnte darin herumgehen, und auf dem Fußboden meiner Wohnung liegen, weil ich kein Bett hatte. Jeder Ort hat seinen Sinn. Wenn ich aus dem Fenster schaute, begegneten meinen Augen der großen Turmuhr, deren schwarze eiserne Zeiger behäbig jede Stunde anzeigten. Ich lebte in stiller Bedürfnislosigkeit nach dem philosophischen Rat des Cato: „Kaufe nicht was du brauchst, nein – was unentbehrlich ist; was nicht durchaus nötig ist, ist um ein As zu teuer." Der Inbegriff meiner Lebensplanung wurden die Sentenzen Senecas, eine davon lautete: „Zu reden, was ich denke, zu denken, was ich sage; in Einklang stehe Rede und Leben."

Deutlicher als vorher wurde mir in jenen Tagen klar, wie allein ich war. Es fehlte jeglicher menschliche Schutz, es gab keine Hand, an der ich mich festhalten konnte, die mich hielt. Aber ich litt nicht darunter und spürte mich nicht kraftlos.

Die Frage, die Avenir an mich gestellt hatte, beschäftigte mich nicht nur, sondern begann mich zu quälen. ‚Liebst du dich?' Um mich zu lieben, grübelte ich, müsste ich mich kennen, müsste ich wissen wer ich bin. Aber ich war mir selber fremd.

Fremdheit ist überwindbar, hatte man mich in Bad Herrenalb gelehrt. Man hatte auch behauptet, dass Liebe jede Fremdheit überwindet. Aber wie, wenn ich nicht lieben kann? Es war nur ein Wort für mich, über dass ich in vielen unterschiedlichen Märchen gelesen hatte.

Dabei spürte ich auch, dass ich mich beinahe ausschließlich von meinen Gedanken quälen ließ. Sie waren wie eine Dornenhecke, die immer stärker wuchs, aus der ich nicht mehr hinaus konnte, aber auch niemanden zu mir durchließ.

Ich gab mir Mühe mit dem Alltag zu leben, anderen Menschen nicht aus dem Weg zu gehen, sie nicht als gegenwärtige Gefahr zu wittern. Ich wollte nicht nur abseits stehen und Entferntes beobachten. Und wenn ich wieder einmal in einer vollbesetzten Straßenbahn gefahren war, stellte ich mir die Gegenfrage:

Willst du wirklich zwischen den Menschen leben, willst du sein wie sie alle? Da gestand ich mir, dass mir inzwischen nichts verständlicher geworden war, als mein ungestörtes Alleinsein, der ausschließliche Umgang mit mir selbst.

Villach bleibt ein Ort, den ich irgendwann einmal wiedersehen werde. Aus dem Ort habe ich die Landkarte geschaffen. Ich hatte ihn, im Verhältnis zur Zeit, nur einen Moment aufgesucht. Er wird nicht in Vergessenheit geraten. Gute Worte behalten ihren Platz.

Es war in der Zeit als sich das alte Jahr verabschiedete und das Neue Jahr erwartet wurde, als ich Wien von einer besonderen Seite kennen lernte. Im ORF hatte ich den

Märchenerzähler Helmut Wittmann kennen gelernt, während er an einem Samstag seine Sendung vorbereitete. Er lud mich zu seiner ersten Märchenwanderung ein, denn durch Sagen und Märchen würde ich Land und Leute besser kennen und verstehen lernen, versuchte er mich zu überzeugen. „Mythische Volksmärchen aus der Donaumonarchie“ heißt eines seiner Bücher. Er erzählte nicht nur Märchen sondern schrieb sie auch auf. Seiner Meinung nach sind die Raunächte sagenumwoben. Wenn sich alle Märchenliebhaber an einem Ort, dem das Märchen galt, versammelt hatten, natürlich waren auch Kinder dabei, begann er mit den Worten: „Vor langer langer Zeit, war es gestern, oder war es heut, da ist einmal in der Raunacht ein Bauer durch den Enstalgraben gegangen... ... Und wie er da so geht, hört er auf einmal in der Luft ein Säuseln, das immer lauter wurde, immer lauter, ein Schreien war rund um ihn ...“

Ich war Kind unter Kindern und fühlte mich richtig gut. Alle lauschten dem Erzähler. Allein das war entscheidend, um die eigene Phantasie anzuregen, sich eigene Bilder im Kopf entstehen zu lassen, das regte die eigene Schöpfung, die eigene Kreativität unglaublich an. Das kann durch nichts ersetzt werden. Hier gilt das Zuhören, und dass sich einfach jemand Zeit nimmt, eine Geschichte aus sich heraus zu erzählen. Jemand gibt etwas von sich. Jemand widmet sich mir. Das blieb entscheidend. Allein wie er da stand, in seinem grünen Lodenmantel, mit einer Petroleumlampe in der Hand, mitten im Märchengebiet der Yps, am Waldrand, in der Dämmerung, als der Raureif über die Wiesen zu ziehen begann, ganz langsam dichter werdend. „Als der Bauer mit gebeugtem Rücken über den Graben ging, war es gestern, war es heut ...“

Die Lodenkappe bedeckte sein dunkles Haar und man hätte ihm einen Raben (die Erscheinungsform Odins) auf die Schulter dichten wollen. Schon die erzählende Gestalt war Märchenerleben. Er war in seiner Art ein Künstler. Nicht nur die Kinder fühlten sich in die Handlung versetzt. Alles war drin, was in ein Märchen hineingehört, das Schaurige, das Schöne, das Belohnt werden, die Angst davor, die Verwandlung, der Tod, der Neubeginn. „Es ist ein wesentliches Element in den Volksmärchen“, sagt er, „dass die Menschen, die Heldinnen und die Helden, die da drinnen vorkommen, in den Erzählungen, zu irgendwas herausgefordert werden, sei es durch Gefahr, oder dass sie in die Welt ausgestoßen werden, oder von sich aus in die Welt ziehen, und dadurch, dass sie nicht verzagen, und die Prüfungen und die Aufgaben bestehen, dadurch reifen sie. Der Ausdruck dieses bestandenen Reifungsprozesses ist eben dann, dass sie in irgend einer Form dafür belohnt werden und ein glückliches Leben führen. Und wenn sie nicht gestorben sind, dann, ja dann leben sie für uns weiter.“

Er sprach im Dialekt, das unterstrich die Wirkung am Ort des Geschehens. Wenn wir später in einem gemütlichen Lokal zusammen saßen und über Märchen sprachen, war ich schon deshalb gezwungen richtig zuzuhören, weil ich sonst die Zusammenhänge nicht verstanden hätte.

„In den Märchen“, sagte er, „ist eine unmittelbare Verbundenheit vom Wesen und Würde des Menschen erkennbar. Märchen sind Nahrung fürs Menschsein. Darin kann man sich wie in einem Spiegel mit seiner Seele mehr oder weniger wiedererkennen und als ganz, ja, als Ganzheit erfassen.“

„Viele Menschen haben keinen Zugang zu Märchen“, sagte eine Frau.

„Ja, viel ist heute sehr stark verloren gegangen, dadurch, weil das kognitive Umfeld sich verändert hat, man nimmt heute die Innenbilder, und ersetzt sie durch äußerliche Illustrationen. Man wird flach, vertauscht das. Es ist, als würde man ein Korsett mit dem Rückgrat verwechseln, der Sinn hat sich verkehrt“.

„Ja. Märchen sind keine romantischen Erzählungen, die uns etwas vorgaukeln wollen, sondern ganz im Gegenteil, sie wollen uns, unsere eigenen Kräfte und die Welt spiegeln, uns so intuitiv erfahrbar machen; das heißt, wenn wir so ein

Märchen hören, entdecken wir darin Erfahrungen, die wir selber haben, die wir selber gemacht haben, oder die uns noch bevorstehen. Aus diesen Erfahrungen können wir, in spiegelhafter Form sozusagen, für uns das nehmen was wir brauchen und sehen: ... Aha, ... das ist eigentlich wesentlich im Leben, oder: Das habe ich ganz vergessen, oder: darauf kommt's an! Wenn wir Märchen hören, dann werden wir immer wieder auf unseren Wesenkern in gewisser Weise zurückgestoßen, und ich glaube, das ist das Schöne, dass wir im Märchen so etwas wie ein Antivirusprogramm für unser Gehirn haben. Wir werden täglich von so viel Informationen und Reizen überflutet; die Märchen führen auf das Wesentliche zurück – in ganz einfacher Form."

Mit dem Erzählen der Märchen an den unterschiedlichsten geheimnisvollen Gegenden des Landes Niederösterreich lernte ich Menschengeschichte, lernte ich Menschen und auch mich besser verstehen. Märchen behielten ihre wichtige Bedeutung für mich. Denn hier war kein krampfhaftes Lernen, überhaupt kein Zwang, sondern ganz lockeres Horchen und Vergleichen. Da gibt es ein Märchen, wie ein junger Mann ganz verzagt an einem Brunnen steht, in die Tiefe schaut und zögert. ... Da erkennt er im Wasser ein wunderschönes Gesicht. Nein, nicht seines, sondern das eines jungen Mädchens, das auf einem Ast des Baumes sitzt, der neben dem Brunnen steht, und von ihrem hohen Sitzplatz in den Brunnen hinein schaut, so dass ihr Spiegelbild im Wasser erscheinen kann. So treffen sich die Augen der beiden in der Tiefe des Brunnens. Und wie finden sie zusammen? Da gibt es die Möglichkeiten, da gibt es die Phantasie, und die guten Mächte, die alles zum Guten lenken.

***

Im Juli 1997 legte ich meine deutsche Staatsbürgerschaft ab und nahm die österreichische Staatsbürgerschaft an.

Im gleichen Jahr im November/Dezember bekam ich meine erste kleine Wohnung, die mir als Provisorium erklärt wurde, weil es kein Bad und keine Dusche gab. Und im Jahr darauf bekam ich die Wohnung, in der ich bis zum heutigen Tage noch lebe, wo mein Schreibtisch am Fenster zum Hof steht. Zahlen aus solchen Ereignissen regen mich dazu an, Unberechenbares zu berechnen. Obwohl ich im 46. Lebensjahr war, als ich nach Österreich kam, dauerte mein zweites Leben jetzt erst 27 Jahre, und ich war auf dem Wege zum zweiten Male das 32. Jahr zu leben und dabei wirklich 64 Jahre alt zu werden. Vergleichend stelle ich fest, dass die Mutter damals 64 Jahre alt war, als ich nach meinem Schädel-Hirn-Trauma, in ihre Wohnung entlassen wurde. Ich spielte weiter: 1932 hat die Mutter geheiratet und war bei meiner Geburt 32 Jahre alt. Diese Zahlen sind mystisch. Denn es gibt den Vater meines Sohnes Michael, der 1932 in New York geboren wurde.

Ich beobachtete die Zahlen und die Wiederkehr der Zahlen an anderen Orten, in anderen Zusammenhängen. Ich symbolisierte mir eine besondere Bedeutung hinein. Wenn es nicht um Geld geht, sind mir Zahlen sympathisch. Und obwohl die Zeit weiter ging, hatte ich oft das Empfinden, dass sie mich fest hielt, dass ich der Zeit gehörte, dass sie für mich Bilder malte. Ich suchte Symbole und fand sie auch in Märchen. Ich überlegte nicht ohne Spannung, welche Veränderungen eintreten werden, welcher Wechsel. Fest stand für mich: Es gibt keine planbare Zukunft. Und die Frage begann mich zu beschäftigen: Was ist Wirklichkeit? Wie haben die Menschen vor uns die Wirklichkeit erlebt?

Ahnungen kannte ich. Sie glichen der Insel, die in mir im tiefen Schlaf lag, bis das Wort gesprochen würde. Die Insel und ich sind eingebunden in dieses „Stirb und Werde“. Ich wusste, dass mir die Liebe fehlte. Mit der Liebe, so hatte mir Avenir erklärt, würden sich die Welträtsel lösen lassen. Immer intensiver begann ich Menschen zu beobachten, die sich umarmten. Es berührte mich nicht. Ich sah das, wie ich das Pflaster der Strasse sah, das aus Unebenheiten bestand. Ich konnte weder mit jenen reden noch mit jenen fühlen.

Was, so fragte ich mich, bringt zwei fremde Menschen dazu, mit einander zu leben, eine Familie zu gründen, Kinder zu bekommen? Ich konnte mein Denken von mir weg auf andere Menschen richten, aber ich konnte weder für mich noch für andere etwas empfinden.

Ich verbrachte ganze Tage in der Nationalbibliothek und bildete mir ein, etwas über die Liebe gelernt zu haben. Ich wollte in den Symbolen der Märchen meine persönliche Lage spiegeln, denn alle verschiedenen Bedeutungen, sind tatsächlich im Märchen eingeschlossen, und ich suchte Hilfe, wenn ich Verständnis für mich selber brauchte. Aber eigentlich drehte ich mich im Kreis.

In diesen Jahren blieben andere Menschen so weit von mir entfernt wie das wirkliche Leben. Ja, es gab Leute um mich herum. Nur wenige Menschen waren bereit die Lasten und Risiken einer Freundschaft zu tragen. Ich stellte zu viele Fragen, nichts blieb mir gleichgültig, oder ging irgendwie ungesehen vorbei. „Du passt nicht in diese Zeit“, sagte mir die Freundin schließlich. „Mit deinen immerwährenden naiven Fragen machst du dich unbeliebt.“ „Wahrscheinlich hast du Recht.“ Aber wenn ich keine Fragen stelle, wie soll ich dann Antworten finden? Ich weiß nicht, wie ein Kino oder Diskotheken von innen aussehen. Und ich denke nicht, dass mir etwas mangelt. Ich kenne keinen einzigen Namen der so genannten Stars oder Promis. Von allen, die mich ablehnten, konnte mir niemand die Frage beantworten, was Zeit ist, niemand ist zeitlos wie ich, und niemand hat Zeit.

***

Eine Geschichte aus dem Alltag erzählte mir die Stadt. Sie bildete die andere Seite des Alltags. Ich fuhr ungern mit der Trambahn oder U-Bahn. In den kleinen Wagen versammelten sich so viele Menschen und deren Gerüche. Hunde mit Maulkorb und Babys in Kinderwagen oder in den Armen ihrer Mütter, bedrückten mich. Viele plappern munter in ihr Handy Privates und Berufliches ... und das in unterschiedlichen Sprachen und Lautstärken. Immer stärker spürte ich auch, dass ich zwischen diesen vielen Menschen etwas suchte, was mir verloren gegangen war. Um durch die Stadt zu gelangen, von einem Bezirk zum andern, ging ich meistens zu Fuß. Oft irrte ich Stunden allein durch die Stadt, starrte die Menschen an, suchte Augen. Ich suchte die Liebe eines einzigen Menschen. Einmal kam ich aus dem Verlag und dachte über das Gespräch nach, das ich mit der Verlegerin geführt hatte. Was bedeutet für mich Freude? Was bedeutet Schreiben anderes als das Resultat von Geistesbewegung im positiven Sinn?

Freude kenne ich als Ode verkleidet: „Freude, Freude schöner Götterfunken." Überall in Wien ist Musik. Freude trinken alle Menschen aus den Brüsten der Natur, alle Guten, alle Bösen folgen dieser Rosenspur. Ahnst du den Schöpfer – Welt? Such' ihn über'm Sternenzelt. Über Sternen muss er wohnen. Aus welcher Motivation schrieb Schiller diese Worte? Ein gutes Verlagsgespräch? Mein Buch entwickelte sich ... zum Nachdenken anregen ... Alle Menschen werden Brüder? Wer auch nur eine Seele sein nennt, auf dem Erdenrund ...

Ich erreichte die Treppe, die zur Linie U 1 am Karlsplatz führt, diese Menschenbewegende, automatische Rolle, die aufwärts fährt, aber nicht in den Himmel, die nach unten fährt, aber keineswegs in die Hölle. Oder doch? Auf dem Treppenabsatz, saßen und lagen Sandler, wie Menschen hier genannt werden, die kein Zuhause haben, die immer betrunken sind oder Drogen nehmen, die alles Hab und Gut in Zeitungen eingewickelt, oder in Plastiktüten mit sich herumtrugen. Ich nenne sie Gescheiterte, die am Leben Zerbrochenen. Jedes Mal, wenn ich an dieser U-Bahn-Treppe ankam, ging ich ganz langsam, nicht um menschliches Elend zu sehen, sondern weil ich versuchte in diesen lallenden, stinkenden Wesen Menschen zu erkennen, weil ich Menschenwürde suchte. Ganz schnell ist jemand da unten.

Alle Menschen wurden nach Gottes Ebenbild geschaffen,

hatte ich gelernt. Aber alle Menschen sind auch schön und gut. Nur wissen es die wenigsten. Die Worte wollen aus mir hinaus ... „alle Menschen werden Brüder.“ Weil eine Verbundenheit zwischen allem Leben besteht, weil in jedem Teil der göttliche Geist lebt, das Ganze, Allumfassende, das sich ausgliederte zur Erschaffung von Leben? Ich weiß nicht, warum ich an jenem Mittwoch zögerte. Etwas, ein zusammengeworfenes Bündel begann meine Aufmerksamkeit auf sich zu ziehen. Eine Frau, durchfuhr es mich; zwischen den verwahrlosten Männern liegt eine Frau!

Die Zigarette glimmte in ihrer rechten Hand, über die ein Handschuh gezogen war, schwarz, zerlöchert, der die Fingerspitzen frei ließ; der die rot lackierten Fingernägel bloß legte; deren Spitzen mit dem absplitterten Lack dunkel und wie abgebissen aussahen. Die andere Hand stützte mit dem Unterarm die kauernden Leib. Ein grauer Pullover, dessen Rollkragen beinahe bis zur Brust herunter hing, und eine Bluse erkennen ließ, deren Farbe wahrscheinlich einmal gelb gewesen sein konnte; ein buntes Tuch, rot, gelb, schwarz und grün geblümt, hatte den Hals umwickelt, bedeckte das Haar. Die Pulloverärmel schauten an den Handgelenken unter den Jackenärmeln hervor, dieser Jacke, die überall zu knapp den Oberkörper über dem Pullover zu wärmen oder zu schützen versuchte. Ich stand wie hypnotisiert. Alle Menschen werden Brüder; wie ist das mit den Schwestern, durchzuckte es mich. Dann wäre meine Schwester ... Und das wirkliche Bild der Schwester baute sich vor meinem inneren Auge auf: gepflegt, in der Gesellschaft, allen Situationen gewachsen, verbindlich, geschäftstüchtig, elegant, sozusagen mit dem Hut und Handschuhen geboren. Bruder, Schwester. So endlos weit weg, die Welt, früher, das erste Leben, Familie ...

Ich blieb stehen. Warum schaute ich und spürte mein zunehmendes Interesse, das über die Neugier auf Menschen hinausging. Ich wollte wissen. Nach Gottes Ebenbild geschaffen, der Mensch an sich. Ein Schrei in mir, den ich deutlich hörte. Hatte ich wirklich geschrieen?

Die Vorübereilenden schauten sich um, stumme Frage in ihren Augen: Warum steht die denn hier? Die Frau auf dem Boden schaute zu mir herauf. Ihr Blick bohrte sich in mein Herz, schmerzte dort, ich meinte Blut aus der Wunde herausquellen zu fühlen. Sie hatte alte zerrissene, schmutzige Jeans über die Beine gezogen, weiter: der Reißverschluss war kaputt, klaffte offen über dem Pullover. Ein peinlich berührender Anblick. Ich spürte, dass meine Hände diesen Reißverschluss schließen wollten und schob sie in die Taschen meines Lodenmantels.

Ihre Füße steckten ohne Strümpfe in Schuhen, denen die Schnürsenkel fehlten, deren Oberleder sich an den Spitzen von den Sohlen zu trennen begonnen hatten und die Zehen frei ließen, deren Nägel schmutzig grau waren.

Neben ihr lag eine Plastiktüte, stand eine ziemlich große Flasche Branntwein, aus der sie, sobald die Zigarette verglimmt war, kräftig trank, sich mit dem Ende des Pullovers, oder dem Teil des halben Handschuhs über den Mund fuhr. Sie schaute mich an, die Gesichtshaut war aschfahl, sie verzog den schmallippigen Mund, der gut geformt war, zu einem bitteren Lachen.

„Willst du einen Schluck haben?“

Ich blieb sprachlos stehen. Ich stand zitternd, mich wie gelähmt fühlend.

„Kümmere dich um dich selbst“, sagte sie mit schwerer, aber deutlicher Stimme. „Es ist gut, wenn sich jeder zuerst um sich selber kümmert, denn erkennende Menschen sind gute Menschen.“

Welche Worte aus diesem Mund, aus diesem elenden Bündel Mensch! Erkenne den Urgrund deiner Schönheit im göttlichen Bild in dir, danach wurdest du geschaffen. Warum kümmert Er sich nicht? Sagen das nur jene, die sich keinen Eigenwert zuschreiben, die sich für überflüssig halten, die meinen, einer zu viel auf dieser Erde zu sein, ein Irrtum des Schicksals? Warum kümmert Er sich nicht? Nur wenige Menschen unter den Massen eines Zeitalters sind ausersehen, ein Schicksal zu haben, mag es stolz sein oder grausam, es ist entschieden.

Schicksal wird für dich erst zum Verdienst, wenn du größer wurdest als dein Schicksal. Sprüche, Verse, Worte tanzten mir wie Spukgestalten durch den Kopf. Fratzen blecken Zähne und zischen aus zusammengepressten Mündern. Ich schaute in dieses Gesicht, das dem eines Kindes glich und dem einer uralten Frau; die dunklen Augen ließen alle Ereignisse dieser Welt in ihrem Grund erkennen. Schwarze, sichelförmige Augenbrauen bogen sich über der Glut dieser tiefliegenden Augen, die langen, dichten Wimpern bedeckten die stark ausgeprägten Jochbeine, das helle, lockige Haar, das zottig und verklebt wirkte. Es wurde nur teilweise von dem bunten Tuch bedeckt; die schmalen Nasenflügel formten einen Gesichtsausdruck, der diese Person ungemein anziehend machte. Wenn sie sich waschen und anziehen würde, dachte ich. Es ist also richtig, dass Kleider Leute machen?

Man konnte sie nicht als schön im Sinne der Vollkommenheit bezeichnen, jedoch als überdurchschnittlich apart.

Alle Menschen wurden Brüder, leidgeprüfte, gequälte, glückliche, zufriedene, Kinder, Greise, Mönche, Verbrecher, Gesunde, Kranke, Dumme und Weise.

„Warum trinkst du“, fragte ich und wunderte mich, dass ich es fertig brachte diese fremde Menschin zu duzen.

Sie schaute mich an.

„Es gibt für mich nichts Tröstenderes“, zischte sie aus ihren schmalen Lippen. „Ich fühle mich weniger verloren in der Leere und dem Nichts. Ich bin keine Maschine.“

„Was willst du damit sagen“, fragte ich sie.

Sie sank noch mehr in sich zusammen und sagte schließlich deutlich:

„Du kannst dein Gesicht auch nicht ewig behalten.“

„Sicher nicht.“ Und blitzschnell sah ich vor mir ein Gesicht, das gar kein Gesicht mehr war, aus dem nur die Augen diese Welt wahrnehmen konnten. Ich glaube, dass ich laut gestöhnt habe.

„Guck mich an“, lallte sie weiter, „die Hose ist offen, keiner der schönen, vorbeieilenden geschwänzten Ärsche zeigt Lust sie mir auszuziehen; hier an meiner Fotze zu fummeln, mich zu vögeln.“

Ich schwieg und starrte sie an und wusste nicht, was sie mir mitteilen wollte.

Hier, in dieser U-Bahnstation klang das nicht wie Tempelschändung, oder Gotteslästerung. Die Worte klangen in mir nach, neue Worte, die mir fremd waren. Sie erhob ihren Oberkörper und rief laut einem Manne zu, der stehen geblieben war, weil er mich da stehen sah, denn wo jemand steht, gesellen sich andere dazu. Da muss es doch etwas zu sehen geben! „He“ rief sie, „du, komm her du Gaffer, na, fick mich doch!“

Sie hielt beide Hände einladend an ihre offene Hose und hob den Pullover von ihrem Leib. Ich war nicht schockiert. Ich staunte über mich, die Passanten zeigten sich entrüstet, verharrten einen Augenblick, rümpften die Nase und rannten sehr schnell weiter: „Schande“, entrüstete sich eine ältere Passantin, man müsste sie hier weg bringen. „Schande“.

„Schleimscheißer, Scheißkerle“, schrie die Frau und sank wieder in sich zusammen. Sie nahm die Flasche und trank gierig große, hastige Schlucke und wischte sich dann mit dem Pullover über das Gesicht.

„Sie haben alle ihren Saft in mich hinein gespritzt, diese Verdammten, die ihre Freude suchten, sie gingen weiter. Ich habe manchmal geliebt, zur Erinnerung blieb mir Aids. Ich habe keine Chance mehr, keine! Ich bin zerbrochen!“

Sie atmete schwer und lallte bald unverständlich. „Ich war erfolgreich, war die einzige Tochter aus begütertem Elternhaus in Linz. Ich begann zu studieren, Familie, Tradition; ich wollte mehr, wollte alles. Ich bekam Faustschläge, und damit ist noch kein Ende. Diese Flasche nimmt mir den Schmerz. Willst du mich anders machen?“

Ratlos stand ich wie angewachsen auf der gleichen Stelle

und staunte.

„Mach mich gesund, ha ha, na los!“

Sie sackte noch tiefer in sich zusammen, wurde kleiner, wirkte hilflos, hilfesuchend; kein Haufen Schmutz oder verdorbenes Fleisch, sondern eine Menschin. Wo blieb der barmherzige Samariter?

Ich stand versteinert, regungslos. Nur die Gedanken rasten wirr in meinem Kopf herum.

„Keiner“, lachte sie verbittert, „keiner kommt hier her zu mir und streichelt mich, liebkost, greift in meine Hose, Schwänze, Mösen, gekrümmte Leiber, Sex ist Scheiße; und ich hab’ ein Kainsmahl; jeder sieht auf meiner Stirn: Aids! Hüte dich, geh weiter, na, geh schon endlich, ich will dich nicht mehr sehen“, schrie sie mich an.

Weinte sie? War mein Gesicht nass von Tränen?

„Hier ist kein Tempel, hier unten sind auch keine Heiligen, hier ist Dunkel, Tanz der Grotesken, der Viren.“

Beschwörend klang ihre Stimme, so, als schlage jemand mit einem Hammer in die Innenseite eines leeren Holzfasses.

„Geh weiter! Ich tanze auf allen Festen!“

Ist sie eine Märtyrerin, dachte ich, als sie einschlief und ich mich endlich lösen konnte um weiter zu gehen.

„Sie ist ein Produkt unserer Zeit, der Zeitkrankheit, der Macht, der Habgier, der zerfallenden Menschlichkeit“, sagte jemand neben mir und ging weiter.

„Sie machen es sich leicht, sie betrinken sich und vergessen...“

„Sie stellen unseren Sozialstaat dar, der aus wenigen Reichen und Massen armer Menschen besteht. Der bisherige Mittelstand wird zum Proletariat der Zukunft. Millionen von Arbeitslosen vegetieren, werden so enden, Junge, Alte. Die Menschen haben keine Eigenverantwortung, kennen ihren persönlichen Wert nicht mehr ...“, sagte jemand und ging mit starken Schritten weiter.

„Niemand kann ihr helfen?“, fragte ich, „und wenn man sie ins Spital bringen würde?“

„Es hat keinen Sinn. Es ist ausgegossenes Wasser“, sagte der Mann neben mir, ging an mir vorbei und verschwand im Gedränge.

Ein Leben ohne Sinn? Er meinte wohl, dass man ausgegossenes Wasser nicht mehr einsammeln kann, durchzuckte es mich, und ich sah ihm nach, wie er eilig davon rannte. Warum, dachte ich, warum musste es zum Ausgießen kommen? Sie war doch nicht dumm. Das heisere, verbitterte Lachen klang noch lange in mir nach, es war keine Ode an die Freude. Ob diese Frau den U-Bahn-Raum als ihre Insel „dachte“? Sie hatte sich in aller Verzweiflung dort hin gerettet. Es war ihr Ort. Auch das sind Töne dieser Stadt, Geräusche, Hilferufe die jeder überhört. Das heißt ganz unten sein und nicht mehr Aufstehen können?

So sammelte ich meine Erkenntnisse, meine Erfahrungen über Menschen und unterschiedliche Schicksale und auch, wie Menschen mit ihren Schicksalen umgingen.

***

Überraschend und unerwartet erreichte mich ein Brief. Eine junge Frau aus Bielefeld hatte den Dokumentarfilm des ZDF gesehen (37°) und mich über den Rundfunk erreichen können.

Sehr geehrte liebe Frau Katharina Beta, schrieb sie. Durch Ihre Aussagen in den Aufzeichnungen angeregt muss ich Ihnen schreiben. Die Problematik der geistigen Selbstkreation nach einer Totalamnesie, Ihr außerordentlich mühevoller Kampf um Bewusstsein und Erinnerungsvermögen, wie wohl auch kulturelle Verknüpfungen, haben mich außerordentlich beeindruckt. Tatsächlich haben Sie auch mir Mut zugesprochen, meinen eigenen Leben- und Identitätskampf zukünftig kraftvoller und selbstbewusster als bisher aufnehmen zu wollen, um vielleicht auch einen Weg aus dem Dickicht emotionaler Verflechtungen auf rationalem Weg zu finden. Sie zeigen auf, dass es möglich werden kann. Glücklich schätze ich mich, keine materielle Not zu leiden.

Allerdings fehlen mir die geistigen Fähigkeiten, in meiner Krise die heilbringende Chance zu erkennen. Ihre Gedanken und Wegbeschreibungen werde ich als Hilfe auf meinem Weg mitnehmen ...

Mit herzlichem Dankeschön Irmgard H.

Ich wurde noch nachdenklicher, als kurze Zeit später ein Brief aus Aschaffenburg kam, der auch von einer Frau geschrieben war.

Liebe Frau Katharina Beta. Wir haben den Film gesehen, haben über Ihr Schicksal erfahren und wurden berührt. Ich kann nicht sagen, dass sich mir neue Erkenntnisse und Weisheiten eröffnet haben, vielmehr sind Fragen in mir entstanden; über das Sein, das Leben, die Liebe, den Glauben, die Moral. – Ihre Lebensgeschichte regt das Denken an. Nichts ist selbstverständlich. Alles ist in Frage gestellt. Und dann, wie bewegend, Ihren Kampf zu beobachten. Wie kommt es, dass Sie Ihren eigenen Weg so hartnäckig gradlinig gehen? Hätte man nicht eher vermuten können, dass ein Mensch, der nach einer Totalamnesie neu beginnt, sich dem Lustprinzip verschreibt, weil die übliche Erziehung, das heißt Gewissensbildung der Kindheit fehlt? Statt dessen ist die Disziplin Ihr Lebensbegleiter. Sie haben gewusst, dass es besser sein kann, zu warten, als zu versuchen, das Leben im Überschwang zu genießen? Warum haben Sie es verstanden, dass Ihre Seele so viel wert ist, dass Sie sie schützen müssen? Eine Weisheit, die die meisten Menschen nie in ihrem Leben erfassen, weil sie die Kostbarkeit ihrer eigenen Seele nicht kennen. Sie sehen, Sie haben mich sehr beschenkt, denn gibt es schöneres, als Menschen zum Denken zu bewegen. Ich grüße Sie in herzlicher Verbundenheit. Christine Sch.

Anfangs stand ich mir selbst ratlos gegenüber und war tief beeindruckt darüber, was fremde Menschen über mich und von mir denken, so über mich nachdenken, wie ich über den Märchenerzähler und die Märchen die ich höre. Sie hatten mich in dem Film erlebt als eine nach dem Sinn Suchende, langsam meine Welt aufbauend.

Das war deutlich. Das hatte ich nicht erwartet. Den Film hatte ich schon vergessen, seit das Fertigstellen meines Buches Katharsis mich beschäftigte. Katharsis bedeutete für mich: geläutert aus meiner Tragödie hervor kommen, zum Leben finden. Wahrscheinlich wurde der Film, wie bei Sendern üblich, wiederholt? Und ich glaube nicht, dass sich das Gewissen in der Kindheit bildet. Das Gewissen ist ein Teil des Selbst, des göttlichen Geistes in uns. Es arbeitet immer, es bildet sich immer weiter.

Ich überlegte lange, ob ich die Briefe beantworten wollte. Ach, liebe Leute, drängt es mich zu sagen: Ich lebe doch nur mein ganz einfaches Leben, so wie ich es lernte, als ich nach dem Spitalaufenthalt bei meiner Mutter und den Kindern eine Zeitlang lebte. Ich habe einen Lehrer, Avenir mit Namen, der mir sagte, welchen Wert eine Seele hat. Soll ich sie nicht schützen, wenn Gott in ihr wohnt? Der eigene Wert steht nicht fest, Wert wird erschaffen. Es ist ein schöpferischer Prozess. Wie hätte ich, so ganz nebenbei, ein ausschweifendes Leben führen sollen, mit sechshundert oder tausend Mark in der Tasche, mit Angst vor den Menschen, voller Hemmungen, mit Hilflosigkeit ausgestattet. Diese lobenden Briefe entsprachen nicht meinem inneren Zustand. Ich strebte nach Wissen, nicht nach Ausschweifung. Ich denke, dass Ausschweifung mit Langeweile verbunden ist, der jemand entfliehen möchte. Es gibt einen wunderbaren Vers: *Es ist eine große Torheit, um nach außen zu gewinnen, nach innen zu verlieren; d.h. für Glanz, Rang Prunk und Titel seine Ruhe, Muße und Unabhängigkeit ganz oder großenteils hinzugeben.* Das schrieb Horaz in der Epistel an den Mäcenas.

Ich war immer dann am zufriedensten, wenn ich in meiner Wohnung ungestört sein konnte, oder in langen Wanderungen meinen Körper bewegte. Der Alltag in der Stadt machte mich ruhelos. Und wenn ich jetzt anfangen würde zu trinken? Wenn ich mich fallen lassen würde, im Bett liegen bliebe, nicht mehr aufstünde, ... weil ja ohnehin niemand auf mich wartet, niemand mich braucht oder ruft? Das wäre Verrat an mir selbst, denke ich. Es ist mein Leben. Nichts ist wichtiger als das klare, freie Gedankengut zu pflegen, ja und natürlich die Seele. Diese Frau in der U-Bahn Station am Karlsplatz beschäftigte mich mehr als ich wollte. Das Bild erschien oft vor meinen Augen. Diese Erbärmlichkeit verbunden mit der Frage: „Warum?“ Ob sie so etwas wie meine Nächste war? Ich habe mir die Frage noch nicht beantworten können.

In diesen Fragenkomplex hinein tauchten Bilder aus Bad Herrenalb vor meinen Augen auf. Ich spürte plötzlich jemanden neben mir, sah dunkle Augen auf mich gerichtet. „Warum bist du hier?“, hatte mich Rüdiger gefragt. Von ihm wusste ich, dass er begonnen hatte, sich mit dem Alkohol sein Leben zu zerstören. Er hatte vermutet, im Trinken die Kraft zu finden, um sich gegen schreckliches Erleben zu schützen, das ihm in seinem Beruf als Fotoreporter an außerordentlichen Schauplätzen begegnet waren. Ich spürte ihn schweigend neben mir, während ich durch die Stadt in meine Wohnung nach Floridsdorf ging, und die Donau überquerte.

VI. Kapitel

Noch bevor mein Buch Katharsis im Buchhandel war, häuften sich die Einladungen der Zeitungen und Fernsehsender. Das war durch den ZDF Film 37° verursacht worden.

Im November wurde ich nach Stuttgart zum Süd-West-Rundfunk eingeladen. Hörfunksendungen sind Gespräche ohne Zuschauer und sehr angenehm und haben daher eine persönliche Note. Die Fahrkosten übernahm der Südwestfunk.

„Es wird günstig und zweitsparend sein, wenn sie fliegen“, wurde mir vorgeschlagen. Ich hörte nur „fliegen“ und meine inneren Augen sahen in dem Luftraum über der Stadt Wien die großen silberglänzenden Flugzeuge kreisen. Ich? In so einem Ding? In der Luft? Im geschlossenen Raum? Ohne eine Tür öffnen zu können. Ohne hinaus gehen zu können? Neben mir und um mich herum Menschen, fremde Wesen? Der Geruch nach Schweiß?

„Nein“, sagte ich, „ich werde mit der Bahn fahren.“ „Es ist eine weite Strecke,“ kam der Einwand. „Ich kann lesend im Abteil sitzen oder schlafen, durch die Waggons laufen, oder im Speisesaal Tee trinken! Ja, ich komme mit dem Zug.“ Punkt.

Alles war ungemein aufregend. Anfangs ging ich während der Fahrt im Zug hin und her, bestellte mir etwas später im Restaurant heiße Milch mit etwas Honig, wissend, dass dieses Getränk mich ruhiger werden lässt. Der Nachtzug erreichte Stuttgart am frühen Morgen. Am Bahnhof bestellte ich mir ein Taxi zum Sender des Hörfunks.

Der Moderator begrüßte mich freundlich, fragte nach meinen Wünschen und ob ich schon gefrühstückt hätte, informierte mich, zeigte mir den Kopfhörer und meinen Sitzplatz.

„Fühlen Sie sich wohl, setzen Sie sich ganz bequem, es passiert Ihnen gar nichts“, versuchte Wolfgang Heim mich zu beruhigen. Die Sendung lief unter dem Titel „von Mensch zu Mensch“ und begann morgens um zehn Uhr. Die Dauer war mit zwei Stunden festgelegt, das Gespräch wurde durch Verkehrsberichte und Wetterauskunft für die Autofahrer unterbrochen.

In einem Raum saßen der Moderator und ich uns gegenüber, im Nebenraum saß der Techniker vor dem Schaltpult. Nach einer musikalischen Einleitung begannen die Fragen:

„Wie war das damals, als sie aufwachten? Wie weit können Sie sich erinnern? Was haben Sie gedacht?“

Ganz langsam begann ich zu erzählen, wie das war, damals am Wasser im Wachwerden. „Vom Unfall weiß ich nichts, sagte ich ihm. Meine Schwester und die Mutter erzählten mir später davon. Ich kann dazu nichts sagen.“

Da, ganz plötzlich meldete sich der Techniker, er habe ein Gespräch in der Leitung.

Der Anrufer sagte: ... „Ich weiß, wovon hier geredet wird. Ich habe den Unfall miterlebt. Ich war Beifahrer im LKW. Der Fahrer war müde. Als er sah, was geschehen war, sagte er: Wir erklären einfach, sie sei ohne Licht gefahren, dann kommen wir gut dabei weg, sie wird sowieso sterben.“

Als der Techniker uns rief, war das Gespräch bereits beendet. Der Anrufer hatte aufgelegt. Es wurde vergebens versucht, ihn ausfindig zu machen. Hätte es Sinn, wurde ich gefragt, das alles noch einmal aufzurollen? „Nein. Ich kann heute nicht mehr dazu sagen als vor dreißig Jahren, nämlich nichts. Warum soll ich mich von Gedanken, von Wenn und Aber beunruhigen lassen?“

Am Nachmittag fuhr ich zurück. Wien wurde mir mehr und mehr zum Ort, nach dem ich mich zurück sehnte. Ich fühlte mich zu Hause.

Bald darauf wurde ich nach Berlin eingeladen. Ich dachte, dass es zwei Tage nach meinem (früheren) Geburtstag wären, wenn ich in diese Stadt käme. In Berlin geboren zu sein, hat für diese Lebenshälfte keine Bedeutung. Berlin war die Stadt, von der man mir eine Geschichte erzählt hatte, die auch meine Geschichte war.

Die Bundesregierung verabschiedete sich aus Bonn und richtete sich dort ein. Alles, was ich erlebe, ist neu für mich. Alles passiert zum ersten Mal. Ich fürchte große Städte, breite Straßen mit starkem Verkehr und vielen hastenden Menschen. Vor großen Hunden habe ich panische Angst. Ich gehe auf eine andere Straßenseite, wenn mir ein Hund, ob an der Leine oder nicht, entgegen kommt. Die Vorstellung von einer Fernsehsendung weckte Bedenken in mir: Es würde kein einfaches Gespräch sein. Ob sich jemand melden würde, der mich aus dem früheren Leben kannte? Viele Menschen haben ein kompliziertes Denken und stehen oft sprachlos vor meiner Einfachheit.

Natürlich kann ich auch Selbstgespräche führen, denn nichts anderes ist das Schreiben schließlich, aber wie kann ich ohne mit anderen Menschen zu sprechen zum Nachdenken anregen? Dass ich zum Nachdenken anregen kann, hatten Briefe verdeutlicht und mir Mut gemacht. Mit sich selber sprechen ist zwar ohne Gefahr, zum Beispiel ohne Herausforderung für andere, bringt aber auch keinen Nutzen. Es kann ein einziger Wortwechsel zwischen zwei Menschen zum Auslöser einer weltweiten Hilfsaktion werden. Es gibt die Vorstellungen von einer friedlichen Zukunft. Es leben friedliebende Menschen, aber auch in ihnen ist ein Auslöser für absolut gegenteiliges Verhalten. Märchen berichten darüber. Märchen helfen das eigene Problem zu klären.

Es verführt keineswegs zu einer fruchtlosen Versenkung in die eigenen Wunden, die bekanntlich größer erscheinen, je ausschließlicher wir uns mit ihnen beschäftigen. So wie es bei den Gesprächen jetzt der Fall war. Vielmehr verstärkt das Märchen mein Vertrauen darauf, dass die Schwierigkeiten sich lösen werden, wenn ich sie im Zusammenhang mit der Welt, in der ich lebe, anpacke.

Nach Berlin wurde wegen der Zeitknappheit und der weiten Entfernung das Fliegen gewünscht. Das Ticket wurde mir geschickt. Einerseits bewunderte ich die Technik des Fliegens, – für andere nützlich. Hunderte Menschen könnten sich in diesem relativ kleinen Raum versammeln, – für mich ein Alptraum. Und dennoch stimmte ich diesem Abenteuer zu. Da ist es wieder: ich tue etwas, was ich eigentlich gar nicht will und wofür mir mein eigenes Verständnis fehlt. Auf dem Wiener Flughafen stand ich lange zögernd und überlegend. Staunend schaute ich den startenden großen Flugzeugen nach, die irgend ein Ziel erreichen wollten. Ich schaffte es einzusteigen, und bemühte mich, den Menschen ruhig zu begegnen.

Vom Flughafen in Berlin wurde ich von einem Fahrer der Fernsehgesellschaft abgeholt und zu Hecker's Hotel gefahren, nahe am Kurfürstendamm. Allein in einem sehr gepflegten Hotelzimmer! Atmen, duschen, anziehen. Ich wurde sehr höflich und zurückhaltend behandelt, ja, regelrecht verwöhnt, denn ich musste mich nur um mich selber kümmern und hatte gar keine Unkosten.

Die Sendung Conrad & Co hatte den Untertitel: *Spurensuche. Zurück zu den Wurzeln.* Mit mir waren noch drei Gäste eingeladen, die alle zu diesem Thema befragt werden sollten. Die Moderatorin Susanne Conrad war liebenswürdig und gab sich Mühe zur Verständigung. Aber sie musste Fragen stellen. Wo sind meine Wurzeln, dachte ich kurz und erinnerte mich daran, wie ich mit dem jüngsten Sohn Stephan über eine Wiese ging und er mir das Gänseblümchen erklärte. Er sagte, dass es Luft braucht und die Sonne, den Regen und die Erde. „Dort sind die Wurzeln", zeigt er mir. Ich bohrte mit meinen Fingern in die Erde hinein und fühlte die Wurzeln, sehr klein, sehr faserig. „Sie müssen in der Erde bleiben. Du darfst sie nicht heraus ziehen", mahnte Stephan, „sonst sterben sie." „Ich habe keine Wurzeln", hatte ich gesagt.

„Ich habe keine Wurzeln", sagte ich und spürte Verwirrung. Niemand hatte bisher mein Buch Katharsis gelesen, einige Gäste kannten den Film 37° und hatten kurze Reportagen in den Zeitungen gelesen.

„Wie war das, als sie aufwachten? Was haben Sie gedacht?"

„Ich habe nicht gedacht", antwortete ich.

Fragen um Fragen, und mein Bemühen um verständliche Antworten

„Aber Ihre Familie, Ihre Mutter, Ihre Söhne? Als die zu Ihnen kamen und Sie besuchten?"

„Ich erkannte sie nicht. Ich sah nur, dass sie anders waren als ich, sie standen auf ihren Beinen. Ich hörte einige Töne in unterschiedlicher Folge, aber den Sinn des Gesprochenen verstand ich nicht. Sie bewegten ihre Arme und unbewegt schaute ich alles an."

„Haben Sie den Wunsch, Ihr früheres Leben kennen zu

lernen, wünschen Sie sich das Erinnern?"

„Ich möchte dieses Leben leben und den Sinn verstehen lernen."

„Haben Sie Wünsche für Ihre Zukunft?"

„Soll ich mir etwas wünschen, was ich nicht kenne? Wovon ich gar nichts weiß? Kennen Sie die Zukunft? Wissen Sie, was morgen geschehen wird? Und wird es das sein, was Sie sich von der Zukunft wünschten? Ich bemühe mich jeden Tag gesund und denkfähig zu bleiben."

„Das heißt, dass Sie zufrieden sind?"

„Ja."

Mir fiel plötzlich sehr viel ein, was ich den Menschen sagen wollte, was alles einen harmonischen Tag ausmacht, wie wertvoll die stille Muße ist.

Die anderen Gäste wurden gefragt und sie erzählten aus ihrem Leben, aus ihrer Kindheit und von ihren Wurzeln. Ein Gast war als Kind von der Mutter zur Adoption frei gegeben worden. Die junge Frau hatte seit dem 19. Lebensjahr die Mutter gesucht und gefunden und ihre Schwester, die sie bisher nicht kannte, dazu. Klaus Bednarz war da und erzählte von seinen Wurzeln in Ostpreußen und Masuren, die durch den Zweiten Weltkrieg zerrissen wurden. Schicksale entblößten sich.

Ein Gast meldete sich zu Wort und sprach mich direkt an: „Sie haben doch auch Kinder. Sie haben sich nicht um Ihre Kinder gekümmert. Sie haben Ihre Kinder allein gelassen und sind nach Österreich aufgebrochen. Sie wollten Schriftstellerin werden. Sie sind eine Rabenmutter."

Saß ich hier auf einer Anklagebank?

Du bist schuldig, hörte ich. Und für mich selbst unerklärbar, sah ich die Augen meines Sohnes Michael auf mich gerichtet, von dem ich nicht wusste, wo er war. Ich schwieg betroffen.

Viel später saßen alle Gäste in der Nähe des gemeinsam bewohnten Hotels in einem Griechischen Restaurant. Der Besitzer, Kostas Papanastastou, der durch den Fernsehfilm *Lindenstraße* bekannt ist, schrieb auf seine Karte mit Portrait:

Für die göttliche Katharina, Kostas, am 4.2.2000 in Berlin. Er spielte und sang für uns griechische Musik und es wurde ein harmonischer Abend. Menschen können auch wohltuend sein. Man muss nicht arm sein, wenn man in Armut lebt.

Ich hatte am nächsten Tag noch Zeit durch Berlin zu bummeln. Es war regnerisch und kühl an diesem Februartag. Ein Ort, aus dem ich keinen Stein mitnehmen wollte. Ich hatte meine Kamera, machte mir Bilder von der Stadt, damit habe ich mir die Erscheinung des Ortes für eine Weile ausgeliehen, nichts als Oberfläche. Ich schrieb Postkartengrüße, suchte einen Briefkasten, hatte keinen Schirm mitgenommen, wünschte mir Sonne. Auf der Klappe des Briefkastens stand: „Leerung, wenn der Postbote vorbei kommt." Wenn er kommt. Er kann also auch nicht kommen? Er könnte, während es regnet, nicht kommen. Er könnte auch krank werden. Versprechen nicht einzuhalten ist eine menschliche Eigenschaft. Ich warf die Karten in den Kasten in der Hoffnung, dass der Postbote vorbei kommen würde. Jetzt waren meine Schuhe nass und die Füße kalt. Wie wird es sein, dachte ich, wenn der Himmel hier blau ist, wenn ich nicht die Regentropfen zählen muss.

***

Meine Gewohnheit war, früh um 5.30 Uhr das ZDF Morgenmagazin zu sehen und zu hören. Ich holte mir Informationen über politisches Geschehen, Wirtschaft, Gesellschaft, und was noch alles aktuell berichtet wurde. Meinungsforscher und Reporter waren immer unterwegs. Dann startete ich zum obligatorischen Morgenlauf an der Donau. Wenn ich nach einer Stunde zurückkam, bereitete ich mein Frühstück. Es war zur Gewohnheit geworden, dass dies meine einzige Tagesmahlzeit blieb. In diesen Tagen kamen Ausnahmen dazu. Die Einladungen zu Flügen und Fernsehsendungen verschoben meine Zeitrechnung. Aber an solchen Tagen war alles nicht im eingespielten Takt.

In diesen Februartagen stand wieder eine Operation bevor.

Die Implantate waren im transplantierten Oberkiefer nicht mehr genügend gesichert. Es musste neues Knochenmaterial hinzugefügt werden. Prof. Dr. Dr. Ewars wollte das Material aus dem Unterkiefer nehmen, nicht wie bei der ersten Transplantation aus dem Beckenknochen.

Es wird nicht so schlimm werden, tröstete er mich. Es war notwendig geworden. Allein das war für mich entscheidend. Irgendwoher hatte mich ein Veränderungsvirus erreicht. Nicht nur um mich abzulenken begann ich mein provisorisch eingerichtetes Arbeitszimmer auszuräumen. Ich wollte erneuern, praktischer einrichten. Das Geld für die Änderung hatte ich mir beschafft, als ich eine größere Anzahl meiner Bücher „Die russische Seele“ an ein Antiquariat verkaufen konnte. Es waren Bücher, die ich nach dem Konkurs des Verlages 1989 erhalten hatte.

Der leere Raum breitete sich in meinem Gemüt aus. Das Gerippe des noch kahlen Lindenbaumes vor dem Fenster wirkte gespenstisch. Trotz zugezogener Vorhänge blieb die Leere. Ohne meine Bücher fühlte ich mich irgendwie allein gelassen. Einem guten Tischler hatte ich den Auftrag gegeben, den kleinen Raum zu gestalten. Jeder Winkel und die Höhe sollten genutzt werden. Er hatte gemessen und gerechnet. Nach dem Spitalaufenthalt sollte alles fertig sein.

Ich erwachte mit starken Schmerzen, mein Mund war voller Fäden und doppelt so groß. Ich bekam Infusionen, sollte nicht reden. Zum Lesen fehlte die Konzentration, Notizen schreiben. Schlafen, später im Spital herumlaufen, Menschen beobachten, die an zerstörten Gesichtern und Kiefern litten. Vier mächtige Ursachen: Krebs, Autounfall, Berufsunfall, Geburtsfehler. Als ich dieses Elend sah, fühlte ich mich gesund und am falschen Platz, ich drängte nach Hause! Mein Gesicht nur grün und gelb und geschwollen. Kein schöner Anblick, sagte mir meine Eitelkeit! Mein Spiegel sagte: „Ich sah dich schon erschreckender! Ich sah dich schon ohne Gesicht!“ „Ja, Ja, wir kennen uns.“

Der Gedanke an den alten weisen Chinesen kam mir in den

Kopf, zu dem ein armer Mann kam und klagte:

Meister, es wird kalt, ich habe keine Schuhe, ach, hilf mir doch. Der Alte schwieg eine Weile, dann sagte er: Schau, hier neben mir sitzt einer, der hat keine Füße. Und da frage ich mich: was ist denn schlimmer, keine Füße zu haben, oder Füße zu haben und keine Schuhe?

Wenn man selbst bescheiden ist, bauen diese Gedanken auf. Es gibt Menschen, denen es schlechter geht. Nach drei Tagen Beobachtung wurde ich entlassen. Trinken wurde erlaubt – milde Wärme, nicht heiß, nicht kalt. Lauwarm, wie ich es in meinem Denken ablehne, in dem es Kalt oder Heiß gibt, nur nicht Lauheit. Mein Programm: Einkaufen von Getränken, Verlag anrufen, zurückmelden, wieder erreichbar sein.

„Hattest du Schmerzen?", fragte mich meine Freundin Ilona.

Mit den einfachen Worten Senecas versuchte ich alles zu sagen:

Wenn ich mich mit Klagen beschwere, mache ich mein Leiden selbst schlimmer. Der Schmerz ist leicht, wenn ihn die Einbildung nicht größer macht, wenn ich mir Mut zuspreche und sage: es ist nichts oder zu mir sage, es ist nicht der Klage wert, es wird schon vergehen.

„Du hast sicher auch schon Schmerzen gehabt?", fragte ich Ilona.

„Ja, sicher", antwortete sie, „ich nehme Tabletten, wenn mir etwas weh tut.".

„Ich nehme keine Tabletten."

„Du bist ziemlich hart."

„Ich will mich nicht fallen lassen."

Einzig ungut war es für mich, dass ich meine Gewohnheit länger ruhen lassen musste, nämlich: zum Frühstück einen Apfel zu essen. Schließlich ist es angenehm überstanden zu haben, was schwer zu tragen gewesen ist. Pünktlich kam mein neues Arbeitszimmer. Der Raum wurde licht und praktisch.

Die beiden Tischler brauchten einen ganzen Tag um alle Schränke und Regale zu montieren, um ausziehbare Regale für die technischen Instrumente einzubauen. Ich konnte den Computer und Drucker unter dem Schreibtisch verschwinden lassen, hatte nur noch meinen Bildschirm und Power Keyboard in praktischer Nähe, und Platz für viele Notizen und so weiter. Ich hatte Licht und Luft um mich herum. Beinahe andächtig räumte ich ein. Das helle Holz überraschte mich in seiner Wirkung. Das Zimmer hatte ein freundliches Gesicht. Es war gute Arbeit geleistet worden.

VII. Kapitel

Das Buch Katharsis war am 28. März fertig, es hätte schon im vorigen Jahr zur Buchmesse, dann zum Jahreswechsel fertig sein sollen, und jetzt knapp vor Ostern kam es endlich. Bestellungen häuften sich. Sie kamen aus Deutschland, wo ich bereits durch die Medien bekannt war. Ich hielt das Buch in meiner Hand, aber ich hatte keine Freude daran. Es war mir fremd geworden. Es war schon Geschichte.

Es gab keine Präsentation. Es wurde gereicht wie eine Tasse Tee, nicht etwa wie ein Glas Sekt.

Der griechische Metropolit Michail Staikos stellte an diesem Tag sein Buch „Auferstehung“ vor, das im gleichen Verlag erschien. In diesem Rahmen auch „Katharsis“ zu erwähnen erschien anscheinend unmöglich, obwohl ich eingeladen war. In diesem Rahmen sprach mich Vater Avenir an, dem ich mein Buch zu seinem 70. Geburtstag geschenkt hatte, den er an diesem Tage feierte. Er sagte mir, dass in meinem Buch alle kyrillischen Buchstaben Fehldrucke waren, dass die Maschinen sich eigene Buchstaben geschrieben hatten. Alles, was im russischen Wortlaut geschrieben wurde, war falsch, damit für Sprachkundige nicht lesbar.

Schon einmal hatte er mich auf einen Fehler aufmerksam gemacht. Und wieder stellte sich mir die Frage: Warum muss bei mir nur alles 2 x geschehen? Warum muss ich alles wiederholen? Ich weiß schon bei einem Geschehen, dass es sich zu einer bestimmten Zeit wiederholen wird.

Ilona bemerkte in ihrer manchmal sehr nüchternen Art: „Glaubst du denn, dass jemand, der dein Buch liest, die russischen Worte interessieren und ob sie richtig oder falsch geschrieben wurden?"

„Ich kann mich nicht dazu erziehen, Fehler zu bagatellisieren." Avenir stand auf meiner Seite. Schließlich ging es auch um den persönlichen Brief des Patriarchen von Moskau und ganz Russland an mich, den er mir ganz privat geschrieben hatte, nachdem ich ihm mein Buch „Die russische Seele" zum Millennium gewidmet hatte.

Erst in der nächsten Auflage konnte die Schrift verbessert werden. Es blieb neben dem bitteren Geschmack auch Unstimmigkeit im Verlag zurück.

Meine Erwartung nach etwas Unbekanntem, Harmonisierendem verstärkte sich.

Anfang des April folgte ich einer Einladung, flog wieder nach Berlin, diesmal zur „Deutschen Welle". Der Reporter der Zeitung *Tagesspiegel* besuchte mich im Hotel und bat um ein Interview für die Zeitung. Ein Fotograf kam. Ich war über mich selbst erstaunt, weil ich nicht mehr jene Angst und jene Hemmungen hatte, wie vor den ersten Gesprächen und Fototerminen. Ja, ich fand sogar die Fotoseite meines Gesichtes heraus. Damit machte ich es dem Mond nach, der nur sehr selten sein ganzes Gesicht zeigt!

Die Fernsehsendung wurde aufgezeichnet, und zu einem späteren Termin ausgestrahlt.

Hier spürte ich zum ersten Mal sehr deutlich, dass ich wohl die deutsche Sprache gelernt hatte, dass die russische Sprache mir vertraut war, dass ich English total vergessen hatte. Ein Dolmetscher übersetzte die mir in englischer Sprache gestellten Fragen. In der Sendung wurden beide Sprachen gesprochen.

„Das Buch gefällt uns", wurde mir gesagt. „Es ist wichtig, ***wie*** Sie es geschrieben haben. Es ist ein wichtiges Buch für diese Zeit, für diese Menschen, denen es an Lebensmut fehlt", hörte ich. Es war gut, dass ich das Buch jetzt in der Hand halten konnte, dass es diese Wirklichkeit gab und nicht nur das Gespräch darüber, wie in den vorherigen Sendungen.

Am gleichen Abend konnte ich nach Wien zurück fliegen.

Es war Neumond.

Zu meiner Wohnung gehörte ein kleiner Balkon. In einen Blumenkübel aus Ton pflanze ich einen kleinen Weidenbaum und in die Blumenkästen Geranien, rot sollen sie blühen und in der Sonne leuchten. Während ich mich mit Blüten, Knospen und Blumen, mit ihren Wurzeln beschäftigte, begann ich mir einzugestehen, dass es mir gefiel, so oft eingeladen zu werden, dass man mich während des Fliegens und in den Hotels verwöhnte, mir sozusagen das Alltagsdenken abnahm. Alles war sehr aufregend. Dennoch verließ ich nur zögerlich meine Isolation. Belastend wurde für mich, dass ich immer wieder und überall über mich reden musste, darüber reden musste, wie es war! Ich wurde gezwungen, Wunden aufzureißen und noch dazu die Schmerzen zu beschreiben! Oder es wurde versucht zu vergleichen: Damals war ich nichts, jetzt steige auf die Gipfel der Berge.

Mit meinem Buch Katharsis hatte ich das alles wegschreiben wollen, um für die Gegenwart und die Zukunft frei zu werden von vergangenen Qualen. Und ich konnte bald feststellen, dass es den Fernsehgästen weniger um die Literatur ging, sondern um die Sensation. Sie wollten mich sehen und hören. Ich verblüffte durch meine Jugendlichkeit und Offenheit. Dornröschen, wollte ich sagen. Es war einmal ... und dann schlief sie ein. Ich bin noch nicht wirklich geweckt worden.

***

Veränderungen waren nicht aufzuhalten.

Ich wurde zu einer Fernsehsendung nach Köln eingeladen, zum WDR.

Im Hotel Savoi war ein Zimmer für mich reserviert

worden, die Flugtickets wurden am Wiener Flughafen hinterlegt. Ich wurde nervös und reizbar, fand keine Erklärung. Ich spürte die Blicke der Menschen schon in den Träumen auf mich gerichtet. Fragen bohrten sich in mein Herz.

Nicht nur um mich abzulenken, sondern weil ich die Stadt nicht kannte, suchte ich Informationen. Köln, die Hauptstadt vom Regierungsbezirk Nordrhein Westfalen, las ich in meinem Lexikon. Der Rhein ist hier 400 m breit. Ich nahm mir vor die Sternwarte zu sehen, oder das Römisch-Germanische Museum. Die Universität wurde schon 1388 eingerichtet. Es gibt eine Hochschule für Musik und Sport. Bedauerlich ist, dass die Stadt im 2. Weltkrieg zu 72% zerstört wurde. Es wurde aufgebaut! „Stirb und Werde" auch hier.

Außerdem begann ich Freude am Fliegen zu entwickeln. Die kleinen Flugzeuge, die man City Liner nennt, die weniger hoch fliegen als die großen Flugzeuge, lassen den Blick nach unten zur Erde zu.

Nach meiner Ankunft in Köln hatte ich noch zwei Stunden Zeit, bis ich aus dem Hotel abgeholt und ins Studio gefahren wurde. Ich schlenderte durch die Stadt. Der Dom, ein bedeutender gotischer Bau, der 1248 begonnen wurde. Der Turm ist 160 Meter hoch. Er ist damit höher als der Stephansdom in Wien, der hat nämlich nur 137 Meter Höhe. Die Bauzeit ist ungefähr gleich (ab der ersten Hälfte des 13. Jahrhunderts).

Dieser Ausflug machte sogar die Einladung zu einer Talk-Show angenehm, ich kam ohne eigene Kosten aus Wien hinaus und konnte andere Städte sehen und interessante Menschen treffen.

Köln, ein Ort, der erzählt werden wollte, von dem ich Bilder für mein Reisetagebuch machte.

Diese Talk Show stand unter dem Titel: *Lebenssprünge.*

Man hatte besondere Menschen eingeladen, die von „Sprüngen" aus ihrem Leben erzählen. Da kam die

Weltmeisterin im Eisrodeln, die für die nächste Olympiade 2002 trainierte, wo sie die Goldmedaille erhielt, Silke Otto – sozusagen aus der Apotheke in den Eiskanal, und Matto Barfuß, der von seiner Liebe zu den Geparden in Afrika erzählte, und wie er dazu gekommen war sich in eine Gepardin zu verlieben. Ich hätte nur zuhören wollen.

Manche Moderatoren stellen ungeschickte Fragen, wirken hilflos meiner Geschichte gegenüber. Und ich begann zu überlegen, welche Fragen ich mir stellen würde, wenn ich mich hier fragen müsste.

„Waren Sie oft verzweifelt oder fühlten sich allein?", wurde ich gefragt.

„Ich dachte oft, Gott kümmert sich nicht um mich."

„Kümmerte er sich?"

„Er kümmert sich."

„Sie schreiben in Ihrem Buch Katharsis: Im vierten Jahr meines Lebens in Österreich stellte ich mir die Frage, ob meine Kraft ausreichen wird, meinem Gehirn wieder seine normale Funktion zurück zu geben. Wie dürfen wir diesen Satz verstehen?"

„Ich habe Menschen beobachten gelernt. Sie sprachen anders als ich. Die Worte klangen, als wüsste jemand, wovon er sprach. Es klang eine gewisse Selbstverständlichkeit heraus, ja. Sicherheit. Ich stelle jedes Wort vor die Frage: Ist es richtig was ich sagen will. Gebe ich auf diese Frage die richtige Antwort? Als ich begann zu denken und zu sprechen, sagte ich viele falsche, zusammenhanglose Worte und habe Worte und Begriffe erfunden. Ich bemühte mich darum in meiner eigenen Aussage sicher werden. Das wurde mir im vierten Jahr meines Hierseins deutlich."

„Sie schreiben, dass sie kein Gefühl haben. Wünschen sie es sich, einen Menschen zu lieben?"

„Ja."

„Können Sie sich vorstellen nicht mehr allein zu leben?"

„Sehr schwer. Ich kann etwas, was ich nicht kenne, nicht vorstellen.

Ich kenne mich nur in meinem Alleinsein, weiß, dass ich nach einigen Stunden in der Gesellschaft von einem oder mehreren Menschen wieder allein sein möchte. Es passierte schon, dass ich einfach aus der Tür ging, hinaus ins Freie“.

„Sind Sie einsam?“

„Ja, manchmal, wenn ich deprimiert bin, wenn ich nur Kritik höre, wenn es niemanden gibt, mit dem ich über das alles reden kann und noch dazu verstanden werde.“

Die Zeit rannte, die anderen Gäste wurden nach ihrem Leben gefragt, und den Änderungen, die darin passierten.

Am folgenden Nachmittag flog ich nach Wien zurück. Beim Besteigen des Flugzeuges beschleunigte sich mein Herzschlag und ich war froh, als ich durch das Gedränge der Menschen hindurch meinen Platz am Fenster fand, den ich mir ausgesucht hatte. Ich musste wenigstens nach draußen sehen können und die Erde ganz weit unten wahrnehmen.

Fragen stellten sich mir: Was denke ich über mich? Habe ich den Wunsch zu den Menschen zu sprechen? Ist für mich eine Aufgabe, ein Sinn damit verbunden. Avenir hatte gesagt: „Du musst den Sinn deines Lebens finden, dann findest du dich.“

„Wir haben Ihre Talk Show gesehen“, sagte eine Frau neben mir, deren feuerrotes Haar wie eine lodernde Flamme um ihren Kopf herum stand. „Ich fand das alles interessant. Haben Sie schon einmal an Seelenwanderung gedacht?“

„Wirklich beschäftigt habe ich mich damit nicht,“ gestand ich ihr. “Dazu fehlte mir das Interesse.“

„Haben Sie schon einmal darüber nachgedacht, warum die Menschen Reisen unternehmen und zwar Reisen in ganz bestimmte Länder zu unterschiedlichen Kulturen?“

Der junge Mann auf dem Sitz vor mir drehte sich um und sprach die Rothaarige an: „Wahrscheinlich sind sie neugierig und haben Interesse an Menschen und Kulturen, an Geschichte ... und so weiter ...“

„Ich denke“, sagte diese rothaarige Frau mit Bestimmtheit und Sicherheit in der Stimme, „dass es die Seelen der

Menschen sind, die unsere Ziele bestimmen. Wahrscheinlich waren die Seelen in vielen früheren Leben an jenen Orten und sehnen sich dorthin zurück. Sie bestimmen mit ihrem Willen das Wollen des menschlichen Körpers. Sie zwingen sozusagen die Reise, zum Beispiel nach Indien, Afrika oder Amerika zu unternehmen. Zu anderen Orten und Ländern fehlt die Beziehung, kommt auch nicht auf."

„Die Seele bestimmt das Reiseziel?", fragte ich.

„Ja. Der Weg wird nicht immer direkt angestrebt, oft sind es Umwege, aber schließlich setzt sich das Wollen der Seele durch. Sie lenkt den Körper wie der Wind die Wolken treibt." „Aber ich musste jetzt hier her fliegen. Ich war eingeladen worden."

„Wenn Ihre Seele nicht damit einverstanden gewesen wäre, hätten Sie abgesagt."

Hätte ich? Hätte ich können? Der Verlag hatte zugestimmt.

„Es gibt Verbindungen, die außerhalb des Körpers sind, und die viel stärker sind, viel mehr Macht über uns haben. Glauben Sie, dass jeder wollen kann was er will?"

„Ich will nur leben und zwar gut," unterbrach der Mann neben mir den Redestrom der Rothaarigen.

„Wollten Sie leben?", fragte mich die Frau.

„Damals konnte gar nicht wollen, aber jetzt, jetzt lebe ich recht gerne, wenn auch nicht um jeden Preis."

„Ohne Angst vor dem Sterben?"

„Ja. ohne irgend einen traurigen Gedanken."

„Das glaube ich sofort", sagte die Frau vom Sitz gegenüber.

Warum, grübelte ich, und woher kommt das Sehnen zu der Insel? Ist es meine Seele, die dorthin möchte und mich zwingt?

„Haben Sie Reisepläne?", fragte die Frau in meine Gedanken hinein.

„Es gibt so unterschiedliche Gedanken, Vorstellungen."

„Ja, tun sie es, fahren Sie. Ach, es geht mich ja gar nichts an. Ich denke nur dass es die Seele ist, die sich sehnt, die sich dahin sehnt, wo sie schon war, wo es ihr gefallen hat, oder wo noch Unerledigtes wartet."

Mein Kopf war voller neuer Gedanken und Widersprüche.

„Ich habe Sie beobachtet", sagte die Frau. „Ich weiß, für Sie wird eines Tages das ganz große Wasser entscheidend werden. Das ganz große Wasser", wiederholte sie beinahe beschwörend, bevor sie sich zurücklehnte, weil die Passagiere aufgefordert wurden die Gurte zum Landeanflug zu schließen.

Sehr schnell war die Flugzeit vergangen.

In Wien regnete es.

„Vielleicht sehen wir uns wieder beim nächsten Flug", sagte er.

„Ich werde mit Sicherheit ihr Buch Katharsis kaufen", sagte die Frau. Ich würde so gern mit Ihnen über ihre Zukunft sprechen. Vielleicht signieren sie mir das Buch beim nächsten Treffen?"

„Aber gern, wenn es Ihnen gefällt."

Als ich ausgestiegen war, dachte ich: Jetzt wird meiner Seele sogar Reiselust zugeordnet! Was für eine Welt!

Ich fühlte mich wohl, als ich den Boden unter meinen Füßen spürte und hätte mich am liebsten einfach hingelegt!

***

Es gab eine andere Seite. Der Alltag meldete sich gnadenlos.

Bisher hatte ich noch keinen Schilling vom Verlag erhalten. Die Rente war das einzige regelmäßige Einkommen. Im Verlag wurde die zweite Auflage gedruckt und damit verbunden die Korrektur der kyrillischen Texte aus der 1. Auflage.

Der Gerichtsvollzieher kam mich besuchen, nicht zu einem Gespräch, sondern um zu pfänden. Bei der BAWAG hatte ich aus der Zeit meiner ersten Operationen seit Dezember 1990/92 noch Schulden. Aus meiner Rente von tausend Mark konnte ich bisher den Alltag bewältigen, aber keine

Zahlungsverpflichtungen erfüllen. Ich versprach für die Zahlung zu sorgen und nahm mir vor, mit Hilfe eines Anwaltes die erste Zahlung des Verlages an mich zu erwirken. Schließlich erreichte ich eine a Konto Zahlung von 20.000,- Schilling und konnte damit sozusagen „guten Willen“ zeigen.

Die Vorstellung, dass Schriftsteller reiche Leute sind, konnte sich bei mir nicht festigen, denn Entbehrungen und Hunger blieben Dauergäste, obwohl sich die Zeit ein anderes Kostüm anlegte.

Ein Interview schloss sich an das andere an, viele Zeitungen meldeten ihr Interesse an meinem Buch an. Gute und weniger gute Reportagen wurden geschrieben, je nachdem, wie ein Leser mein Buch verstanden hatte.

Reporter, Journalisten und Fotografen kamen in meine Wohnung. Sie wurde immer wieder in ein Filmstudio verwandelt. Die Möbel mussten umgeräumt werden, Gardinen zugezogen, die richtige Position zum Gespräch sollte geschaffen werden. Getränke und Nahrung habe ich angeboten, ein Tag ist lang. Es kamen dauernd fremde Leute zu mir, hatten überall Einblick. Ich nahm mir vor, das zu ändern. Man konnte sich schließlich im Verlag treffen und dort die Unordnung hinterlassen. Durch Gespräche mit meiner einzigen Freundin Ilona, die ich schon vor einigen Jahren beim Sport kennen lernte, wurde mir langsam klar, dass es bei den Sendungen, bei den Artikeln, gar nicht um mich als Person ging, sondern um Einschaltquoten, um Leserinteressen. Sie handelten nur um der eigenen Vorteile willen; sie wollten die Sensation, wenn möglich das fließende Blut. Man hatte den Text meines Buches gar nicht gelesen. Oft war ich deshalb nach Bildern meines zerstörten Gesichtes gefragt worden, das in den Zeitungen abgebildet werden sollte.

Ich verweigerte! Ich habe mir aus dem Nichts das Leben geschaffen und zwar jeden Tag neu. Für die Medien war ich nur ein Mittel zum Zweck!

Man machte mich zu dem *Fall mit der Totalamnesie.*

Niemand fragte nach der wirklichen Bedeutung dieses grausamen Wortes.

An diesem Gedanken arbeitete ich. Es dauerte lange, bis ich mir wirklich darüber klar werden konnte: Ich wurde nicht eingeladen, weil man mich gern hatte, sondern weil man das Geld liebte, das mit mir zu verdienen war. Ich schob diese Verdachtsmomente wieder weg. Ich war doch der Mensch, um den es ging !? Mir galt das Interesse?!

„Glaubst du denn", fragte mich Ilona, „deine Verlegerin denkt an etwas anderes, als an das Geld, das sie mit deinem Buch verdient? Du musst um die Schillinge betteln. Das wiederum kann ich nicht verstehen. Sie weiß, wie schwer dir das Bitten fällt, selbst wenn es berechtigt ist, und weil du eigentlich gar nicht bitten müsstest."

Die Worte des weisen Avenir fielen mir ein: „Du bist nicht Nichts. Würde es dich nicht geben, würde der Welt etwas fehlen. Also sprich zu dir: Ich bin nützlich, ich bin notwendig."

Ich sagte mir die Worte ohne sie zu glauben.

Um mich etwas sicherer zu fühlen, ging ich zur Kosmetikerin und ließ meine Narben pflegen. Ich hoffte, dass die hässlichen Narben weniger sichtbar würden, damit alle Leute, die mir begegneten, weniger Anlass hatten mich anzustarren. Die Tatsache, dass sich in mir eine Veränderung anzeigte, ließ sich nicht verleugnen. Es war wie ein Grollen vor einem Gewitter, das irgendwann ausbrechen würde, ja, ausbrechen musste.

Ich fühlte mich der Weisen am Brunnen nahe, mit dem Wissen um das, was kommen würde, ohne dass es ihr jemand gesagt hatte. Aber immer häufiger kam auch die Erinnerung an die Worte der rothaarigen Frau im Flugzeug von der Bedeutung des ganz großen Wassers. Spinnerei, dachte ich, und wollte verwischen. Es gelang mir nicht. Meine Gedanken haben eine gewisse Zähigkeit.

VIII. Kapitel

Der Frühling breitete sich aus, die Sonne begann zu wärmen. Das bedeutete für mich: aufstehen, die Laufschuhe anziehen, die Pulsuhr nehmen, und zur Donau laufen.

Ich spürte die Bewegung meines Körpers. Ich fühlte mich gesund, das allein zählte. Avenir hatte mir einmal gesagt: „Alles miss nach deinen natürlichen Wünschen, denen teils umsonst Genüge geschieht, teils mit wenig Kosten."

Manchmal blieb ich stehen und atmete tief, während ich die Muskeln dehnte und die Arme ausbreitete.

Das Ufer der Donau, hatte in der frühen Morgenstunde, noch nichts von ihrem vielbesungenen Blau, sondern schob träge ihre grau-braunen Massen weiter zum Schwarzen Meer hin.

Ich beugte mich zum Wasser, um die Temperatur zu prüfen, um meine Hände zu erfrischen. Dabei erkannte ich mein Gesicht im Wasser und konnte es betrachten, wie in einem Spiegel. Die Geschichte des jungen Narziss fiel mir ein. Wäre ich diesem Narziss ähnlich, dachte ich mir, dann würde ich mich jetzt in mein Abbild verlieben (können). Sinnend stand ich eine Zeitlang, bis ein anderer Gedanke kam. Ich sah das Gesicht eines Mannes und spürte seine Augen auf mich gerichtet. Als sich unsere Augen begegneten, konnte ich mich darin erkennen; ich schaute intensiver ins Wasser, um deutlicher sehen zu können. Da war kein Baum, kein Ast, auf dem jemand saß, dessen Bild ich im Wasser erkennen konnte, und dennoch sah ich ein anderes Gesicht als meines, schauten mich andere Augen an, dunkle, braune Augen. Welchen Namen sollte ich rufen oder sprechen? Ein namenloses Gesicht?

Die Erinnerung am Bad Herrenalb, an einen Menschen, der mir dort begegnet war. War es das? Wie kam ich jetzt darauf?

Meine Augen können sehen, grübelte ich, während ich wieder am Wasser entlang zu laufen begann, sie können sehen, und sie sind für andere Menschen sichtbar. Ein Rätsel bleibt's, dass ich mit meinen Augen nicht meine eigenen Augen sehen kann, außer durch einen Spiegel, oder in den Augen eines anderen Menschen. Wie eigentümlich ein Mensch gemacht ist. Ich schaute wieder ins Wasser. Wenn mir jemand sagen würde, dass ich ihm gefalle, wäre das etwas ändern? Meine Hand ist allein; wenn sie von einer anderen Hand berührt wird, ändert sich etwas. Mein ganzer Körper ist von so einer Berührung betroffen, ebenso dann, wenn meine Augen sich in anderen Augen erkennen. Ein Feuer griff nach mir.

Mit kühlen nassen Händen wischte ich über mein warmes Gesicht. Ich atmete tief, lief weiter und dachte kurz an meine wichtige Lebenszeit in Bad Herrenalb.

Viele Jahre hatte ich nicht mehr daran gedacht, jedenfalls nicht so intensiv, wie an diesem Morgen. Ich lief länger als eine Stunde und überschritt die in meiner Pulsuhr festgelegte Entfernung, die mir zur Kontrolle diente. Weil ich beinahe täglich die gleiche Strecke lief, konnte ich die kleinsten Veränderungen merken und mich danach richten. Ich litt unter niedrigem Blutdruck. Das änderte nichts an meinem Wohlgefühl.

Wenn ich geduscht und den Frühstückstee getrunken, einen Apfel gegessen hatte, konnte ich locker zu schreiben beginnen. *Nicht wer wenig hat, sagte Seneca, nein, wer immer noch mehr will, ist arm.*

Auf diese Weise schuf ich mir jeden Tag neu.

***

Eine weitere Einladung nach Köln galt der Talk Show Boulevard Bio. Eine andere Einladung von der ARD aus Hamburg, R. Beckmann, musste ich absagen, weil Biolek bereits zusagt worden war. Am liebsten wäre ich gar nicht mehr irgendwohin geflogen.

Aber es ist beinahe mein eigenes Gesetz der Wiederholung: also das zweite Mal nach Köln fliegen. Der Verlag hatte die

Einladung angenommen. Geld hatte einen Geruch!

Zu jener Zeit hatte ich einen kleinen Fernsehapparat, aber keine Möglichkeit mehr als den ORF I zu sehen, und kannte daher in Deutschland weder Sender noch Talk Show. Mir fehlten alle Vergleichsmöglichkeiten. Wieder war ein Hotelzimmer für mich reserviert worden, diesmal im Crowne Plaza.

Auch die Schauspielerin Jutta Speidel war eingeladen worden, die eine Stiftung für obdachlose Mütter aufbaute und ihr den Namen *Horizont e.V.* gab. In dieser Zeit ein aktuelles Thema, zu dem es viele Fragen und unterschiedliche Antworten gab. Eine interessante, gut aussehende Frau, die ihrem Leben Inhalt gab, sie vermittelt praktische Lebenshilfe neben ihrem Beruf. Sie hatte ein Heim geschaffen, in dem Frauen Schutz finden können, deren Ehen scheiterten, die von ihren Männern gequält und geschlagen wurden.

Mit solchen Lebensinhalten kann ich nicht dienen. Außerdem hatte ich kein Geld, um etwas außerhalb meiner kleinen Wohnung aufzubauen, hatte nicht einmal meine Wohnung innen eingerichtet.

Es begegneten mir wieder die gleichen bohrenden Fragen, warum ich allein lebe, warum ich nicht liebe, oder jemanden in meine Nähe wünsche. Als ich sagte, dass ich annehme, dass es niemand neben mir aushalten könnte, wurde mir wiederum nicht geglaubt. „Ich brauche mein Alleinsein." Das heißt keineswegs, dass ich einsam bin, wie man es mir einzureden versuchte, weil Menschen Herden- oder Gruppenwesen sind. Nein, o nein, ich bin kein Herdenmensch, nein wirklich nicht und nie.

Meine ungestellte Frage blieb: warum gibt es Frauen, die geschlagen werden, Mütter, die Zuflucht in Heimen suchen müssen, Männer, die ihr Mannsein falsch verstehen? Und sie sprechen von Liebe! Ich bin allein, basta.

Der Gast Michael Mittermeier, der im Kabarett zu Hause ist, stimmte heiter. Er verschenkte seine CD. "Back to Life".

Später waren wir – alle Gäste mit Biolek – im Restaurant

Alter Wartesaal. Wir tauschten Adressen aus und nahmen uns vor, uns irgendwann, und sei es zu einer anderen Sendung, wieder zu treffen.

Wir bestellten unsere Getränke und Speisen, ließen uns beraten. Da wurde mir ein Besucher gemeldet. Jemand wollte mit mir sprechen. Ich dachte spontan an einen Gast, der die Sendung gesehen, und eine Frage an mich hatte. Der Ober nannte mir den Namen: „Rüdiger Pateau, er arbeitet als Kameramann im WDR."

Betroffen blieb ich auf meinem Stuhl sitzen und wurde geradezu unbeweglich, während blitzschnell Gedanken durch meinen Kopf rasten. Rüdiger! Bad Herrenalb? Rüdiger, sprach ich, und mein noch junges Erinnern malte ein Bild. Er war der Mann, der mir gegenüber am Frühstückstisch in Bad Herrenalb saß und mich fragte: „Warum bist du hier?" Herrenalb, grübelte ich, ja, ein bedeutender Ort für mich. Es war am 28. Februar 1978, als ich dort zögernd vor der Tür stand und nicht wagte zu klingeln oder die Tür zu öffnen.

Welcher Mensch kam damals nach Herrenalb? Einen Menschen soll ich ihn nennen? Es war ein Wesen, das funktionieren gelernt hatte, das durch die Verordnung von Valium willenlos geworden war, nein besser noch, nach dem Erwachen aus dem Koma ohne eigenen Willen geblieben war. Ein Wesen, das zum Schreiben und Lesen jedes Wortes oder Satzes viel Zeit brauchte, und russisch und deutsch verwechselte, das alle Wortverbindungen und Buchstaben nach dem Alphabet zusammen zu setzen versuchte, und dennoch nicht richtig lesen konnte, dass einem anderen Menschen nicht einmal die Hand reichen wollte. Jede Berührung verursachte damals leichten Schmerz auf meiner Haut. Wie weit war ich in jenem Augenblick von Köln entfernt, als ich deutlich Rüdigers Stimme hörte. Ich stand auf, sollte ihm entgegen gehen. Blieb stehen und wurde langsam ganz steif.

„Hallo, Katharina", rief er fröhlich. „Ich bin überrascht, dich hier zu sehen. Ich habe die Biolek-Show gesehen und habe gefilmt. Hast du etwas Zeit für mich? Stell' dir vor, ich habe dich erkannt." Er lachte ein heiteres, unbefangenes Lachen.

Seine Augen tasteten mein Gesicht ab, verweilten an meinem Mund. Ich spürte das wie eine Berührung.

War da nicht irgendwo in der frühen Geschichte eine Frau zur Salzsäule erstarrt? Mein Körper begann zu zittern, so dass ich mich setzen musste. Ich schaute ihn an, und schaute dabei *22 Jahre zurück*! *Zwei mal die zwei, – eine magische Zahl.* Wie mein Geburtstag der zweite im zweiten Monat. Und ausgerechnet im Jahre 2000! Was für eine Zeit! Herrenalb. Ein Gästehaus nahe am Wald. Außer mir waren noch acht Patienten dort, drei Frauen und fünf Männer. Unterschiedlich die Gründe ihres Aufenthaltes dort. Wir wurden einander vorgestellt. Wie ein Film liefen die Bilder jetzt vor mir ab. Es wurden die Vornahmen gesprochen Horst, der Therapeut sagte: „Das ist Katharina." Die anderen Gäste sagten: „Hallo, Katharina."

Ich wurde verlegen, wäre am liebsten davon gerannt. Da hielten mich zwei dunkle Augen fest.

„Ich bin Rüdiger", sagte der Mann und reichte mir seine Hand. Zögernd streckte ich meine Hand aus, während meine Finger zu brennen begannen, als tauche ich sie in ein Feuer.

„Ich bin Marie-Luise" – eine freundliche Stimme. Die junge Frau in meinem Alter lachte mich an, nahm Hemmungen weg. Sie hatte eine weiße Bluse zu ihren Jeans an, die beiden oberen Knöpfe standen offen.

„Ich bin schon zwei Monate hier, es wird dir auch gefallen", sagte sie.

Die anderen nannten ihre Namen, aber ich hörte sie nicht wirklich.

Rüdiger blieb da stehen wie eine Bildsäule. Unbeweglich schaute er mich an. Ich betrachtete meine Hand, die eben so stark geschmerzt hatte. Sie war unverändert. Ich legte meine andere Hand darüber.

Der erste Tag begann mit dem gemeinsamen Frühstück.

Sechs fremde Menschen und drei Therapeuten setzten sich um mich herum an den Tisch. Mir fehlten die Worte, am liebsten hätte ich einen dicken Mantel angezogen, um mich noch mehr gegen Berührungen geschützt zu fühlen. Alle schauten mein zerstörtes Gesicht an und begannen Fragen zu stellen. Ich meinte kleiner zu werden, immer kleiner. Jemanden zu bitten, mir eine Semmel oder ein Stück Brot aus dem Körbchen zu reichen, gelang mir nicht. Ich wusste: du sagst alle Worte falsch. Du kannst nur lallen. Wenn ich einem anderen Menschen gegenüber stand oder saß, brachte ich kein Wort heraus. Ich war zugeschnürt. Rüdiger saß mir gegenüber auf der anderen Tischseite. Vor ihm stand das Körbchen mit dem Brot und den Semmeln. Marie-Luise setzte sich neben mich. Sie schaute mich freundlich an: „Guten Morgen. Na, gut geschlafen in der ersten Nacht?" „Ja." Ich schaute zu meinem Gegenüber. Seine Augen forderten mich dazu auf. Ein schlanker Mann. Er war sorgfältig gekleidet, trug ein hellblaues Sporthemd, die Ärmel waren an den Handgelenken geschlossen. Der Kragen war offen. Warum kam er hier her? Ob er auch einen Unfall hatte? Ob er auch Tabletten nehmen musste?, grübelte ich. „Hallo", sagte er ohne ein Lachen in den Mundwinkeln. „Du willst wissen, warum ich hier her kam?" Ein ernstes Männergesicht. Kleine Falten von den Augenwinkeln zu den Schläfen hin. Woher weiß er das, durchzuckte es mich. Ich konnte ja nicht sehen, dass diese Frage in meinen Augen stand. „Willst du eine Semmel haben oder eine Scheibe Brot?" Er reichte mir den Korb. „Da ist Butter und Aufschnitt, bedien dich selber." Er biss mit weißen gesunden Zähnen in eine Semmel. Und ich dachte: wenn ich das nur auch könnte. Ich muss alles zerkleinern, weil ich nicht beißen kann, weil die Prothese locker sitzt und schmerzt, weil der Nasen-Rachen-Raum offen ist.

„Ich war Kameramann im ZDF", sagte er. „Ich bin auch Journalist und für die Außenpolitik zuständig. Das heißt, ich musste an internationalen politischen Schauplätzen für die

Nachrichtenredaktion filmen. Ich war in Kriegsgebieten irgendwo im Urwald und in Afrika, ich hatte oft Angst und begann allmählich durch Alkohol meine Tage zu bewältigen. Schließlich gehörte der kräftigende Schluck zu meinem Leben mit der Kamera. Konzentration und Gesundheit ließen nach. Jetzt, so heißt es, soll ich hier meinen Weg wieder finden."

Marie Luise erzählte mir, wie er in den ersten Nächten aufgestanden war, schrie und raus wollte. Wenigstens einen Schluck!

„He, wer bist du?", fragte Rüdiger mich, als wir in den Saal gingen, wo meine erste Therapiestunde mit der Gruppe beginnen sollte.

„Ich weiß es nicht", stotterte ich. Meine Hände wurden feucht.

Ich kannte ihn nicht. Ich wurde von seinen Augen angezogen, musste immer wieder zu ihm hinsehen. Ich spürte auch, dass ich in diesen Augen mehr suchte als eben diesen Mann. Wo bist du, wollte ich fragen. Du bist nicht der, den ich suche, auf den ich warte. Mein Gesicht wurde warm. „Den Körper habe ich am Wasser gefunden", antwortete ich irgendwie spontan. „Was hast du gemacht, bevor du den Körper gefunden hast?"

„Ich habe geschlafen, glaube ich, das hat man mir gesagt", stotterte ich und war erstaunt über den langen Satz und dass ich überhaupt zu jemandem gesprochen hatte.

„Sie hatte einen schweren Autounfall", mischte sich Horst, mein Therapeut ein. „Sie war monatelang im Koma und hat eine Totalamnesie. Sie hat 32 Menschenjahre, damit meine ich die Menschen- und Weltgeschichte, vergessen. Sie sind restlos ausgelöscht." Alle Gäste, die sich im Raum versammelt hatten, schwiegen betroffen.

„Warum bist du hier", fragte Rüdiger.

„Mir wurde gesagt, dass ich keine Tabletten mehr nehmen soll." „Sie hat beinahe sieben Jahre hochdosiertes Valium genommen, es war ihr verordnet worden. Wir versuchen hier, ob es gelingen kann, sie ohne Medikamente genesen zu sehen. Ohne Aufsicht, ohne Therapie wäre es nach dieser langen Zeit nicht möglich. Sie muss zu sich finden. Wir werden ihr helfen. Wir alle werden ihr und uns helfen. Darum sind wir hier. Wir werden von einander lernen, denn reden und fühlen sind Lebensbrücken", erklärte Horst. „Wir wollen unsere persönliche Freiheit wieder finden", erkläret er weiter. Das Freiheitserleben muss analog zum Willen stehen. Der freie Wille ist ein kulturelles Produkt", begann er später eine Therapiestunde. „Es ist eine Kulturleistung, die wir vollbringen, die wir mit unserem freien Willen haben. So wie wir Menschen uns in einer kulturellen Evolution zu dem gemacht haben was wir heute sind. Das Freiheitsgefühl ist eine notwendige Bedingung für den ganzen bewussten und unbewussten Entscheidungsprozess. Wenn Personen dieses Freiheitsgefühl nicht haben, wenn es ihnen genommen wurde, wenn sie es verloren haben, wie Katharina es verlor, sind sie nicht handlungsfähig. Sie können nicht verstehen, was es heißt, dass wir etwas tun sollen, oder etwas nicht dürfen, dass es Normen gibt, dass es ein Rechtssystem gibt, dass es Moral gibt.

Wenn wir dieses Freiheitsgefühl nicht hätten, würden wir uns auch nicht schuldig fühlen können. Wir würden, weil wir das vergessen haben, überhaupt nicht verstehen, was die anderen um uns herum meinen, wenn sie sagen, das hättest du nicht tun sollen, oder jenes musst du jetzt tun, und so weiter. Es wäre wie chinesisch für uns. Wir würden nur antworten: das verstehe ich nicht. Mir geschieht, was geschieht. Ich denke, so geht es dir, Katharina." „Ja."

I. Kant sagt in der Religionsphilosophie: „Der Mensch handelt nach der Idee seiner Freiheit, als ob er frei wäre, dann kommt die Folgerung, und eo ipso ist er frei. Er handelt unter der Idee einer Freiheit, als ob er frei wäre." Um den freien Willen zu kennen, einen freien Willen zu haben, müssen wir wissen, dass wir Menschen sind. Wir müssen uns dieses Ichs bewusst sein. Da ist zum Beispiel in einem

Kaufhaus ein Kassierer, dem ein Räuber die Pistole an die Schläfe hält und sagt: Geld oder das Leben. Wir denken bewusst: Ich kann mich so oder so entscheiden, kann so oder so handeln. Wahrscheinlich würde sich jeder von uns für das Leben entscheiden, obwohl es andere Fälle gibt. Das ist das Risiko des Räubers."

„Natürlich würde ich mich für die Herausgabe des Geldes entscheiden", erklärte Rüdiger. „Alles andere ist wahrer Unsinn."

„Das ändert aber nichts daran, dass wir uns in dieser Situation die Frage stellen: „Was soll ich tun?"

„Was ist es, ein Mensch zu sein?", fragte Rüdiger.

„Ich behaupte", antwortete ihm Horst, „dass wenigstens zwei Elemente notwendig sind, die zum Menschsein gehören. Das eine ist die Fähigkeit zur Erinnerung, das andere dieses Freiheitserleben. Jeder, der vor einer Entscheidung steht, erlebt sich frei. Daher ist das Fehlen der Erinnerung ein schier unbeschreibliches Trauma."

„Der Verlust der Erinnerung, wie bei Katharina, bedeutet auch, das alles zu verlieren, keine Fähigkeit zu Entscheidungen zu haben, keine eigene Meinung."

„Kannst du dich an irgend etwas erinnern", fragte Rüdiger mich.

„Ich kann mich erinnern, seit ich dieses Leben gefunden habe, das sind jetzt sieben Jahre. Ich kenne die kurze Gegenwart!"

„Du weißt nicht was du tun würdest, wenn du der Kassierer wärst. Wahrscheinlich würdest du abwarten, was der Räuber tut?", fragte Rüdiger. Die anderen Gäste schauten mich an. Ich konnte nicht einmal richtig sprechen. „Wahrscheinlich würde er dich erschießen", sagte Rüdiger. „Würde er." „Und?" „Was und? Du würdest sterben." „Ja, wahrscheinlich." „Wäre es dir egal?" „Ja." „Du wärest beinahe froh darüber?"

Ich spürte, dass Rüdiger sich über meine Antwort entsetzte. Warum? Sterben hatte ich mir oft gewünscht. Nach dem letzten Versuch zu schlafen, nicht mehr wach werden zu müssen, war ich nach Bad Herrenalb geschickt worden.

„Warum willst du sterben, du musst erst mit dem wirklichen Leben beginnen“, sagte Rüdiger. Er nahm meine beiden kalten Hände, die wieder in der kurzen Berührung zu brennen begannen.

Heute denke ich: Gott hat die Menschen mit der Erinnerungsfähigkeit geschaffen. Wäre es nicht lebensnotwendig, hätte er es gelassen. Denn alles, was und wie es geschaffen wurde, hat einen Sinn. Mein Schrei nach Innen! Ein Kapitel des Märchens: Es war einmal vor langer Zeit in Bad Herrenalb. Aber was war davor? *Es gab doch davor?* Da berührte mich Rüdigers Hand an meinem Unterarm.

„Hallo, wo warst du eben? Hast du etwas Zeit für mich?“, wiederholte er seine Frage. Da stand ich wieder in dem Restaurant „Alter Wartesaal“, sah die hohe Deckenwölbung über mir, die an eine Halle im Bahnhof erinnert und beinah das Geräusch von ankommenden und abfahrenden Zügen vermittelt, wartenden Leuten, gepackten Koffern, Abschied, Ankunft, Hoffnung. In einem Wartesaal stand ich schon 22 Jahre. Worauf wartete ich? Bahnhöfe geben ihre Geschichte in Auftrag. Da stand Rüdiger vor mir. Augen fingen mich auf. Der Blick der Augen ist es, der Leben schafft.

„Hast du Zeit?“, fragte er noch einmal

„Ja“, stotterte ich, „ich habe bis zu meinem Abflug Zeit.“

„Komm, trinken wir miteinander Tee. Erzähle. Wie kommst du nach Köln?“

Jetzt lachte er ein warmes Lachen. In der Erinnerung an Herrenalb gab es das nicht. Er wirkte heiter, aufgeschlossen. In mir stieg der Wunsch auf, näher an ihn heran zu gehen, um näher an seinen Augen zu sein.

Ich verabschiedete mich von den anderen Gästen, und setzte mich zu Rüdiger an einen anderen freien Tisch. Dann faltete ich unter dem Tisch meine zitternden kalten Hände, um ruhiger zu werden und das Empfinden zu verscheuchen, hier und jetzt ein Märchen zu erleben, die alte Frau am

Spinnrad zu sein, die vor vielen Jahren begonnen hatte ein Tuch zu weben und irgendwann die Formel vergaß.

„Es fiel mir anfangs schwer, dich als jene zu erkennen, die in Herrenalb vor Hemmungen kein Wort sprechen konnte, die noch Windeln tragen musste, und lieber gehungert hat, als jemanden am Tisch um das Körbchen mit den Semmeln zu bitten. Deine Frisur war anders, nicht so kurz geschnitten wie jetzt, und dein Gesicht!“ Mit wachen Augen schaute er mich an. Das Wort Augenblick gewann an Bedeutung. „Ja, mein Gesicht“, antwortete ich ihm langsam, und Erinnerung an Schreckliches durchzog mich.

„Wie hast du das geschafft so gut auszusehen, so jung zu sein. Ja, ich denke, dass du jünger geworden bist, lebendiger. Ist etwas Erinnerung zurück gekommen?“

„Nein, nichts, trotz aller Versuche nichts.“

Ich war einfach nur überrascht, saß auf diesem Stuhl im Restaurant *Alter Wartesaal* in Köln und schaute Rüdiger wie einen Boten aus einer anderen Welt an. „Rüdiger“, sagte ich. „Rüdiger Pateau. Herrenalb ist plötzlich sehr nahe. Du hast ein hellblaues Hemd angezogen, wie damals, als ich dich zum ersten Male sah.“

„Das weißt du noch?“

„Die anderen kleideten sich salopp. Du warst immer angezogen.“

Ich schaute ihn an. Im Anschauen war Geburt. Es gibt dich, sagte ich ohne Worte, weil Augen dich wollen. Die Antwort auf die Frage: Wie sah ich ihn damals? – ist sogleich die Frage: Wie sah ich mich damals? Ich sah mich gar nicht. Ich erlebte mich gar nicht. Das hieße auch, dass ich ihn damals auch nicht sah oder wirklich wahrgenommen habe. Er war einer der neun Gäste. Er war korrekt gekleidet. Er war auch aggressiv. Ich ermahnte mich selbst: Denke nicht viele Jahre zurück. Es ist Gegenwart. Dieser Mensch begegnet dir zum ersten Male wirklich. Gegenargument? Aber er ist nicht neu, er ist mir bekannt. Ich habe erst kürzlich an der Donau an ihn denken müssen. Es war wie ein Rufen in mir. Ich starrte in die Teetasse, als könnte ich dort die Antwort auf alle meine Fragen finden.

„Hallo, nicht grübeln, nicht hier und nicht jetzt! Lass uns mit dem Tee auf unser Wiedersehen anstoßen“, lachte er und hob die Tasse.

„Kein Alkohol mehr?“

Wach werden! Jahre waren anscheinend gar nicht vergangen. Eine spontane Begegnung wie von gestern zu heute.

„Nein, ich habe es mir nach einer richtigen Entziehungskur abgewöhnt. Dann konnte ich meine Arbeit verändern; du konntest mich natürlich nicht hinter der Kamera sehen, warst sehr mit der Beantwortung der Fragen beschäftigt. Jetzt bist du überrascht, ja?“

Ein veränderter Mann. Sein Gesicht meinte ich als etwas schmaler zu erkennen, die Wangenknochen hoben sich stärker hervor, die dunklen Haare, die sich in der Stirn lockten, zeigten weiße Strähnen, der etwas bittere Zug in seinen Mundwinkeln war verschwunden, hatte einem kleinen Lächeln den Platz geräumt. Ironie stand in den Augenfalten zu den Schläfen hin. Ein heiteres Lachen wollte sich nicht verbergen lassen, steckte an.

„Ja, ich bin wirklich überrascht“, gestand ich. „Wenn ich zurückdenke an den Abschied, den du in Herrenalb gegeben hast, als du, als wir die Urschrei-Therapie verweigerten. Du konntest es nicht ertragen, dass sich ein Mann auf dich legen wollte; ich konnte die Nähe eines anderen Menschenkörpers überhaupt nicht ertragen und noch dazu aus dem Bauch heraus schreien.“

„Na, ja, diese Matten“, lachte Rüdiger, „es gibt doch andere Möglichkeiten. Wie ist das bei dir, he? Bist du gebunden? Hast du eine Beziehung?“

„Nein, ich bin allein. Das ist auch gut so.“

„Warum? Alle vergangenen Jahre warst du allein?“

„Ich kenne mein Leben nicht anders. Aber ich möchte jetzt nicht darüber sprechen. Erzähle mir von dir.“

„Bleib doch noch ein paar Tage hier.“

„Kann ich nicht, die Flugkarte wurde ausgestellt, ich fliege Morgen früh zurück nach Wien.“

„Dass du in Wien lebst, – ich bin irgendwie sehr tief beeindruckt. Wien ist ziemlich weit entfernt. Vor vielen Jahren war ich schon einmal dort. Vielleicht komme ich dich besuchen, oder ich zeige dir morgen noch die Stadt, und ich bringe dich noch so weit, hier zu bleiben. Ich möchte dein Buch lesen.“

„Vielleicht komme ich ja wieder hier her.“

„Ich möchte dich gern wieder sehen, möchte dich nicht noch einmal aus den Augen verlieren. Ich glaube, dass ich mich damals in Herrenalb irgendwie in dich verliebt habe, darum habe ich mich so benommen“, sagte Rüdiger und schaute mich an, als wollte er in meiner Brunnentiefe alles erkennen, was in mir verborgen war. Ich konnte diese Augen aushalten, bis mein ganzer Körper zitterte. Ich wollte aufstehen, laut schreien, weggehen und wieder kommen, den gleichen Blick suchen. Wie gut aufgehoben man sein kann in einem Blick.

Aber ich blieb sitzen und verkrampfte unter dem Tisch, auf meinen Oberschenkeln die Hände, weil sie sich zu ihm hin ausstrecken wollten. Rüdiger sprach über seine Lebensabschnitte nach Bad Herrenalb nur kurz. „Mein Vater starb. Sprach ich darüber in Herrenalb, dass er Musiker war, dass er in Frankreich geboren wurde? Er fehlt mir sehr. Er hat die Musik in mir geweckt und ihre Entwicklung beobachtet. Na ja, ein bisschen Vergangenheit gehört zu jeder Menschengeschichte“, sagte er ziemlich ernst.

„Erzähle weiter“, bat ich, und spürte, dass ich seine Stimme gern hörte, dass ich ihm stundenlang zuhören wollte; nichts anderes wünschte als dort zu sitzen und ihm zuhören, obwohl er kein Märchenerzähler war. Oder erzählen wir alle nur Märchen? Ist jede Menschengeschichte nicht irgendwie Märchen? Dennoch bat ich „Erzähle von dir.“

„Wenn du hier bleiben kannst, wenn wir Zeit haben.“

„Herrenalb“, sagte ich, „bildete für mich ein Sprungbrett. Es war nicht der Ort, sondern das, was dort gespielt wurde, seine eigene Spielart. Rückblickend möchte ich sagen, dass es der Beginn zum Entschlüsseln vieler Lebensrätsel wurde, an den sich Baden Baden anschloss, oder schon darin enthalten war. Ich weiß es nicht genau. Du hast damals meine Aufmerksamkeit auf dich gezogen, weil ich spürte, dass du einen starken Willen hast.“

„Du schmeichelst“, lachte Rüdiger. Die Spannung löste sich. Sie umklammerte mich nicht mehr.

„Nein, mein Wille war in Herrenalb sicher nicht stark, ich kämpfte mit mir und dem Versuch zu trinken. Ich war ganz schön kaputt. Weißt du, wir haben etwas Gemeinsames.“

„Was meinst du damit?“

Rüdiger schwieg.

„Du machst mich neugierig. Und ich gestehe dir, dass es mir bis zu der Zeit in Herrenalb nicht möglich war, meine Aufmerksamkeit auf irgend einen Menschen zu richten. Selbst jetzt bleiben mir viele Menschen Fremde, meine Aufmerksamkeit gilt ihrem Verhalten.“

Die anderen Talk-Gäste verabschiedeten sich. Die Tische neben uns wurden leer. Der Ober räumte das Geschirr ab.

„Wir sehen uns irgendwann, irgendwo wieder?! Es war schön, dass wir uns kennen lernten ...“ Händeschütteln, Winken, Türen, die sich schlossen. Vorbei. Rüdiger nahm meine beiden Hände und drückte sie fest mit seinen Händen, so dass sie beinahe zu einer einzigen großen *Dürer-Hand* wurden.

„Wir werden uns auf jeden Fall wiedersehen, und den Kontakt nicht abbrechen zu lassen“, sagte er leise, „oder möchtest du mich nicht mehr sehen?“ “Ja, doch, wenn es sich ergibt.“

Wir standen uns gegenüber. Rüdiger ließ meine Hände los, legte seine Arme um meine Schultern und strich sehr behutsam über meinen Rücken. Meine Haut begann zu kribbeln, als wehre sie sich. Ich wurde Urtica, das brennende

Kraut. Es brannte nicht nach außen. Ich spürte, wie sich meine Körperhaare in starker Abwehr aufstellten.

Abflug 10.15 ab Köln. Während des Fluges mischten sich neue Gedanken in das monotone Dröhnen der Motoren. Mein Leben stellte sich als leer, als inhaltslos vor mir dar. Alle Gäste der Fernsehsendung hatten irgend einen Lebensinhalt, hatten Aufgaben, die wohl das eigene Leben ausmachten, ihm Sinn gaben, aber sie dienten nicht nur sich selbst. Wie kann ich es anstellen, grübelte ich, außer zu schreiben, meinem Leben Inhalt zu geben?

Etwas geschah in mir, etwas, was mir bisher unbekannt gewesen war. Ich spürte den Wunsch, mit dem nächsten Flugzeug wieder zurück zu Rüdiger zu fliegen. Auch dieser Mann war durch Krisen gegangen und hatte einen Beruf, der ihm Zufriedenheit gab. Er hatte seine Familie, er hatte Freunde. Ich ging allein meinen Weg, oder die Strecke, von der ich annahm, dass sie mein Weg sei. Stille Muße ist gut, aber ausschließlich? Nachdenken ist auch gut, aber nur über die Menschen nachdenken mit dem Versuch, mich vor ihnen zu schützen? Aber mehr als je vorher begann mich auch die Frage zu quälen: was war vorher ? Man sagte mir, dass ich sehr stark geliebt habe. Das Schicksal hat uns die Tür zugeschlossen. Die Dornenhecke begann zu wachsen, als es der 2. September im Jahre 1960 war.

Und ich dachte, dass ich gern mit Rüdiger über dieses Gedankenpaket reden würde; ich wollte irgendwo Vertrauen aufbauen; dabei kam ich zu den Aussagen des „kleinen Prinzen“ an den Fuchs, wie sie von Antoine de Saint-Exupéry geschrieben wurden: Der kleine Prinz stellte dem Fuchs die Frage. *Was heißt zähmen?*

„Das ist eine in Vergessenheit geratene Sache“, sagte der Fuchs. „Es bedeutet: sich vertraut machen.“ „Vertraut machen?“

„Gewiss“, sagte der Fuchs. „Du bist für mich noch nichts als ein kleiner Knabe, der hunderttausend kleinen Knaben völlig gleicht. Ich brauche dich nicht, und du brauchst mich

ebenso wenig. Ich bin für dich nur ein Fuchs, der hunderttausend Füchsen gleicht. Aber wenn du mich zähmst, werden wir einander brauchen. Du wirst für mich einzig sein in der Welt. Ich werde für dich einzig sein in der Welt."

„Ich beginne zu verstehen", sagte der kleine Prinz. Der Fuchs verstummte und schaute den Prinzen lange an. „Bitte, zähme mich", bat er.

„Ich möchte wohl", antwortete der kleine Prinz, „aber ich habe nicht viel Zeit. Ich muss Freunde finden und viele Dinge kennen lernen."

„Man kennt nur die Dinge, die man zähmt", sagte der Fuchs. „Was muss ich da tun", sagte der kleine Prinz. „Du musst sehr geduldig sein", antwortete der Fuchs. „Du setzt dich zuerst ein wenig abseits von mir ins Gras. Ich werde dich so verstohlen, so aus den Augenwinkeln anschauen, und du wirst nichts sagen. Die Sprache ist die Quelle der Missverständnisse. Aber jeden Tag wirst du dich ein bisschen näher setzen können... Hier ist mein Geheimnis", sagte der Fuchs zum Abschied: „Es ist ganz einfach. Man sieht nur mit dem Herzen gut. Alles Wesentliche ist für die Augen unsichtbar." „Das Wesentliche ist für die Augen unsichtbar", wiederholte der kleine Prinz, um es sich zu merken.

Das ist für Erwachsene sehr schwer zu verstehen, glaube ich.

IX. Kapitel

Als mir die Video Aufzeichnung geschickt wurde, wuchs damit meine Sammlung, aber ich konnte sie nicht ansehen, mir fehlte der Video-Recorder. Viele Leserbriefe erreichten mich. Ein neues Buch sollte mir dabei helfen, meine Eindrücke zu verarbeiten. „Erkennst Du dich", der Titel. Außerdem waren einige Ideen gewachsen, während ich an Katharsis schrieb. Meine Gedanken zogen oft von meinem Schreibtisch weg. Für den Tagesablauf hatte ich mir ein Programm entworfen, zu dem Arbeit und Freizeit gehörten, allerdings mit nötigem Spielraum. Den Ausgleich suchte ich oft im Gebirge. Aber oft war ich so vertieft, dass ich keinen gedachten Plan einhalten konnte. Dazu kam, dass ich mir vorgenommen hatte, alle Leserbriefe zu beantworten, besonders, wenn sie so geschrieben waren wie dieser.

Liebe Frau Katharina Beta ... Seit Tagen habe ich den Brief an Sie im Kopf ... nachdem ich Sie in der Sendung Biolek gesehen hatte, bestellte ich Ihr Buch, musste aber lange warten, weil der Verlag es offenbar nicht eilig hatte. Ich habe einen großen Fehler: egal um welchen Menschen es sich handelt, gelingt es mir nicht, die Distanz zu wahren, die man für die eigene Person benötigt. Ich identifiziere mich mit dem Leid anderer Menschen sofort unter dem Gesichtspunkt: dasselbe könnte dir auch passieren. Aber ich will hier nicht von mir sprechen. Ich stehe in unendlicher Hochachtung vor Ihnen und verneige mich in Demut vor dem, was Sie geleistet haben. Ich habe in meinem Leben auch nur Kampf gekannt, aber verglichen mit Ihrem bin ich doch ein kleiner Fisch. Die Kraft Ihrer Seele ist so immens, dass nur Menschen wie Sie zeigen können, wozu der Mensch fähig sein kann. Allerdings muss man gerechterweise dazu sagen, dass es schon den Geist eines Genies bedarf, um das zu vollbringen, was Sie geschafft haben. Menschen mit einem geringen Potential an Intelligenz vermögen sich eben nur ihrem Schicksal zu ergeben, da ihnen keine andere Wahl bleibt. Ich habe gestern den Satz an irgend einer Stelle gelesen: was haben sich die Ärzte dabei gedacht, mich am Leben zu erhalten? Erstens muss man dazu sagen, dass nicht die Ärzte Sie am Leben gehalten haben, sondern irgend eine höhere Macht. Und zweitens pflegen Ärzte sowieso höchst selten zu denken, oder besser gesagt die meisten von ihnen. Wenn sie denken würden, behandelten sie ihr Patienten anders. ...

Viele Seiten, mit der Bitte zur Kontaktaufnahme, der Angabe der Telefonnummer und dem Geschenk von DM 100,-, damit ich mir Blumen kaufen und mir Freude machen sollte.

Hallo, sehr geehrte Frau Katharina Beta.

Es ist mir ein große Bedürfnis Ihnen zu schreiben und Ihnen zu berichten, dass ich Sie bei Conrad & Co an einem Samstag Nachmittag im Fernsehen sehen und hören konnte. Sogleich sauste ich zum Buchladen und bestellte Ihr aufregendes Werk Katharsis, das über einen Monat dauerte, bis es in meine Hände gelangte. Man war sehr umschweifend, das Buch sei noch nicht im Handel etc., und ich sagte, „ich weiß, dass es existiert, und ich will um jeden Preis dieses Buch kaufen." Apropos Conrad & Co, ich war so beeindruckt von Ihrer Ausstrahlung und ihrem perfekten Gesicht, mit den wunderschönen Augen, und kann gar nicht glauben, dass Sie älter als 45 Jahre sind. Für mich war Ihre kurze Biographie so schmerzvoll, dass ich da saß und mir die Tränen die Wangen herunter liefen. Welch eine Leistung haben Sie mit Gottes Hilfe erbracht, ihr neues Leben leben zu lernen und Ihren Weg zu suchen in unbekannten Gefilden. Ich habe Ihr Buch bis zur Seite 14o geschafft. Es macht mir schwer zu schaffen, es weiter zu lesen und es aufzunehmen. Ich habe Schwierigkeiten mit meiner Konzentration und kann nicht lange lesen und alles aufnehmen.

Ich wünsche Ihnen viel Kraft und Gelassenheit für Ihr neues Leben, In großer Dankbarkeit Ihre Helga Sch.

Seiten der eigenen Lebensgeschichte. Viele Seiten von vielen lieben Menschen, die mir auch ihre Geschichten erzählten. Diese Briefe bauten mich auf. Sie brachten mir Selbstvertrauen. Ich wurde jene, die zu danken hatte. Das ist es, was ich meine, wenn von meinem Erfolg gesprochen wird, bei dem viele Menschen nur an Geld denken.

Die Zeitung „Die Woche" aus Hamburg wünschte einen Artikel für die Abteilung Wissenschaft schreiben zu lassen, man würde mir eine Journalistin nach Wien schicken. Und ich lehnte spontan ein Treffen in meiner Wohnung ab. Das Wort Hamburg erschien in meinem Denken nicht in der Verbindung mit Menschen, sondern mit der Nordsee und weckte eine Sehnsucht, für die ich noch keine Erklärung fand. Auch Freude kam durch eine Zeitungsmeldung in meinen Alltag: Katharsis ist auf der Sachbuch-Spiegel-Bestsellerliste.

Die Überschrift, dick gedruckt, überraschte mich. Aus Berlin kam Karl Heinz Zubrod, um mit mir über Filmrechte zu sprechen. Ein Spielfilm – meine Tragödie? Er fragte nach meinen Rechten, nach den Rechten des Verlages. Ich spürte, dass ich darüber gar nichts wusste, dass ich den Vertrag mit dem Verlag noch gar nicht wirklich kannte. Ich hatte das Kleingedruckte nicht gelesen. Das Buch war mein Ziel, sonst nichts. Das ZDF hatte sich gewünscht, dass das Buch mit dem Film zusammen vorgestellt würde. Um mir selbst Klarheit zu verschaffen, ob der Verlag das Recht hatte, etwas zu veranlassen, ohne mich zu fragen, führte ich den Besuch aus Berlin zu meinem Anwalt. Der Verlag wollte Geld, ich wollte meine stille Muße nicht verlieren. Sicher war auch, dass ich mich nicht dazu entschließen konnte, mein Buch als Film zu wollen. Wahrscheinlich war alles zu aufrüttelnd für mich. So viel war bereits geschehen, was im Widerspruch zu meinem Denken stand. Gast einer Talk Show zu sein ist etwas anderes als mein Buch Katharsis zu verfilmen.

Bald darauf erreichte mich die Einladung zu einer Fernsehsendung in Hamburg: Wie wir telefonisch besprochen haben, möchten wir gern Frau Beta in unsere Talk Show Herman & Tietje einladen. Ich gab mein Einverständnis und ließ mir von Bekannten Hamburg erklären.

Warum Hamburg schön ist, das wissen nur die wenigsten zu definieren, antwortete mir jemand auf meine Frage. Die Stadt hat nichts, was anderswo zu den Herrlichkeiten einer Metropole gehört. Kein herrschaftliches Schloss mit den zugehörigen Adelspalästen, keine historische Altstadt, kein Museum von internationalem Rang. Das Opernhaus ist hässlich. Es gibt nicht einmal ein gnädiges Hügelpanorama von Weinbergen, keine schneebedeckten Gipfel, keinen Wald. Inmitten schlammigen Marschlandes mündet ein großer Bach, die Alster, in einen breiten Fluss, die Elbe, sonst war da nichts, als vor 1200 Jahren die Hammaburg in den Sumpf gerammt wurde. Stolzer Handelsgeist lässt sich kaum besser ins Bild setzen, als in den stilvollen Räumen der großen hanseatischen Kontorhäuser. Die prächtige Eingangshalle der Reederei Laeisz aus der Gründerzeit ist wie geschaffen für hochherrschaftliche Szenerien. Wer die braunvioletten Klinker des expressionistischen Chilehauses sieht, der weiß, er ist in Hamburg.

Das weckte meine Neugierde. Allein die St. Michaelis-Kirche, deren Turm 132 Meter hoch ist, und „der große Michel" genannt wird, wollte ich sehen. Von dieser Stadt aus, dachte ich, kann man mit großen Fährschiffen zu den Inseln fahren. Ich könnte auch, wenn ich Zeit hätte ...

Aus dem Zimmer der 3. Etage konnte ich auf das Wasser sehen. Der Himmel über Hamburg verhüllte sich im Nebel, der Hafen war nicht zu erkennen. Ein verhängtes Bild. Ich hatte mich auf Wien mit 30° Hitze eingestellt, und hatte ein schickes neues hellblaues Leinenkostüm mitgenommen, weil blau meine besondere Farbe ist, weil eben Kleider Leute machen. Mit einer dunklen Hose, dachte ich, wäre ich besser angezogen gewesen und Pullover natürlich. Mit dem Anziehen, der Bekleidung überhaupt, war ich recht ungeschickt. Wie sagt doch ein altes Sprichwort: *Wenn du neue Menschen triffst, brauchst du keine neuen Kleider, sondern neue Gedanken.*

Zu den „neuen Menschen" gehörten der Ministerpräsident von Niedersachsen, Herr Gabriel, die Scorpions und Konstantin Wecker. Und dann, nach der Begrüßung, nach der Maske und nach dem Ankabeln mit Stimmprobe, wurde ich ganz ruhig, ein gutes Gefühl von Wohlbehagen breitete sich in mir aus. Meine Augen suchten den Kameramann, obwohl ich wusste, dass er in Köln lebte und arbeitete. Ich suchte Augen!

Und eigentümlicherweise begannen meine Augen ihn überall zu sehen! Meine Gedanken spannen sich um eine Person. In dem gemütlich eingerichteten Sendesaal in der 6.

Etage des Hotels, den nur ein hohes Glasdach vom Himmel trennte, standen runde Tische. Um den größten Tisch waren Sessel gruppiert, in denen die Gäste und Moderatorinnen ihren Platz einnahmen. Auf kleinen Beistelltischchen standen Gläser mit Wasser, es konnten auch Wünsche für andere Getränke erfüllt werden. Die Gespräche begannen locker. In mir verschwand das Zeitgefühl. Die beiden Moderatorinnen und die Gäste begannen Fragen zu stellen. Sie schienen betroffen. Konstantin Wecker meinte, er würde sich gern mit mir weiter unterhalten. Herrn Gabriel fiel es schwer, von der Expo zu reden. Die Scorpions hatten viele Fragen, verstanden aber nur bedingt meine Antworten.

„Und Sie haben gar kein Gefühl, keinen Kontakt zu Ihrer Familie, Sie leben wirklich vollkommen allein?"

„Ich habe keine Familie. Ich lebe in Wien. Ja, ich bin immer allein, immer mit mir allein. Und ich lerne immer noch den Umgang mit mir selbst. Ich kann noch nicht wollen, was ich will. Ich versuche Lebensrätsel zu lösen und beobachte dazu andere Menschen. Aber, wenn ich Menschen begegne, die von ihrem Gefühl sprechen, und von Gefühlen lese, die Zeitungsseiten füllen, vergleiche ich sie mit einem Ameisenhaufen. Ich bleibe abseits stehen und betrachte dieses alles, aber ich möchte mich weder hineinstellen, noch meine Hände dazwischen halten!"

„Haben Sie denn Ziele für die Zukunft?" „Wie stellen Sie sich Ihre Zukunft vor?"

„Ich habe keine Vorstellungen. Jeder Tag ist neu, wird erlebt, als wäre er der erste Tag und vielleicht sogar der letzte. Also fülle ich ihn aus. Am Abend schreibe ich alles in meinem Tagebuch nieder, überlege dabei, ob es ein guter Tag war, ob mir Fehler unterliefen, ob ich etwas vergessen habe etc. etc. Daraus denke ich, kann sich in Ruhe die Zukunft entwickeln. Glauben Sie mir, ich kenne nur wenige, die einen Tag zu schätzen wissen. Die meisten Menschen irren, wenn sie das Glück oder den Tod von der Zukunft erwarten. Es passiert täglich. Die Zeit wälzt sich nach ihrem sicheren

Gesetz vorwärts."
„Sie haben kein Ziel, das Sie erreichen wollen?"
„Nein. Ich denke, dass ein Lebensziel für uns feststeht, wenn wir geboren werden. Niemand von uns weiß, wie nahe er diesem Ziel ist. Ich denke, mir gehört dieser Tag. Diese Zeit hat mir das Schicksal gegeben."
„Und das Gefühl?"
„Es hat so viele Seiten. Ich fühle Wärme oder Kälte, Freude oder Schmerz. Aber ich fühle das alles für mich; ich kann es nicht auf andere Menschen übertragen."
„Wie meinen Sie das?"
„Ich kann nichts für einen anderen Menschen empfinden. Ich kann nicht dessen Schmerzen, dessen Glück oder seine Liebe spüren, oder wie man so sagt ‚mit empfinden', ich spüre auch nicht, was von einem anderen Menschen zu mir kommt."
„Leiden Sie darunter?"
„Wenn ich leide, dann sicherlich nicht bewusst."
„Glauben Sie, dass sich das noch ändern wird?"
„Ich denke, dass Veränderungen passieren, viel Unerwartetes ist schon geschehen. Ich lebe ohne die Anspannung, etwas unbedingt erreichen zu müssen. Wie ich schon sagte: ich weiß heute noch nicht, was morgen geschehen wird. Wissen Sie es?"
Bohrend ging das Fragen weiter, als sei es unmöglich mich zu verstehen.
„Es gibt niemanden, den Sie lieben? Spüren Sie, dass Ihnen etwas fehlt?"
„Ich möchte gerne wissen, was vorher war. Ob ich liebte? Ob ich geliebt wurde. Wo ist Michaels Vater? Wo ist Michael?"
„Das müsste sich doch herausfinden lassen?"
„Es gibt das alles gar nicht mehr. Manchmal merke ich, dass mir das alles fehlt, wenn ich es bei anderen sehe oder beobachte. Zum Beispiel hat jeder Mensch eine Heimat, eine Familie, Freunde, einen Beruf, eine Aufgabe, etwas, was

über die eigene Person hinaus geht. Ich möchte meinem Leben mehr Inhalt geben, weiß aber nicht wie, mir fehlt die Ausdauer. Wenn ich zum Beispiel länger an einer Übersetzung gearbeitet habe, bekomme ich Sehstörungen und mein Kopf schmerzt, so dass ich aufhören muss. Dann bekomme ich Angst davor wirklich verrückt zu werden, ohne es zu merken. Es bleibt mir nichts, als zu versuchen, gesund zu bleiben, denn es gibt niemanden, der mich im Notfall pflegen würde, niemanden, der sich um mich sorgt."

Die Gäste waren schweigsam geworden. Diese Fernsehsendung war nicht ohne Anspannung für mich. Ich setzte mich abseits von der Menge in einen Sessel und bestellte mir Kräutertee und Honig. Wenn ich Honig nehme, schlafe ich besser, denn nach starker Erschöpfung fällt mir das Schlafen noch schwerer als im banalen Alltag. Noch dazu wartete hier ein fremdes Bett auf mich in einem Zimmer, in dem es keine Bücher um mich herum gab, und keinen Lindenbaum vor dem Fenster, dessen Zweige mir freundlich zu winken. Hier war es bereits Nacht, es regnete und es war kalt.

Aber ganz plötzlich, wie aus dem Boden gewachsen, stand Rüdiger Pateau vor mir. Ich erschrak und sprang erschrocken auf.

„Habe ich dich so erschreckt?"

Er stand da wie ein Bild, das ich vorher in mir gesehen hatte, und streckte mir seine Hände entgegen.

„Heute warst du filmreif", sagte er ganz ruhig, ja, beinahe andächtig. „Du wunderst dich, mich hier zu sehen?" Er lachte. „Du siehst aus, als sähest du einen Geist! Erinnere dich, ich sagte schon in Köln, dass ich dich sehen möchte."

Ich wollte ihm nicht sagen, dass meine Augen ihn zwischen den Kameramännern gesucht hatten, dass ich ihn hier her gedacht hatte, mit zaghaften Gedanken, nicht mit Wünschen oder Wollen. Ich dachte nur: es wäre schön, wenn er hier wäre. Sein Lachen griff nach mir. Er blieb stehen und schaute mich an. Setz dich hier neben mich und halte mich fest, sagte ich ohne Worte. Der Blick der Augen ist es, der Leben schafft. Ich spürte, dass meine Arme sich ausstrecken wollten. Verwirrtheit blieb.

„Darf ich mich zu dir setzen? Du trinkst Tee? Werde mir auch dieses Kraut bestellen. Mit Honig? Gute Idee um diese Stunde.“ Er setzte sich.

„Dass du ganz alleine hier sitzt?“ Sehr langsam setzte ich mich wieder.

„Wundert es dich nach diesem aufregenden Talk?“ Ich schaute ihn an und zwang mich zur Ruhe. Plötzlich war er weit entfernt von mir. Eine rätselhafte Stimmung. Ich wünschte mir mein Alleinsein. Allein sein irgendwo draußen am Wasser. Ich fühlte mich gestört.

„Das du hier her gekommen bist“, dehnte ich die Worte.

Der Tee wurde ihm gebracht. Ich schlürfte meinen Tee recht gierig. Er hatte ein weißes Hemd an, dessen Kragen offen stand. Keine Krawatte schnürte ihn zu. Eine dunkle Tweed-Jacke bedeckte seinen schlanken Körper. Er nahm die Teetasse. Ich schaute selbstvergessen seine Hände an, die die Tasse umschlossen hielten, als wärmten sie sich daran. Es sind schöne schmale Hände, dachte ich und hob meinen Kopf, der so müde war, und meine Augen suchten seine Augen, wollten aufgefangen werden. Ich musste den Kopf senken und starrte in meine leere Teetasse. Mein Körper begann zu zittern, eine warme Decke, ein Kaminfeuer hätten mir nicht genügt, so sehr fror ich an der eigenen Kälte. Ich begann sehr tief und langsam zu atmen, wie ich es im Autogenen Training gelernt hatte. Ganz langsam kam seine angenehme Stimme auf mich zu, begann mich zu umhüllen, umschlang mich.

„Was hast du gemacht, seit wir uns in Köln begegnet sind?“

Ich versuchte mich auf die Frage zu konzentrieren, ihm zu antworten.

„Na ja, weißt du, die Blumen gepflegt, gelesen, geschrieben.“

„Warst du auf irgend einem Berg?“

„Nein, nein, eigentlich schon länger nicht." Warum eigentlich nicht?, dachte ich für mich. Rüdiger gehörte zu jenen Männern, die fähig sind, wenigstens drei zusammenhängende Sätze hinter einander zu sprechen, ohne aufdringlich zu werden, ja, ohne über sich zu reden. Ich spürte, dass sich der Abstand wieder verringerte. Dazu kam ein neues Denken, nämlich, dass ich mich in der Gegenwart dieses Mannes wohl fühlte. Ich dachte, dass ich mich hier ohne irgend einen Gedanken denken zu wollen oder zu müssen, und ohne ein Wort sprechen zu müssen, anlehnen konnte, als wäre diese Schulter etwas, was zu mir gehörte, ein Teil von mir, etwas, was ich vor langer Zeit verloren hatte.

Aber ich lehnte mich nicht an. Ich fror und goss mir noch einmal Tee in meine Tasse. Der Honig war verbraucht, man hatte mir zu wenig gebracht. Ich ließ es dabei, und trank ohne zu süßen. Und stumm stellte sich die Frage. Warum trinkst du die Bitternis, jetzt?

„Wann musst du zurück fliegen?", fragte Rüdiger.

„Ich habe beinahe noch einen Tag in Hamburg, mein Flieger bringt mich erst um siebzehn Uhr nach Wien zurück."

„Dann kann ich dir die Stadt zeigen. Ich kenne mich recht gut aus hier. Wollte mal im Sender arbeiten, habe dann Köln vorgezogen, ich bekam bessere Arbeitsmöglichkeiten angeboten."

Ich spürte lähmende Müdigkeit gemischt mit meiner inneren Kälte und war zu keinem weiteren Satz, zu keiner Frage oder Antwort mehr fähig.

„Ich brauche jetzt Schlaf."

„Ja, es ist schon Samstag. Wann können wir uns treffen?"

„Wir könnten hier gemeinsam frühstücken. Sagen wir nach neun Uhr?"

Er reichte mir seine Visitenkarte. „Ich wohne im Madison-Hotel. Damit du mich auch anrufen kannst, oder mir einen Brief nach Köln schreiben kannst, wenn du möchtest, wenn du Zeit dafür findest."

Ich verabschiedete mich beinahe hastig. Ich musste allein sein. Er schaute mich traurig an. Das ist es, sagte ich mir, es ist diese unendliche, unergründliche Traurigkeit in den Augen, die mich zu der Frage treibt: Wer bist du? Bist du jener, den ich suche? Ich war eigentlich schon gar nicht mehr anwesend.

„Schlaf gut", sagte er, sonst nichts. Ich ging mit steifen Beinen, wie eine geführte Marionette. Noch während das warme Wasser in die Badewanne floss, legte ich mich hinein und streckte mich aus. Vom Duft des Lavendelöls ließ ich mich verwöhnen; ich hatte es mir mitgebracht, denn in meiner Wohnung gibt es nur die Dusche und keine Wanne. Jetzt war ich gut zu mir und lag in der Wanne beinahe, bis es wirklich Morgen wurde, und schlief dann noch wenige Stunden sehr fest und erholsam.

Ein Regentag begrüßte mich. In den Nachrichten hörte ich, dass in Wien die Sonne schien, dass wieder sehr hohe Temperaturen erwartet würden.

Sorgfältige Körperpflege und gutgelaunt um 9^{00} Uhr zum Frühstücksraum unterwegs, der sich in der gleichen Etage befand. Einige Tische waren leer, einige Gäste der Talk Show winkten freundlich „Guten Morgen, na, schon so früh ausgeschlafen?" Wenig Gäste saßen am Fenster mit dem Blick zum Wasser.

Ich wählte einen kleinen Tisch, an dem nur zwei Stühle standen. Von dem einladenden üppigen Buffet holte ich mir Tee, Honig und etwas Gebäck, einen Apfel, weil ich daran gewöhnt war. Und wieder wartete ich auf jemanden, auf etwas. Ich beobachtete mich dabei, dass ich dauernd zur Türe schaute, ja, dass ich den Tee aus der Kanne an der Tasse vorbei goss. Es wurde halb zehn.

Pünktlichkeit erwarte ich, weil ich mich selbst dazu erzogen habe, verabredete Zeiten einzuhalten. Ja, Toleranz, natürlich, auch Toleranz. Vielleicht hat er verschlafen, vergaß er den Wecker zu stellen, alles ist möglich, für einen, der gerne schläft, für den die Nacht zu kurz war.

Als es zehn Uhr geworden war, ging ich zur Rezeption und versuchte ihn unter der Nummer zu erreichen, die er mir als seine Zimmernummer im Hotel Madison angegeben hatte. Er meldete sich nicht. Meine Frage an die Rezeption bekam die Antwort. „Er ist abgereist. Er bekam in der Nacht einen Telefonanruf und verabschiedete sich sofort.“

„Hat er eine Nachricht für mich hinterlegt?“ „Nein.“

Eine Tür schloss sich hinter mir. Da stand ich nun. Zurück konnte ich nicht, also blieb ich einfach stehen. Rüdiger war, ohne ein Wort an mich zu richten, losgefahren. Und ich stellte wieder meine obligatorische Frage: Warum? Ich ging in das Zimmer, räumte auf, packte meinen Trolly, gab ihn an der Rezeption ab, denn der Fahrer des NDR würde mich erst nach vier Uhr am Nachmittag abholen und zum Flughafen fahren. Meinen Fotoapparat hielt ich krampfhaft in der Hand, wie, um mich irgendwo fest zu halten, fragte nach dem Weg zum Hafen und ging los. Ich wollte die Bilder der Stadt festhalten.

Ich besuchte den Michel, starrte ihn an wie ein Monster, das nicht in meine Welt passt, und ging durch den Nieselregen zum Hafen. Wie weit war ich jetzt? Hatte ich die Hälfte des Weges zurück gelegt? Ein Drittel? Ein Viertel? Auf jeden Fall entfernte ich mich von Rüdiger. Ich bekannte mich ohne Ausflüchte dazu, als ich am Hafen angekommen war.

Regentropfen nahmen mir die Sicht, als ich in das dunkle Wasser starrte und die starken Wellen fühlte, die sich erhoben, wieder zusammenfielen, sich wieder erhoben und gegen die Mauer platschten. Laut platschten sie, laut und dröhnend mischten sie sich in die Musik des Windes. Die großen Schiffe schaukelten im Wind, das Wasser bäumte sich vor ihnen, machten den Versuch sie zu verschlingen. An dem hohen schmiedeeisernen Geländer lehnte ein Fischer.

Ohne mich anzusprechen, sagte er in tiefer Hamburger Mundart: „Das Meer ist wie das Leben ... es kann strahlend vor dir liegen. Und es kann so stürmisch sein, dass du nicht weißt, ob du es überstehst. Wo du auch ausfährst, tausend und abertausend verschiedene Ziele liegen vor dir, der große Kontinent da drüben, Städte, verschiedene Buchten und kleine Inseln. Wo du hinwillst, das entscheidest du selbst. Aber wo du auch angekommen wirst am Ende deines Lebens: Du bist über das Meer gefahren, wie alle anderen Menschen. Denn das Leben ist wie das Meer und wir sind alle Seefahrer ..." Er schaute mich an und sprach weiter: „Kennst du den ‚Fliegenden Holländer' Deern?", fragte er mich direkt, die ich da sprachlos stand, während der Wind mich zauste. Und ohne meine Antwort abzuwarten, begann er zu singen: *...Bei bösem Wind und Sturmes Wut umsegeln wollt' er einst ein Cap; er schwor und flucht' mit tollem Mut: ‚in Ewigkeit lass' ich nicht ab!' – Hui! – Und Satan hört's, – Johohe! Hui! – nahm ihn bei'm Wort! – Johohe! Hui! – Und verdammt zieht er nun durch das Meer ohne Rast, ohne Ruh!*

Seine Stimme klang gegen den Wind gesungen wirklich wie aus einer anderen Welt. Und er zog seine Mütze fester über seinen Kopf.

„Na, min Deern?"... „Hast du Angst? Beim Propheten Jona ist das Meer das Element, in dem er vor der Bestimmung seines Lebens durch Gott davonlaufen will ... und Moby Dick"...

Plötzlich, während er noch sprach, als sich die Wellen hoben und weiße Schaumkronen gegen die Wände der Häuser in der rot geklinkerten Speicherstadt schlugen, begann mein linkes Ohr zu schmerzen. Der Schmerz wurde stärker, bis die ganze linke Kopfseite schmerzte. Die Wellen fühlte ich bedrohlich; es schien, als wollten sie über die Mauern kommen, mich verschlingen und in die Nordsee ziehen. Gesichter hatten diese hohen Wellen, viele grinsende maskierte Gesichter, sie lachten laut, die Möwen kreischten. Die Angst packte mich. Und ich rannte los, wurde atemlos, rannte ohne wirkliches Ziel an den Menschen vorbei, die ich gar nicht wirklich wahr nehmen konnte, die wie schwarze

Schatten waren, bis ich vor einem großen hellen Gebäude stand, das als Rathaus der Stadt gekennzeichnet war. Jetzt spürte ich meinen Herzschlag und spürte auch, dass mein linkes Ohr taub war, dass ich nicht mehr hören konnte. Angst kroch in mir hoch, aus dem Bauch in mein Herz, in meinen Kopf. Auf einer Bank an einem der vielen „Imbiss"-Stände, neben den Würstelbuden, blieb ich sitzen, versuchte tief und ruhig zu atmen, versuchte die Mauern des Rathauses zu sehen und die Menschen. Ich hätte sie anfassen wollen, um Leben zu spüren. Ich wollte den Geruch der Bratwürstchen irgendwie wahrnehmen, denn den Geruchsinn hatte ich schon lange verloren. Ich konnte sie nur sehen, aber nicht riechen oder schmecken. Es dröhnte in meinem Kopf. Da stand der Satz: Du kannst nicht hören! Von den Tischen, an denen Menschen saßen und lachten, kamen Wortfetzen zu meinem rechten Ohr, wurden dort lauter, dröhnender. Aber das linke Ohr blieb taub. Ich saß dort und verlor die Verbindung zur Zeit.

„Möchten Sie etwas trinken", dröhnte es an mein rechtes Ohr, so dass ich erschrak. Es schmerzte. Ich ließ mir ein Glas Wasser geben.

Bis zum Abflug war noch viel Zeit und ich überlegte, ob es sinnvoll sein könnte, hier und gleich einen Arzt aufzusuchen, und verwarf den Gedanken wieder. Wien, grübelte ich, dort kann ich sofort ins AKH fahren, auch wenn es sehr spät oder schon Sonntag ist. In Wien fühle ich mich sicher, ja geborgen, wenn nicht gar irgendwie zu Hause. Langsam ging ich durch die Stadt Hamburg, von der ich noch nicht sagen konnte, ob sie mir gefiel. Es war nur ein Gedanke da: nach Hause und zur ärztlichen Kontrolle. Es ging um meinen Kopf!

Aber wie seltsam meine Gedanken sind, bewies ich mir, als ich in jener kritischen Stunde daran dachte, dass ich mit dem Gebirgsverein eine Tour nach Süd-Tirol geplant hatte, die Anfang Juli beginnen und etwa zehn Tage dauern sollte. Ich wollte dabei sein. Die mir seit langem bekannte Gruppe hatte interessante Wanderungen und schönste Klettereien geplant. Mir war Süd-Tirol noch fremd. Der Gedanke festigte sich: Die nächste Talk Show werde ich mir lange überlegen. Ich habe einfach genug davon, will mich nicht zwingend an den Anfang erinnern und nur über mich sprechen und versuchen zu erklären warum ich lebe. Jetzt war etwas passiert und rüttelte an meiner Vernunft.

Noch im Flugzeug nickte ich ein und hatte einen seltsamen Traum.

Das heißt bei mir immer, dass ich Dinge sehe oder tue, als wäre ich wirklich beteiligt. Darum fällt es mir so schwer, den Alltag zu finden. Ich lief auf einer langen breiten Straße. Es gab rechts und links kein einziges Haus, keinen einzigen Baum. Es war sehr heiß, ich legte mich nieder und schlief ein. Ich erwachte auf einem Friedhof. Eine Turmuhr schlug die zehnte Stunde. Ich suchte am ausgeleerten Nachthimmel die Sonne. Alle Gräber waren aufgetan. Die eiserne Tür des Zaunes pendelte, von unsichtbaren Händen, bewegt hoch hinauf und wieder herunter. An den Mauern flogen Schatten, die niemand warf, andere Schatten gingen aufrecht in der bloßen Luft. In den offenen Särgen schliefen Kinder. Am Himmel hing in grauen Falten bloß ein grauer Nebel, den ein Riesenschatten wie ein Netz immer näher, enger und dunkler heranzog. Über mir hörte ich den fernen Fall von Lawinen, unter mir das erste Grollen eines unermesslichen Erdbebens. Das Netz des Nebels und die schwankende Erde rückten näher zu mir. Ich ging vor die Tür der Friedhofskapelle. Auf der Treppe kroch eine Schlange. Ich versuchte sie zu greifen. Sie entglitt mir, indem sie aus ihrer Haut schlüpfte. Im Entgleiten schaute sie mich an. Ich fühlte körperlichen Schmerz in beiden Händen, so, als hätte sie mich gebissen. Als sich die Erstarrung löste, hörte ich aus der Ferne das Lachen der Möwen.

Die Schatten zerflatterten wie weißer Dunst, den der Frost gestaltet. Alles wurde leer. Da erhoben sich die gestorbenen Kinder aus ihren Gräbern heraus. Sie waren erwacht, sie gingen zu der Kapelle und knieten nieder. Die Mauern begannen zu zittern und zerbrachen. Niemand wurde getroffen. Ich stand auf dem Berg von Gestein und sah das leuchtende Weltgebäude an. Ich sah die emporgehobenen Ringe der Riesenschlange der Ewigkeit. Sie hatte sich um das Weltall gelagert. Sie umfasste das All und wand sich tausendfach um die Natur und drückte sie zermalmend zusammen. Du kommst aus der Natur, du musst sie verändern. Ganz weit entfernt hörte ich das zaghafte Bimmeln einer Glocke, als ich erwachte. Ganz langsam schaute ich mich um.

Die Stewardess stand neben mir und fragte: „Ist Ihnen nicht gut?“

Ich schaute sie an und brauchte einen Moment, bis ich sie erkannte und wusste, wo ich mich befand.

„Ja, doch, es geht. Ich bin wohl träumend eingeschlafen.“

„Möchten Sie etwas trinken?“

Ich sah ihre Mundbewegungen und hörte mit dem rechten Ohr nur Flüstern.

„Ich möchte ein Glas Wasser haben, bitte.“

Mein linkes Ohr, meine linke Kopfseite schmerzten.

Als wir auf dem Flughafen Wien landeten gab es nur einen Gedanken: Direkt zum AKH.

***

Im Notdienst des Allgemeinen Krankenhauses sprach man von einem Hörsturz.

Als ich erzählte, was mir wo geschehen war, sagte mir der Arzt. „Das Wasser versinnbildlicht die drohenden und gefährdenden Züge des Lebens. Lassen Sie in der kommenden Zeit bitte jede Klimaveränderung, jeden Höhenunterschied. Sie sollten in der nächsten Zeit nicht fliegen, sondern den Zug nehmen. Aber jetzt bleiben Sie einige Tage hier, eine Infusionsbehandlung ist notwendig.“

Das bedeutete für mich: auf dem Boden bleiben, Cortison, heute, morgen, übermorgen.

Es war nicht mehr viel Zeit bis zu unserem geplanten Ausflug nach Südtirol. Ich fragte die HNO-Ärzte, ob ein Zusammenhang bestehen könnte zwischen dem Schädel-Hirn-Trauma und diesem Hörsturz.

Nein, hieß es bald, aus dem kranken, defekten Gehirn komme dieser Hörsturz nicht.

„Aber warum linksseitig, wo damals, ... wo noch Schrauben, ... wo die Knochen offen gewesen sind“, bohrte ich weiter nach einer Erklärung suchend, indem ich das Ganze darstellte und nicht nur das linke Ohr.

„Niemand weiß, woher ein Hörsturz wirklich kommt; es wird angenommen, dass er eine Art Infarkt sein könnte, er tritt häufig bei Sportlern auf und nach Stress-Situationen. “

„Er wird wieder verschwinden?“

„Wenn Sie sich an alle Vorschriften halten. Nicht aufregen. Sie werden das schon schaffen. Ich möchte sie hier behalten, wenigstens 3-4 Tage!“

Die Worte kamen gar nicht in mich herein. Ich wollte sie nicht herein lassen. Ich sah den Arzt mit seinen Händen gestikulieren.

„Nein. Ich bleibe nicht im Spital“, hörte ich mich sagen. „Ich schaffe das schon, ich werde es wieder schaffen.“ Ich wiederholte die Worte, um sie zu glauben. Ich hatte keine Angst. Ich hatte doch einmal ein Ziel!

Schließlich konnten wir uns auf ambulante Behandlung einigen. Das bedeutete: für die Infusionen ein paar Tage den Weg hin und zurück mit der Schnellbahn Nr. 6. Ich konnte auf dem Wege die Filme wegbringen, um die Bilder aus Hamburg zu sehen. Zu eben diesen Gedanken gehörte es, an Rüdiger zu schreiben.

Hallo, Rüdiger, es ist heute ein regnerischer Tag in Wien. Ich war erstaunt und enttäuscht darüber, dass du am Samstag nicht zum Frühstück gekommen bist. Ich versuchte die Nordsee zu schnuppern, ein Schiff zur Hafenrundfahrt bestieg ich nicht, habe aber viele, hoffentlich gute Fotos gemacht. Hamburg wurde für mich zum Ort, der seine

Geschichte in Auftrag gab. Ich werde bis zur Mitte des Juli in Südtirol sein. Von dir hoffe ich, dass du gesund bist, dass dir deine Arbeit Freude bereitet, Herzlich, Katharina.

Seine Antwort erreichte mich per e-Mail ...

Hallo liebe Katharina, herzliche Grüße nach Wien. Ich muss mich bei dir entschuldigen. Ich bedaure sehr, dass es mit unserem Treffen zum Frühstück nicht geklappt hat. Also „müssen" wir das bald nachholen. Bis bald, pass auf dich auf, Rüdiger

X. Kapitel

In den letzten Junitagen wurde es überdurchschnittlich warm. Ich kann mich nicht leidend ertragen. Dass ich unglücklich war, stand fest. Aber ich wollte lieber um meinetwegen unglücklich sein, als mich im Zorn gegen mein Schicksal wenden. Ich bin eines schleichenden Unglücks wegen unglücklich. Es ist seit Jahren das gleiche: mein Kopf! Ich befinde mich im Seelenzustand einer Chloroformierten nach der Operation, einer vom Leben abgeschiedenen Genesenden; in einer Art Gleichgültigkeit und schonender Nachsicht gegenüber der Welt. Mag da kommen, was will.

Ich wagte den Sprung, setzte mich über das Hindernis hinweg und nannte mich tapfer. Ich denke auch: Es ist einfach zu verzichten, wenn man gar nichts anderes kennt. Rasch geht einem das in Fleisch und Blut über.

Aber: Ich wollte nicht mehr verzichten, nicht jetzt und nicht hier. Und: da steht dieser kleine Reisekoffer. Ich packe Socken ein und Bergschuhe, Kletterschuhe und Klettergurt, leichte Kleidung, denn schließlich würde es Juli auf dem Weg nach Südtirol, der nicht nur geradeaus, sondern hoch hinauf führen und erholsam werden sollte. Ich packe wieder aus, ordne, grübele, ob mein Mut nicht jede gesunde Grenze überstieg ... und ich packe wieder ein.

Eine Freundin rief an ... „Na, wie geht's dir? Du kommst doch? Du musst nicht im Spital sein? Na, Gott sei Dank. Wir treffen uns morgen früh zur Abfahrt?“

„Ja. Ich komme bestimmt“, antwortete ich. „Ich freue mich“, und glaubte in diesem Moment das, was ich sagte.

Bei diesem Angesprochenwerden hielt ich den Telefonhörer mit der rechten Hand, das hatte ich mir in den vergangenen Tagen so angewöhnt. Während die Stimme der Freundin zu meinem rechten Ohr kam, verdoppelte sich die Lautstärke, aber das linke Ohr konnte sich nicht zum Hören entschließen. Und ich dachte mir: Du hast schon so viel durchgestanden und dachtest schließlich: nun wird alles gut. Leider kam immer wieder etwas Neues dazu. Man soll die Fürsorge nicht übertreiben, versuchte ich mich zu beruhigen. Und nahm mir vor die Tabletten zu nehmen, obwohl das Überwindung kostete. Dass dieser Hörsturz mein Gleichgewicht störte, wollte ich nicht wahrhaben.

So ging ich auf diese Reise wie eine verhüllte Lampe. Freilich, sie brannte, aber dem Licht gebrach es an Strahlkraft. Ich sah nur so aus, als wäre ich gesund. Infusionen noch nicht fertig, dennoch reisen wollend, raus aus der Wohnung. Weg von mir, in die Fremde, um eigenem Fremdsein zu entkommen. Man wird kaum annehmen, dass ein Mensch in solcher Lage mit sich und seinem Schicksal in zufriedenem und ruhigem Einklang leben kann. Wie ich sein wollte, war nicht identisch mit dem, was ich gegen meinen Willen sein musste

Kürzlich las ich irgendwo in einem Märchenbuch, um den Zwiespalt zu versöhnen, können grundsätzlich zwei Wege eingeschlagen werden: Zum einen könnte man die Wirklichkeit so lange bearbeiten, bis sie sich dem Wünschen wieder fügt. Das ist freilich ein nicht mit Erfolg gesegnetes Unternehmen.

Schicksal ist so unabwendbar, wie es wichtig ist.

Der zweite Weg: Man kann versuchen, die eigene Einstellung zum Schicksal zu verändern, indem man sich im Entsagen übt und seine Wünsche so verändert, dass sie zu der Wirklichkeit, wie sie nun einmal ist, passen.

Das ist der Weg der Philosophen.

Und ich stand vor diesem Koffer und stöhnte. Es stellte sich nicht mehr die Frage was ich mitnehmen würde, sondern ob ich den Koffer überhaupt brauchte, denn ich begann mit mir zu ringen.

Auch Märchen haben es mit dem Zwiespalt im Leben seiner Helden zu tun.

Nun stand ich vor einer unübersichtlichen Situation, könnte einfach sagen: Ich komme nicht mit. Alle Freude, alle Vorbereitungen auf die Dolomiten ... vorbei? Das Schicksal brachte mir den Hörsturz. Aus.

Andererseits wollte ich die Freunde nicht enttäuschen.

Aber ein Zwiespalt hatte sich aufgetan zwischen meiner aufgebauten Weltsicht, und der verborgen Tiefe meiner Seele und des Schicksals andererseits. Dieser Hörsturz tauchte so unvermutet auf, und ich konnte mit der Gefahr nicht umgehen.

***

Während ich noch grübelnd vor meinem Koffer saß, brachte mir ein Bote aus der Uni die gewünschte Überweisung in ein Spital – irgendwo außerhalb von Wien, wo ich mich in der nächsten Zeit aufhalten würde. Das hatte ich mir erbeten ohne zu erklären, wo ich mich aufhalten werde. Diese Überweisung (für eine Infusion) war mit dem Ratschlag verbunden höchste Vorsicht walten zu lassen, das Einnehmen der Tabletten nicht zu vergessen. „Sie möchten doch wieder richtig hören können und keine bleibenden Schäden behalten?!“ „Ja, sicher, ja, gar keine Frage!“

Der Ort Bruneck, dachte ich, könnte nach unserem Tourenplan günstig sein.

Und dann fuhren wir wirklich los. Wir hatten mehrere Privatautos, so dass jene, die kein Auto besaßen, Mitfahrmöglichkeit bekamen und das Gepäck gut verstauen konnten.

Gegen 16°° Uhr am Nachmittag kamen wir in Corvara an

und suchten unsere Pensionen und Hotels auf. Es gab nur Zimmer mit zwei Betten. Das bedeutete noch einen Einschnitt in mein Leben, nämlich, ich konnte nicht, wie ich es gewöhnt war, allein sein. In meinem Kopf war jetzt nicht nur: eigentlich hättest du nicht fahren dürfen, sondern auch: Du bist nicht allein. Du musst den Raum mit Helga teilen. Dass sie liebenswürdig und bergerfahren war, diese Worte hatten genau so wenig Platz in meinem Denken wie: vielleicht wäre sie auch lieber allein und leidet wie du.

Unser Bergführer in Kenntnis meiner Situation, erklärte sich bereit, mich am gleichen Abend nach Bruneck zu fahren, das sind ungefähr 30 km auf unebener Straße.

Erstaunt darüber, wie gut die medizinische Betreuung zwischen Wien und Bruneck organisiert war, ließ ich mir in den Arm stechen und die Infusion in meine Adern fließen. Es war angenehm, nach der stundenlangen Autofahrt, obwohl mit kleinen Pausen verbunden, auf der Liege ausgestreckt zu ruhen. Ich kann nicht sagen, ob ich mich danach besser oder schlechter fühlte, ich war einfach müde.

Wozu ist ein Bergführer gut? Er ist Pfadfinder und Lebensversicherung. Die körperliche Leistung muss man allein erbringen. Bei einem Sturz können Rippen brechen, oder Arme, oder Beine, mancher kann die Höhe nicht ertragen. Der erfahrene Bergführer hilft.

Ich mache mir Gedanken um mein Gehör. Mein Gleichgewicht stimmt nicht. Hier, unterhalb der Dolomiten mit ihren prächtigen, reizvollen Gipfeln sah ich bereits mit geschlossenen Augen Abgründe rechts, Abgründe links.

Als ich mit dem Bergsteigen und Klettern begann, hatte ich mystische Vorstellungen von einem Gipfel. Aber ich lernte: der Gipfel ist nichts als der höchste Punkt eines Grates, nur durch Vergleich als Gipfel ausgemacht – und dass es danach wieder bergab geht. „Der Abstieg in die Menschenwelt folgt immer“, sagte Helga. Die Dolomiten sprachen ihre eigene Sprache.

Die Freunde begannen mit dem Bergführer zu wandern, der

freundlich und aus guter Kenntnis heraus jede Blume erklärte und jeden Gipfel, den das Auge erkannte. Wenigstens meine Kamera war in Ordnung. Die schönsten Blüten hielt ich bildhaft fest, aber die wirkliche Schönheit bewahrte ich in meinem Herzen. Meine Stimmung gefiel mir, ich gefiel mir nicht. Jetzt spürte ich den Defekt, der sich in den Vordergrund schob, und sich nicht mehr verleugnen ließ. Wer mich auch ansprach, ich konnte ihn nicht verstehen!

Hier ging es nicht mehr um meine Dauerfrage: „Warum?", sondern zu fragen: „Was hast du gesagt?"

Wenn ich mir aus gesundheitlichen Gründen nicht gefalle, bin ich lieber vollkommen allein, bekomme keine Fragen gestellt, muss nicht antworten. Ich war im Widerspruch mit mir und das vollkommen. Aber: Ich hatte das Buch japanischer Märchen mitgenommen, wollte mich hier auf der Wiese liegend, mit dem Märchen des bösen Wassergeistes beschäftigen, mit dem gespenstischen Tanuki.

Aber kein Märchenheld dämmert tatenlos vor sich hin. Der Weg des Trommlers bis zu seinem Schlaf auf dem Glasberg ist voll wacher Tätigkeiten. Die Prinzessin hätte nicht erlöst werden können, wenn er diesen Weg zu ihr durch alle Mühen nicht unternommen hätte.

Der Blumengarten der Dolomiten war märchenhaft, die seltensten Pflanzen, sogar Orchideen, blühten in unterschiedlichster Pracht.

Das schönste Bauwerk der Welt sind die Dolomiten, sagte Le Corbusier, ein bekannter Schweizer Architekt. Den Zauber der Alpen finden wir darin, dass die Menschen hier unter Eis und Fels noch ihr Auskommen haben und sich mit ihren Blumenkästen gegen die Riesen da oben behaupten. Was haben die Bauern hier aus der „Natur" gezaubert?

Die blühenden Alpenwiesen konnten nur entstehen, weil die Bergbauern den Wald gerodet haben, der einst die Alpen unterhalb der Felsregion fast vollständig verdeckte. Naturerlebnis – mit der Natur ist es wie mit der Ruhe: Man träumt von ihr, man spricht von ihr, man braucht sie, aber die meisten Menschen verstehen sie nicht. Urlauber, die die Ruhe schätzen, sind eindeutig in der Minderheit. Aus den Felsen wachsen die Bergmohnblüten, hellgelb mit braunen Kissen, etwas weiter Orchideen in orangeroter Pracht. Wahrscheinlich gibt es pflanzenkundige Menschen, die alle diese Blüten mit Namen kennen.

Um die gute Stimmung der Gruppe nicht zu trüben, begann ich mit ihnen den ersten Aufstieg. Die Gebirgsfreunde kannten mich fröhlich und kaum einmal richtig müde. Wir wanderten vom Corvara-Wasserfallweg auf das Grödner Joch, über den Höhenweg zurück nach Corvara. Es ging besser als ich angenommen hatte.

Am nächsten Tag fuhren wir mit dem Bus auf den Valparolapaß, wanderten über die Hochfläche weiter zum Col-Alto und stiegen von dort nach Corvara ab. Später erreichten wir im Corvara-Edelweißtal – Puez Hütte zwischen zwei und dreitausend Metern Höhe; wir stiegen ab durch das Langental nach Wolkenstein und fuhren mit dem Bus über das Gröbner Joch zurück nach Corvara.

Der Tag, Aufstieg zwischen schattenlosen Kehren und einer brütenden Sonne vor der jedes andere Säugetier die Flucht ergriffen hätte, beladen mit Klettergürtel, Tourenverpflegung, Apotheke, Steinschlaghelm ... zwei Paar Handschuhen ... da lief der Schweiß durch die Brauen in die Augen, und an der Nase entlang bis in den Mund. An einem Wildbach kühlten wir uns die Unterarme und warfen mit der hohlen Hand Wasser ins Gesicht. Weiter geht's im Trott. Ausweglosigkeit. Der Trieb zum Leben bleibt das Stärkste. Aufstiege zu wagen, immer wieder neu, ohne neu zu beginnen, dem Sisyphos gleichend. Widerstand gegen den herausgeforderten Tod. Nicht der Tod, sondern die Zeit ist ein erbitterter Feind.

Unverlangt und ungerufen begleitete mich eine Melodie aus der Puccini-Oper "La Bohème“. Wie kam ich nur jetzt dazu an diese Szene zu denken, ja, sie zu spüren? „Wie eiskalt ist dies Händchen“, sang Rudolph der Maler und bangte um Mimi, die sterbende Geliebte. Dann kam der Gedanke, dass es diese Musik war, die ich hörte, während Rüdiger und ich nach der Show in Hamburg Tee getrunken haben, und sich meine Arme ausstrecken wollten. Jetzt hielten meine Hände den Stein, hielten ihn, hielten sich, waren heiß wie mein Kopf. Je öder die Steinwelt um mich herum wurde, desto größer wurden die Flügel der Phantasie. Der leise Wind brachte mir Bilder. Leicht verscheuchen sie die Strapazen.

Warum steige ich auf den Berg? Ich verlange eine Rast. Ein bisschen Saft, ein Glas Wasser vielleicht? Einen Apfel, eine Banane, man sieht den Gipfel schon. Eine lange schwere Tour. Und wenn es jetzt ein Gewitter gibt?

Wollen wir hinauf oder nicht? Warum immer nur hinauf? Warum streben wir nach oben? Mehr Licht? Mehr Aussicht! Ich schwärme jetzt gar nicht von der Entfaltung der dritten Dimension, von der Umstülpung der Sehgewohnheiten durch die Übermacht der Tiefe. Wer oben ist, ist der Gewinner. Geschichten werden immer von Gewinnern geschrieben! Es ist ein Trieb in uns. Die letzten Gräser sind verschwunden. Eine Stunde noch. Blöcke, Platten, Geröll aufgetürmt bis zu dem Kamm. Das Wetter gefällt mir nicht. Es ist zu warm. In der Nacht in der Pension am Fenster – aus dem Fenster starrend, die Frau im anderen Bett zu ignorieren versuchend, sehe ich den silbern leuchtenden Mond wie in einem Kindermärchen. Es scheint, als lache er die bizarren Höhen der Gipfel an. Es scheint, als wüchsen Türme aus den Wolken. Ich massiere meine Füße. Versuche zu schlafen.

Der fünfte Tag. Ich war dabei und doch nicht dabei, wenn das jemand verstehen kann. Meine Gedanken gingen in eine bisher unbekannte, entgegengesetzte Richtung, nämlich: In einer mir neuen Ironie voll eigener Verzweiflung begann ich Selbstgespräche, allerdings meistens tonlos. Hört ihr Leute, ihr Wanderer: magische Dinge werden dem Wandern nachgesagt. Reinigen soll es, die aus dem Tritt gekommene Seele wieder ins Gleichgewicht setzten!

Alles Unsinn. Haha! Richtiges Wandern ist Qual. Wer zehn Kilo Gepäck über sechs bis acht Stunden durch die Hitze der Dolomiten, durch kriechende Nebelschwaden schleppte, hat mit einem Menschen nur noch wenig Ähnlichkeit. Man könnte mich zum Beispiel fangen und im Zoo in einen Käfig sperren! Ha. Ha, denn der Erdboden kam immer näher, man gebraucht Hände wie Füße, physisch, psychisch und spirituell. Wäre ich das, was ich mir bei diesem Wandern versprochen, ja erhofft hatte, nämlich eins mit mir selbst, – würde ich jetzt in den Zug steigen. Ich glaube, dass mein Körper weiß, was ihm gut tut. Er weiß auch, was nicht! Gegen unbegründeten Raubbau wehrt er sich: hartnäckig, verschlagen, rachsüchtig! Mein Kopf fühlte sich leer an, das linke Ohr schmerzte, im rechten Ohr dröhnt jedes Wort, als hielte mir jemand den Lautsprecher direkt an die Ohrmuschel.

Ein Schwindelgefühl ließ mich immer nach Halt suchen, gleichzeitig begannen bohrende Nackenschmerzen. Damit gab mein Körper zu verstehen, dass der Rucksack kein angemessenes Objekt war, die Handtasche oder Aktentasche wohl eher! Der Schmerz begann unterhalb der Schulterblätter, zog am Rückrat nach oben, an den Halswirbeln entlang zum Schläfen- und Jochbein. Hier sammelt er sich, drückt in die Ohren hinein, klopft in den Gehörwegen, bewegte sich zu den Augen, zur Stirne hin, minderte das Denken!

Schmerz ist nicht zu vertreiben. Der Körper akzeptierte den Rucksack nicht mehr! Selbst in der Pause begann der Phantomschmerz. Was ist ein Schmerz ohne Körper? Ha, er kann gar nicht existieren. Er allein ist nichts.

Es wird langsam steiler, irgendwie müssen wir ja Höhe gewinnen. Unsere Genüsse? Pfefferminztee aus der Thermosflasche. Und bald fühlte ich mich wie jener Mann, der den ganzen Tag zu enge Schuhe trug, weil es ein solcher Genuss war, sie abends auszuziehen. Ich war nicht fair, das wusste ich, denn der Mann mit den Schuhen war nur die

Karikatur auf eine alte Tatsache, dass wir Kontraste brauchen um das Leben zu genießen. Wir erleben den Kontrast, wenn wir den Gipfel erreicht haben.

Das werden wir genießen.

Ja, der Trieb zur Höhe! Wer oben ist, gilt als Gewinner. Das sind nicht nur Worte. Ich versteckte meine Fragen in mir: Warum sprechen wir von Hochstimmung und Niedergeschlagenheit? Wozu ist der eine obenauf und der andere heruntergekommen?

Warum singen die gläubigen Christen: „Ehre sei Gott in der Höhe?"

Gott und Ehre sind mir verständlich. Aber warum Höhe?

Darüber denke ich nach – mit der Verbindung zum Gott als Selbst.

Wenn wir die Sonne oder Mond und Sterne sehen, sind die immer oben.

Ein Mensch, der auf der ebenen Straße geht, will hochkommen.

Bergsteiger haben Ahnung davon.

Wir werden von unseren Trieben getrieben. Die Schwerkraft zieht nach unten. Deshalb halten wir Oben für das Ideal. Die Mitsteigenden atmen ruhig. Wir waren schon alle auf viel höheren Höhen als hier in den Dolomiten, sogar auf dem Mont Everest waren einige von uns, während ich grübelnd am Schreibtisch saß und über Märchen nach dachte.

Wie lang eine Stunde ist. Wie kahl der Fels.

Endlos wird die Kletterei. Umkehren, dachte ich, ja, das wäre die sichere Vernunft. Die Vernunft hat den starken Gegner. Die Vorfreude auf das Obensein, – auf jene letzten Schritte, bevor jeder weitere Schritt nur noch nach unten führen kann. Und die Vorfreude darauf, was wir am Abend in der Pension empfinden werden: Oben gewesen zu sein!

Leitet mich die Vernunft?

Hingerissen fotografierte ich. Harmlos fängt alles an. Schmale Stege versetzen mein Gleichgewicht in Panik. Mein Ohr schmerzt. Und wieder kommt diese Melodie, die Arie des Rudolph aus la Bohème, in mich herein, füllt mich aus, rührt mich zu Tränen. Dieses Fühlen, dieses in mir Hören kann ich nicht mit Knopfdruck abstellen. Tränen fließen. So erlebte ich mich nie vorher.

Die Mehrzahl der Alpinisten sucht die Einsamkeit. Die Angst und die Begeisterung halten die Erschöpfung fern. Nein, ich zitterte nicht und war noch handlungsfähig.

Es tröstete mich, erfahrene Bergsteiger um mich zu wissen. Ich sagte zu mir: Vergiss das Ganze und widme dich den Teilen. Die einzelne Aktion ist schon zu schaffen. Ich schaffte den Aufstieg. Gipfel erreicht, erklettert. Was meine Muskeln, Herz und Nerven leisten, ist viel mehr, als Ärzte mir je als zumutbar erachtet haben. Man hatte mich aufgegeben. Bergsteigen ist Leben bejahen, Greifen, Tritte suchen, balancieren, entscheiden.

„Steigen wir mit dem Gesicht zum Fels oder zur Tiefe ab?“ Wer fragte?

Irgend einmal ist es geschafft. Ein Schuttkar liegt vor uns, der Grat hinter uns. Es ist steil und mühselig. Mit einem Schritt polterten ein Dutzend Brocken und Steine unter uns weg in die Tiefe. Ich stolperte oft, als Zeichen meiner Erschöpfung.

Später am Abend im Restaurant der Pension kam die Müdigkeit, der Durst, ein paar Bilder, ein paar Minuten rund um die Herrlichkeit der Welt; ganz weit entfernt das Meer – das Rauschen der Wellen in meinem gestörten Ohr.

Mein Weg zum Glück? Zum Beginn des Tages ließ sich der eine oder andere Gedanke fassen, der Tag verlangte Konzentration auf den Körper! Ab der achten Stunde repetierte ich gebetsmühlenartig Flüche. Nie war ich weniger eins mit der Natur! Kaum einmal war ich so uneins mit mir selbst.

Wanderer müssen schmerzfest sein, spottete ich. Sie müssen in gewissem Sinne auch demütig sein. Aber hier gewann ich überraschende Bilder. Ich sah verrutschte Frisuren und strapazierte Gesichter, verschmierte Wimperntusche bei den Mitwanderinnen, nein, nicht bei allen, Helga kam natürlich ungeschminkt. Warum sollen wir uns dekorieren, fragten sie.

An den Steilhängen hatte ich Schweißgeruch in der Nase. In der Nacht in dem Zweibettzimmer hörte ich die lauten Seufzer aus dem anderen Lager in meinen rechten Ohr, ein anderer Menschenleib war mir nahe, nur einen Meter von meinem Bett entfernt.

Die Dolomiten boten am Abend bei Sonnenuntergang die Kulisse für ein Heimatfilmdrama. Das kann doch nicht egal sein. Da holt man doch wenigstens die Kamera! Es vergingen sieben Tage, vom Aufstieg zur ersten Berghütte in den Dolomiten, bis zu meiner Verweigerung. Es blieb nur das Schweigen in Ehrfurcht vor dem Wetterleuchten hinter den Felsspitzen im nächtlichen Bergmassiv.

Bisweilen kam es zu einem Versuch zivilisiert zu diskutieren. „Ja,“ sagte Rita: wenn man das Wort Natur in einem großen Wörterbuch nachsieht, wie zum Beispiel im Oxford English Dictionary, oder im Deutschen Wörterbuch der Brüder Grimm, findet man eine sehr große Anzahl von Definitionen. Es handelt sich um eines der komplexesten Wörter der Sprache.“

Barbara sagte: „Ich liebe die Natur.“

Klaus setzte sich bequem in den breiten Stuhl auf der Terrasse und sagte einladend: „Nur in der Natur finde ich Ruhe.“

Rita setzte sich neben ihn und erklärte: „Dabei verwenden wir das Wort in einer Bedeutung, die, sagen wir, der griechischen und der lateinischen Sprache fremd war und, über die Renaissance hinaus auch den europäischen Kultursprachen.“

Warum tat ich mir das an? Ich verachte Förmlichkeiten. Sie sind unpersönlich wie Gespräche in irgendwelchen Ämtern und ich fragte: „Wer kann mir denn die allgemeine Bedeutung des Begriffes Kultur erläutern?“ Ich zog mir vom Nebentisch einen Stuhl heran, so dass wir bald rund herum um einen Tisch versammelt waren. Wir bestellten für uns eine Flasche des guten Rotweins und sehr viel Wasser.

„Ich würde sagen, Kultur ist die Summe dessen, was ein Volk ausmacht“, sagte Rita.

„Die ganze Summe?“ Das glaube ich nicht. „Es gibt Unterschiede.“

„Ich weiß nicht genau, worauf du hinaus willst. Ich glaube, Kultur besteht darin wie wir leben.“

„Ja, aber Murmeltiere leben auch und haben keine Kultur oder doch? Und manchmal wird von „kulturlosen Völkern“ gesprochen.“

„Ach so, jetzt verstehe ich dich. Kultur wächst. Sie entsteht durch allmähliches Wachstum“, belehrte mich Rita.

„Also schlicht, säen und ernten, Saatgut verbessern, Erträge verbessern. Ich denke alles Wachsen beginnt mit dem Säen am richtigen Ort, im richtigen fruchtbaren Boden“, bohrte ich.

„Ja, das ist ein guter Gedanke“, bemerkte Klaus. „Jede Saat bringt unweigerlich ihre eigene Art hervor. Und wie ich dich kenne, gehst du weiter und sagst: ‚der Gedanke ist die Saat des Schicksals’.“

„Ja, das ist es wohl, was ich meine.“ Ich war zufrieden. Rita atmete tief und langsam und schaute mich aus weit geöffneten grauen Augen an, als wollte sie direkt in mich herein schauen, oder ihr Wissen in mich transferieren. Sie dachte anders als ich, nämlich wissenschaftlich.

„Kultur ist die Summe, die eine Generation an die nächste weiter gibt. Sie entsteht,“ sage ich, „wenn eine Art eine bestimmte Intelligenz hat. Dann gibt eine Generation ihr Wissen und ihre Technik an die nächste weiter. Die nächste Generation übernimmt das, fügt eigene Entdeckungen und Entwicklungen hinzu, und gibt alles zusammen wieder an die nächste weiter.“

„Das ist nichts anderes als Saatgut verbessern“ im einfachsten natürlichen Sinne“, lachte Klaus.

„Und das Ergebnis nennt man Kultur?“ „Ja.“

„Und Kultur ist natürlich die Summe all dessen, was überliefert wird, nicht nur Wissen und Technik“, mischte sich Bärbel ins Gespräch.

„Kultur kann müde werden. Sie kann sterben, wenn sie nicht gepflegt wird.“

„Das ist richtig“, sagte Klaus. „Freunde, der Wein, den wir hier trinken, der ist wirklich richtig gut. Ich werde mir noch etwas zum Knabbern dazu holen. Das Reden macht mich hungrig.“

Unerbittlich fuhr Bärbel fort: „Zur Kultur gehören genauso Glaube und Aberglaube, Annahmen und Vorurteile, Theorien, Sitten, Legenden, Sagen, Märchen, Geschichten, Tänze, die einfachen Gewohnheiten, die Freude machen.“

„Stimmt“, sagte Rita.

„Es mag seltsam klingen, aber der Grad der Intelligenz, den man am Anfang braucht, ist nicht besonders hoch. Tiere, zum Beispiel hier wildlebende Murmeltiere oder Füchse, geben bereits an ihre Jungen weiter, wie man sich Nahrung beschafft und sich gegen Feinde wehrt.“

„Der Wahrnehmungsapparat von Tieren ist so beschaffen, dass sie nur jene Dinge und Eigenschaften sehen können, die ihrer Verhaltensausstattung entsprechen. Diese wiederum ist nur für biologische Bedürfnisse eingerichtet. Wir Menschen dagegen interessieren uns auch für die Dimensionen der Welt, die von biologischem Nutzen weit entfernt sind. Denen gegenüber haben wir keine Verhaltensprägung.“

„Menschen besitzen überhaupt wenig Verhaltensprägungen Wir müssen also selber Wege finden und entwickeln, wie wir die Dinge für uns nützen können. Und erfolgreicher Umgang mit Dingen ist nur auf der Grundlage guter Kenntnis möglich!“

„Und diese Kenntnis erreichen wir nur, wenn wir nicht nur sehen, wie etwas auf uns persönlich wirkt, sondern auch die Seiten kennen lernen, die uns nicht unmittelbar betrifft. Ich muss mich aus mir und meiner Sichtweite heraus sozusagen in das Ding hinein versetzen, um es selber zu erkennen.

Goethe sagte in diesem Sinne: „Um einen Gegenstand ganz zu besitzen, zu beherrschen, muss man ihn um seiner selbst willen studieren.“

„Das ist ganz einfach. Wenn ich einen Gegenstand für mich haben möchte, muss ich zunächst den Gegenstand kennen lernen. Ich muss also einen Umweg machen. Unsere fehlende Verhaltensprägung treibt uns Menschen zur Untersuchung der Sachstrukturen der Welt.“

„Und eigentlich brauchten wir Menschen, wenn ein gewisser Erfolgsgrad erreicht wurde, unsere Bemühungen nach Erkenntnissen nicht mehr fortzusetzen. Die Tiere gehen über den Kreis von biologischen Erfordernissen nicht hinaus. Dass wir hier nicht stehen bleiben zeigt, dass wir nicht allein von der Not getrieben werden, sondern dass es einen ursprünglichen Antrieb gibt, über das immer Erreichte hinaus zu gehen.“

„Wir müssten ja, wenn es keine Not mehr gibt, wenn alle ausreichende Nahrung haben und ein friedliches Leben, den Drang zur weiteren Forschung beenden.“

„Ich glaube nicht, dass Menschen nur von biologischer Not getrieben werden. Das zeigt sich in der immensen Zeit und Mühe die schon in primitivsten Lebensumständen in frühster Zeit aufgewendet wurden, um sich und die Welt dichterisch zu deuten.“

„Und das ist biologisch vollkommen nutzlos. Wir müssten über den Rand unseres Tellers, wenn wir entdeckt haben, wie er zu füllen ist, so wenig hinausfragen, wie eine Spinne, die ihr Netz von einer Geländestelle zur anderen baut. Über seine eigene Umwelt fragt kein Tier hinaus. Es hätte keinen biologischen Wert. Wir Menschen aber stellen Fragen, die über diesen Wert hinausgehen. Es geht uns nicht nur um bessere Lebensbedingungen, sondern darum, über das je Erreichte hinaus Erkennbares zu erkennen.“

„Das Menschenleben ist ein winziges Bruchstück, das in jedem Augenblick seines Daseins vom Ganzen der Wirklichkeit umfangen wird, es wird von ihm herausgebracht, eine Zeitlang getragen, und schließlich wieder zerstört."

„Alles Einzelne lebt nicht aus sich selbst, sondern aus dem ganzen heraus. Horizonte lassen sich beliebig erweitern. Jede vergangene Politik hat eine noch weiter zurückliegende zum tragenden Horizont. Jeder Ahn hängt selbst von einer unabsehbaren Ahnenreihe ab, und jede Zukunft ist nur denkbar als Schritt in eine dahinter sich auftuende weite Zukunft. Wie weit wir den Horizont unserer Daseinsbedingungen auch ausdehnen, er wird immer von einem noch weiteren Horizont umschlossen sein."

„Wir können das Weltganze nie im einzelnen beschreiben. Allerdings können wir auch nicht aufhören nach dem Ganzen zu fragen. Wenn wir auch ohne Antwort bleiben, so wird uns die Frage nach der Kraft, die unser Leben erhält, nie gleichgültig lassen."

„Einzig in dieser Haltung bleiben wir Menschen offen für die Weite und Tiefe unserer Existenz, statt sie in Alltagsbanalitäten zu verkürzen, die uns am Ende nicht die Erfüllung bedeuten können, nach der wir unvermeidlich streben."

„Es ist selbstverständlich, dass in einer Biographie von den Eltern, Lehrern und anderen Zeitgenossen der beschriebenen Person die Rede ist, weil sie in sehr direkter Weise zum Selbstsein dieser Person gehören und dessen eigene innere Gestalt mitbestimmen. Weniger direkt ist der Zusammenhang mit Ereignissen zur Zeit des *homo habilis,* als die Grundlage für die spätere Entwicklung der Menschheit - und damit freilich gerade für diese Person – gelegt wurden."

„Zur völligen Erfassung eines Wesens gehören daher auch die entferntesten Zusammenhänge."

„Daher ist nichts auf der Welt einfach bedeutungslos. Die menschliche Kultur ist so alt wie die Menschen," kam Klaus auf unsere Ausgangsfrage zurück. „Der *homo habilis* gab an seine Kinder weiter, was er gelernt hatte, und jede Generation steuerte einen Teil dazu bei, dass dieses Wissen sich vermehrte. Und das erarbeitete Wissen wurde weitergegeben an den *homo erectus*.

Klaus begann seelenruhig eine Semmel mit Käse zu belegen. „Ihr solltet diesen Käse, diesen Schinken probieren. So eine Jause nach so einem Tag, ist wahre Sinneslust.“

Bärbel folgte seinem Beispiel. Sie war sehr schlank und dachte am wenigsten daran, dass sie vom Essen in später Stunde dick werden könnte. Sie war bekannt dafür, dass sie gerne gut aß und dass sie gerne kochte.

„Und dem *homo erectus* folgte der *homo sapien*“, sagte Rita die Paläoanthropologin.

„Natürlich“, übernahm Klaus. „Und von ihm übernahm es der homo sapiens sapiens, der es wieder von Generation zu Generation weiter gibt.“

„Und was wird sein, wenn sich dieser *sapiens sapiens* selbst zerstört? Wenn es gar keine Folge, gar kein Erben mehr geben kann?“

„Das glaube ich nicht. Einer oder zwei, vielleicht ein Paar, werden übrig bleiben und sie werden wieder neu beginnen: säen, ernten. Wachstum beobachten. Ich habe davon mal geträumt“, sagte ich. „Am Anfang ist immer alles gut.“

„Überall wo es Menschen-Völker gibt, tun sie in etwa dasselbe, und leben im Grund auf dieselbe Art. Wenn wir uns selbst beobachten, erkennen wir, dass wir immer dasselbe tun und auf dieselbe Weise leben.“

Ich lehnte mich zurück, dachte nach und sagte mir: *A*lso leben alle im Bewusstsein einer Tradition, die weit über die Vergangenheit hinausreicht. Ich hatte bisher das Empfinden, dass alle Generationen irgendwie neu, und noch gründlicher von der Vergangenheit abgeschnitten sind, als die vorhergehende. Oder sehe ich das nur so, weil mein Leben so abgeschnitten ist? „Ich leide auch an einem kulturellen Gedächtnisverlust“, sagte ich laut, obgleich ich meinte nur lautlos zu mir selbst gesprochen zu haben.

„Wie meinst du das?“ „Mein Vergessen.“

„Richtig. Aber“, so erinnerte sich Klaus, „bedenke doch, wir alle lernten über Darwin und die Paläontologen in der

Schule die Menschengeschichte. Viele glaubten, der Mensch sei von Anfang an gewesen, was er heute ist und alles sei ihm angeboren, auch die Landwirtschaft, wie den Bienen das Honigsammeln."

„Dem Menschen wird eben alles so schnell langweilig und schal; er besitzt nichts definitiv Erfüllendes. Er kann sich mit nichts auf Dauer bescheiden wollen, ohne sogleich wieder den Drang nach neuen Reizen zu spüren."

„Du hast Recht. Aber was bedeutet dieser Zustand für das Leben wirklich?"

„Die Suche nach Liebe oder Erfolg, die sich in der Vergangenheit nicht erfüllt hat, verbindet sich mit der Gegenwart und wird durch die Kinder in die Zukunft weiter gegeben. Aber der Griff in die Zukunft ist unsicher. Daher führt der Lebensweg jedes Menschen unvermeidlich immer wieder zum Nachdenken. Und verschiedne Menschen kommen zu verschiedenen Ergebnissen. Nur die Frage ist allen Menschen gemeinsam."

„Eigentlich traurig", sagte Rita und sprach weiter: „meine Eltern hatten Ansichten, die für mich wenig hilfreich waren, und die Eltern meiner Eltern hatten wieder andere Ansichten, die gleichfalls wenig hilfreich waren. Und wir arbeiten an unserer eigenen Version, die unseren Kindern wahrscheinlich einmal wenig helfen wird."

„Was für mich ein Lebensrätsel bleibt, ist das: so lange wir unsere Eltern haben, gibt es Zeiten, wo wir sie für lästig halten und sie nicht verstehen, wenn sie es ‚gut' mit uns meinen. Wenn wir dann später etwas an Einsicht gewinnen, und uns allmählich klar machen, dass wir sie gerade deswegen lieben müssten, weshalb wir sie anfangs nicht liebten, wegen ihrer Ermahnungen, weil sie uns oft streng überwachten, Verbote aussprachen, dann werden sie uns entrissen."

„Und wir denken darüber nach und fragen ‚Warum'."

„Das heißt also, das wir alle gar nicht wissen, wie wir leben sollen."

„Wir beschäftigen uns damit zu erkunden, welches das einzig richtige Leben für uns ist."

„Seneca sagte einmal zu seinem Schüler: *Eben das macht mir beim Lernen zu viel Freude: Ich kann es wieder lehren. Denn nichts kann mich erfreuen, soll ich es nur für mich wissen.*"

„Ich denke, was einer sein, wozu er also gebildet sein soll, das lässt sich nicht festlegen und direkt anzielen", sagte Klaus beinahe versonnen, irgendwie, als spräche er zu sich selbst. „Sondern es stellt sich gewissermaßen als unberechenbare Individualität von selber her, und zwar als Nebenprodukt der Besorgung der einzelnen alltäglichen Aufgaben und Angebote des Lebens. Auch in einem staatlich geplanten Bildungswesen kann nicht festgelegt werden, und ist nicht vorhersehbar, wie sich die einzelnen Menschen aus dem großen Bildungsangebot heraus individuell bilden."

„Wir überblicken weder das Wesen noch unsere eigenen Lebensumstände, oder die eines anderen in dem Maße, wie es erforderlich wäre, um den Weg zur gelungenen Bildung unseres Selbstseins, nach eigener Planung zu gestalten."

„Bildung lebt zwar von unserer tätigen Mitwirkung, das bestimmte Zentrum ihres Verlaufs entzieht sich aber unserem Zugriff."

„Ich denke, dass die Liebe dabei eine wichtige Rolle spielt", entgegnete Bärbel.

„Die Liebe?"

„Ja, die bildende Liebe. Sie ist nicht nur im menschlichen Bereich am Werk. Sie ist vielmehr die Grundkraft des Alls: Denn in diesem ist alles mit allem verbunden und sich ständig erneuernd ..."

„Und damit sind wir beim Märchen, denn das Märchen ist eine philosophische Form des Begreifens der Welt und des Menschen, eine Philosophie für Jedermann ..."

„Ob das Bild von der Welt zutreffend ist, kann ein Märchen nicht immer klären, sondern das passiert in Gegenüberstellungen. Also von dem Weltbild aus dem Märchen mit den Erfahrungen, die wir von unserer Welt haben, wie sie überliefert sind, und wie sie von jedem einzelnen von uns gemacht werden."

„Märchen malen keine Bilder einer leblosen Welt. Sie ist harmonisch, weil sie die Fähigkeit hat, sich aus allem bedrohenden Zwiespalt wieder in Einklang mit sich zu bringen."

„Das Märchen bedeutet, oder zeigt, dass nur das Leben selbst, nicht der Mensch das Glück und das Erleben schenkt, dass aber der Mensch mitwirken muss, damit die Kräfte des Guten wirksam werden können. Das Märchen gibt folglich zu verstehen: Tue immer das, was die konkrete Lebenslage erfordert, tue es sorgfältig, ohne dabei dein Glück erzwingen zu wollen."

„Handele verantwortlich." „Richtig." „Ich denke, das einzige, was zählt, sind eigene Erfahrungen, und aus Vergleichen gesammelte Erkenntnisse. Keine noch so gute Lehre hat den Wert einer eigenen Erfahrung."

„Um uns Vergleiche zu erleichtern oder verständlicher zu machen, gibt es Gesetze. Es gibt auch Gesetze im eigentlichen menschlichen Leben von Generationen."

„Ich glaube, dass es keinen direkten Weg gibt, dass es nirgendwo und zu keinem einzigen Ziel einen direkten Weg gibt. Es gibt Umwege. Es geht in der Folge immer ‚über' etwas. Wüssten wir das nicht, würden wir eine Zusammenstimmung suchen, ohne etwas zu haben, was zusammenstimmen kann. Du musst wohl jede Stunde bewusst erleben, aber auch gleich den ganzen Tag ‚sehen'.

So ist zum Beispiel der Enkel dem Großvater (bzw. der Großmutter) in vieler Hinsicht ähnlicher als dem Vater oder der Mutter. Enkel heißt in der alten Sprache ‚der kleine Großvater'. Mit Ähnlichkeit meine ich nicht nur das äußere Erscheinungsbild. Es ist nichts ohne Sinn. Es ist das, was der Großvater zum Beispiel unverarbeitet in sich behalten hat. Es tauchen aus dem tiefen Unterbewusstsein zu einer bestimmten Zeit vergangene Jahre auf. Wichtig ist: die dazu bestimmte Zeit, denn nichts passiert von ungefähr. Niemals ist nur ein einzelner Mensch betroffen."

„Und wie merken wir das."

„Es gibt verblüffende Ähnlichkeiten. Es passieren Dinge, die uns bekannt erscheinen, wir treffen Menschen, die wir zu kennen meinen. Wir erinnern uns an dieses oder jenes Geschehen. Nur so und nicht anders ist der Kreislauf. Die ganze Entwicklung passiert nicht aus einem Menschen, sonder aus einem Paar. Jeder Mensch braucht die andern Menschen. Er muss Erkenntnis finden, um sich selbst zu erweitern, um weise und milde zu werden – deshalb brauchte Robinson auf seiner Insel den Freitag und die geretteten Bestandteile des gekenterten Schiffes."

„Ja, das ist wohl richtig", gab Klaus zu. „Aber gib mir ein konkretes Beispiel."

„Mir fällt eines dazu ein: Wenn Männer zwischen dem 18. und 30. Lebensjahr den Krieg erleben mussten, wenn sie in jener Zeit an irgend einer Front kämpften, dann erlebten sie unbeschreibliches Leid. Sie mussten hinnehmen, konnten sich nicht gegen Befehle der Obrigkeit wehren. Jene, wenn auch in einem makabren Sinn Gedemütigten, die Leid ertragen mussten, ohne sich gegen Leidverursacher (Befehlsgeber) wehren zu können, bekamen später Kinder. Diese Kinder werden erwachsen und bekommen wieder Kinder. Der Virus bleibt erhalten. Und stellt euch vor, solche Kinder (also Enkel) beginnen nicht plötzlich, sondern zu einer ganz bestimmten Zeit, sich zu wehren. Sie stellen sich gegen Obrigkeit und Gesetz und töten! Sie töten sogar die eigenen Väter und Mütter."

„Du meinst, Gegensätzliches passiert? Wo einer ein Opfer war, wird daraus ein Täter und das in der Folge vom Großvater zum Enkel?"

„Stimmt. Ja, ‚über' eine Generation hinweg. Vergleiche nur die Zeit um den Zweiten Weltkrieg mit der Gegenwart."

„Das gilt natürlich nicht für alle Verbrechen unter den Menschen. Es gibt natürlich auch andere Gene. Man müsste in dieser Richtung konkret nachforschen.“

„Alles ist genetisch, alles kommt aus einem Speicher. Diesen Speicher, dieses Silo hat jeder Mensch in sich.“

„Wie du vorher sagtest, wenn sich das Übernommene immer auch verbessert und präzisiert, dass etwas Verbessertes dazu kommt, bleibt der Urgrund immer erhalten, wenn etwas an andere Generationen weiter gegeben wird. Irgend jemand kommt auf diesem Wege ganz weit zurück, und beginnt mit noch unverarbeiteten Gedanken zu experimentieren. Das denke ich als vollkommen natürlich. Es dreht sich schlicht alles nur um Menschliches und menschliches Erleben. Jeder Mensch hat alles in seinem Selbst. Jeder ist auch ein Geistgeschöpf. Nach einem ‚geistigen' Ebenbild geschaffen. Das betrifft nichts Physisches. Jeder Mensch ist mit jedem geistig verbunden, wie der Wächter durch die Kette mit dem Gefangenen. Niemand wäre fähig ein Verbrechen zu denken, wenn er nicht selbst dazu fähig wäre. Niemand könnte spontan Gutes tun, wenn das Gute nicht in ihm wäre.“

„Mancher Mensch bleibt nicht beim Denken, sondern muss handeln. Oder ein anderer kommt erst nach dem spontanen Handeln zum Denken. Das ist ein Entwicklungsprozess.“

„Ich habe mir ja auch alles über das Greifbare zum Denkbaren erarbeitet. Es gab für mich keinen anderen Weg – als vom Schlüssel einer Tür zum ‚Entschlüsseln' von Rätseln zu gelangen. Wenn man nicht den richtigen Schlüssel hat, kann man nicht ‚rein'. Von der Hand, die zu meinem Körper gehört, zu Handlungen – den gedanklichen, dem Denken! Eigentlicher Sinn ist: Von der Idee zur Gestaltung, und von der Gestaltung zurück zur Idee.“

„Du machst ziemlich ratlos. Alles ist in uns?“

„Denke nur mal ganz banal: Jeder Mensch tut alles was er tut, zuerst für sich! Da gibt es kein Wenn und Aber.“

Rita sah mich einige Augenblicke aus ihren großen Augen aufmerksam an und sagte dann schließlich ruhig: „Ich denke, dass kein einziger Mensch für sich allein existiert.

Niemand wurde für sein eigenes Leben gezeugt oder geboren. Wäre ein Mensch allein geschaffen worden, dann hätte er nicht einmal seinen Namen. Er wüsste nichts vom Menschsein. Niemand hat ihn gerufen oder genannt. Ein einziger Mensch wüsste nichts von oder über sich. Jeder Mensch lebt für andere Menschen."

„Also leben wir auch in gewählter Isolation für andere Menschen?"

„Wenn die Fülle da ist, bedeutet Alleinsein nicht einsam sein. Wir werden gelebt. Es ist etwas in uns, was größer ist als der physische Wille. Der Wille der Seele, des Selbst, unterliegt nicht dem Willen des Ich. Aber beide Willen bilden die Person."

„Da komme ich zu dem schwierigsten Wort, mit dem ich mich schon lange beschäftige. Wenn du davon sprichst, dass kein Mensch für sich alleine gemacht wurde, dann kann es leichter verständlich werden, wenn gefordert wird: ‚liebe deinen Nächsten wie dich selbst'."

„Ja, das denke ich auch. Jedes einzelne Leben wird anderen gegeben und anderen genommen. Oder erkennst du deine eigene Geburt als Geschenk und dein Sterben als Verlust für dich?

Sich selber erkennen wird durch das Du möglich, ohne den anderen Menschen würden wir uns nicht (er)kennen. Sich selber lieben ist nur möglich in der Liebe zum Nächsten, in dem wir uns erkennen. Darin liegt der Sinn zu begreifen, warum wir nicht für uns selber gemacht wurden. Wir geben und nehmen. Niemand existiert für sich."

„Es ist wichtig", sagte ich, „zu erkennen, dass das Schicksal nicht größer ist als wir, oder eine Macht über uns hat. Schicksal ist in gleicher Größe, ist Freund und Partner. Wir lernen mit ihm leben, zu reden und Übereinstimmung zu finden."

„Wir alle müssen dem Philosophen Hegel folgen und mit ihm erkennen, dass Menschen nicht von der Geschichte geschaffen wurden, sondern Geschichte ist das, was

Menschen machen."

„Jeder Mensch kann das Schicksal in die eigenen Hände nehmen?"

„Aber woher entwickelst du deine Thesen, doch nicht nur aus Märchen?"

„Ich entwickle gar nichts aus Märchen. Ich beobachte und vergleiche."

„Du hast etwa dreißig Jahre Leben."

„Stimmt. Aber die Zeit ist ohne Bedeutung. Wir leben in der Zeit. Unser Leben verläuft als Nacheinander von Ereignissen. So sehr wir die Flüchtigkeit des Augenblicks auch empfinden, so unanschaulich ist der Zeitbegriff. Wir reden daher immer nur in Bildern. Wir vergleichen die Zeit mit einem eiligen Läufer, oder einem Kriechtier. Ein Zustand wird in den Bildern von einem andern abgelöst, als wenn der rinnende Sand einer Sanduhr sich hier befindet. Wir können nur nach außen sehen. Wir sind mit der Zeit vertraut. Wenn du zum Beispiel die Freiheitsstatue nicht kennst oder den Big Ben, dann kann ich mir nicht denken, dass du die Zeit nicht kennst. Die Zeit ist kein Gegenstand unter anderen. Du kannst sie weder übersehen noch ihr zufällig nicht begegnen."

„Das Zeiterleben brauchen wir nicht zu lernen. Wir bewegen uns im Zeiterleben. Wir können nicht außerhalb stehen. Ich habe Zeiträume erlebt: Stunden, Jahre Tage und größere Zusammenhänge der Geschichtsschreibung gelesen, die Zeit läuft immer weiter über den gegebenen Zeitraum hinaus, das gilt für Vergangenheit wie für die Zukunft. Wir können Zeit eng begrenzen oder weiten. Es gibt immer ein ‚davor' und ein ‚danach'. Fragen bleiben. Aber ich weiß inzwischen, dass ich ein Mensch bin. Ich kann darüber sprechen, wie es war, damals als ich aus dem Koma erwachte, während wir hier in Corvara im Garten unserer Pension sitzen und Obstsaft trinken. Ich beobachte meinen Lebensweg genau und vergleiche mein Erleben mit dem Leben anderer Menschen und deren Geschichte.

Rätselhaft bleibt, warum sich erst jetzt das Gefühl in mir zu regen beginnt, obwohl Mediziner das als aussichtslos erklärt hatten. Ich denke grübelnd darüber nach – warum alles eine bestimmte Zeit hat, als wäre eine Uhr für uns gestellt worden, als wir geboren wurden und ebenso unsere Väter und Urväter. Es geschieht alles nach einer beinahe klar zu berechnenden Folge; und da kommt mir wieder der Vergleich mit dem Märchen, nicht Frau Holle, sondern Dornröschen."

„Märchen sprechen in Symbolen. Darüber ist viel gestritten worden."

„Nun gut, wir kennen deine Liebe zu den Märchen und Symbolen. Was fasziniert dich besonders an ‚Frau Holle'? Immer wieder kommst du darauf zurück."

„Das ist nicht nur so, weil auch hier ein Spinnrad wichtig ist, sondern weil es so viele Seiten gibt. Ich will versuchen zu erklären", gestand ich den Freunden in der Runde „Aber erwartet keine Tatsachen. Es geht um Symbole. Bleibt bitte unbefangen, ohne Vorurteile oder Erwartungen. Ihr kennt das Märchen, in dem es darum geht, dass da zwei Schwestern lebten, von denen eine sehr fleißig war, die andere aber faul. *Ein Mädchen musste täglich am Brunnenrand sitzen und spinnen, dass ihm bald die Finger blutig wurden. Nun trug es sich zu, dass die Spindel blutig geworden war, das Mädchen sie abwaschen wollte und dabei die Spule in den Brunnen fiel. Die Stiefmutter rief, als sie davon erfuhr, ‚du hast die Spule hinunter fallen lassen, also hole sie wieder herauf.' In seiner Herzensangst sprang das Mädchen hinein, um die Spule zu holen. Es verlor die Besinnung.*

So weit das Märchen. Denkt euch doch einfach ein Mädchen aus unserer Stadt, das großen persönlichen Kummer hat, vielleicht wurde es vom Geliebten betrogen, erfährt davon, ist verzweifelt und springt von einer Donaubrücke ins Wasser, um sich das Leben zu nehmen. Und es verliert die Besinnung."

„Es ist alles möglich!"

„Und du?"

„Ja, und ich. Ich habe wahrscheinlich auch einmal fleißig gearbeitet, wenn auch nicht gesponnen. Ich sage, was mir aus Berichten bekannt ist, dass ich sehr stark geliebt habe, dass es einen Mann gab, dem mehr als mein Herz gehörte, ja, dessen Wert ich über meinen eigenen Wert erhob. Als wir uns trennen mussten, sagte er, dass er bald wieder kommen werde. Ich blieb allein.

Das Schicksal hatte die Trennung vollzogen, ohne dass wir es wussten. Der Schmerz war übergroß. Das Leben hatte den Sinn für mich verloren.

Aber da kam ein LKW und ergriff mich, während ich in meinem Auto unterwegs zu meinen Kindern war. Ich verlor die Besinnung und verlor, was ein Mensch nur verlieren kann. Als ich nach Monaten erwachte, befand ich mich nicht auf einer grünen Wiese, sondern am Ufer eines großen Wassers und wurde gerufen: Katharina, Katharina, komm.

Im Märchen heißt es: *Sie erwachte auf einer grünen Wiese. Wo die Sonne schien und viele tausend Blumen standen. Auf dieser Wiese ging sie fort und kam zu einem großen Backofen.*

Das heißt für mich: Ich hatte vergessen wer ich war und woher ich kam. Ich wusste auch nichts mehr vom vergangenen Leid. Alles war neu für mich. Ich hätte das Gras gegessen, wenn man es von mir verlangt hätte. Ich kannte Gut und Böse nicht. Das Brot aus dem Backofen rief der Marie zu: *Zieh mich heraus, sonst verbrenne ich, ich bin längst ausgebacken. Da trat sie hinzu, holte mit dem Backschieber alles nach einander heraus. Dann ging das Mädchen weiter.*“

„Und der Vergleich im weitesten Sinne?“

„Ich überspringe die Zeit meines Nichtseins und denke, ich ging in mein Leben, wenn auch nicht über eine Wiese, so über unebene Wege, Sand, Steine, Abgründe. Man sagte mir: ‚Du musst Lesen und Schreiben lernen.’ Und ich tat es, ohne zu wissen, warum ich das tat und welchen Zweck das haben sollte, denn ich kannte das Leben nicht. Es wurde von mir gewünscht, und ich tat es.“

„Und die Marie des *Märchens ging weiter und kam zu einem Baum, der rief ihr zu: Schüttele mich, die Äpfel sind miteinander reif. Und sie schüttelte, dass die Äpfel fielen.. Als sie alle Äpfel zusammengelegt hatte, ging sie weiter.*“

„Und Du?“

„Man sagte mir: Du hast Pflichten zu erfüllen, du hast drei Kinder, die wollen ernährt werden und in die Schule gehen. Du musst eine Wohnung mieten. Du hast Pflichten. Und ohne zu wissen was Pflichten sind, versuchte ich zu tun, was man von mir verlangte. Dann ging ich weiter.“

„Im Märchen heißt es: *Endlich kam es zu einem kleinen Haus. Eine alte Frau schaute heraus. Weil sie große Zähne hatte, wurde dem Mädchen Angst und es wollte weglaufen. Die Alte rief: Was fürchtest du dich, liebes Kind, Bleib bei mir. Wenn du alle Arbeit ordentlich tust, soll's dir gut gehen. Du musst acht geben, dass du die Betten gut machst und sie fleißig schüttelst, dass die Federn fliegen. Dann schneit es in der Welt. Ich bin die Frau Holle. Weil die Alte freundlich war, fasste das Mädchen ein Herz und willigte ein ...*“

„Und du?“

„Ja, und ich ... ich war weiter gegangen und kam nach Villach und nach Wien. Mir begegnete dort ein alter Mann, der zu mir sagte: ‚Du kannst in meiner Wohnung wohnen. Ich lebe mit meiner Gefährtin in einem anderen Bezirk.’ Ich hatte Angst vor Menschen, aber er war freundlich, und ich willigte ein. ‚Ich freue mich’, sagte er zu mir, ‚dass die Wohnung nicht leer steht, du wirst sie sauber halten, die Betten werden gelüftet, die Fenster und Gardinen gepflegt. Du musst keine Miete bezahlen, wenn du mir nur ab und zu bei meiner Arbeit hilfst und vielleicht die Werbung für mein Tiefbauunternehmen machen kannst. Es wird dir gut gehen. Ich nehme dir deine Sorgen ab.’ Und ich half ihm so gut ich konnte und lernte Werbung.“

„Es ging dir gut?“

„Es war die wertvollste Zeit in meinem neuen Leben. Ich

wurde beschützt, hatte viel Zeit zum Lernen, zum Lesen und zum Schreiben. Ich konnte in der Uni Vorlesungen hören und meine Sprache schulen. Warum ich das alles tat, wusste ich nicht zu definieren. Es machte mir Freude zu lernen. Ich hatte kein Ziel für oder von irgendwas. Ich lebte gegenwärtig, weil ich keine Vergleichsmöglichkeiten kannte und keinen Rückblick hatte, weil es so war – ist es so – und wird so werden! Ich lebte in der Wohnung, in der mir nichts gehörte als mein Leben. Ich versuchte zu tun, was der Alltag forderte. Aber ich war ohne Identität. Ich schrieb und erhielt auch Ablehnungen meiner Arbeiten. Ich schrieb einige Bücher, hatte aber auch viele schwere Operationen zu durchleben und habe dem alten Mann wirklich helfen können."

„Ja, aber die Marie ging von der Frau Holle weg, zurück zu ihrer Familie, und du?"

„Ich habe keine Familie." Aber ich ging aus der Wohnung weg. Ich habe nicht meine Einstellung zum Schicksal geändert. Bisher ging ich den Weg der Philosophie ohne ihn bewusst zu gehen. Ich bin auf dem Weg, befinde mich im Gesamtgeflecht meines Lebens und kann mich nicht herauslösen, ohne Grenzen zu zerstören. Wir alle leben unter der Bedingung der Zeit."

„Wie meinst du das?"

„Frau Holle ist nur ‚über' die Tiefe des Brunnens zu erreichen."

„Auch der Brunnen hat Bedeutung für die Tiefe, denke ich", mischte sich Klaus in die Gedankenwelt.

„Als die Marie durch das Tor ging, kam der Goldregen."

„Ein Symbol! Im Märchen kann man das Gold nicht als sicheren Selbstbesitz festhalten. Es entgleitet und kann aus dem ‚tiefen Brunnen' der eigenen seelischen Gründe nicht mehr herausgeholt werden. Man kann natürlich Bilder der Märchen nicht buchstäblich nehmen. Wenn das Märchen aber in Symbolen spricht, bekommt es andere Bedeutung."

„Das Märchen kann aber auch," wie Goethe sagt, ‚an nichts' erinnern, wenn ich es ohne darin ein Lebensproblem spiegeln zu wollen, einfach als Gefüge von Bildern genießen, die für meinen Geist allein schon durch ihre Buntheit erfreulich sind ... In der Bilderwelt der Märchen kann ich den Flug der Phantasie genießen. Denn, wie menschliche Lebensprobleme zu lösen sind, kann das Märchen nicht darstellen, denke ich. Das Märchen ersetzt nicht das eigene nüchterne Nachdenken über Schwierigkeiten und das eigene Bemühen um Möglichkeiten, mit denen ins Reine zu kommen. Es kann ein schützendes Hilfsmittel sein", betonte Klaus.

„Das Glück können wir nicht direkt anzielen. Die Pechmarie versuchte eben das Unmögliche. Sie wollte ihr Glück (Gold) erwerben und lehnte es ab, sich auf anderes einzulassen. Sie hatte zur alltäglichen Arbeit keine Lust. Sie erntete das reife Obst nicht, und nahm das durchgebackene Brot nicht aus dem Feuer. Weil sie das Glück direkt anzielte, verfehlte sie es."

„Deshalb musste die Pechmarie scheitern."

„Und weiter?"

„Als ich eines Tages im Garten des alten Mannes Äpfel pflückte, um für ihn und für mich Apfelmus zu bereiten, denn seine Lebensgefährtin war nicht so geschickt in ihrem Haushalt, sagte er mir mit schwerem Herzen, dass er die Wohnung nun für sich selbst brauchte. Seine Tochter werde heiraten und wolle dort wohnen. Ich musste also das schützende Haus verlassen. Es dauerte nicht lange, bis ich eine Gemeindewohnung in Wien bekam."

„Dein Goldregen war dein Bestseller Katharsis?"

„Das wird angenommen. Aber ich denke das war er nicht. Es war Erfolg, aber er war nicht in mir. Goldregen wird dann sein, wenn sich mein Kreis vollendet. Ich habe das Ganze noch nicht erreicht, schrittweise enthüllen sich Einzelheiten, die bewältigt werden müssen. Weite und Heimat müssen in mir sein. Das Schicksal muss mir das wieder geben, was es mir genommen hat. Es ist lange her. Es war 1960."

„Woran denkst du, wenn du 1960 sagst?"

„Ich denke, dass ich damals fähig war zu lieben. Ich denke,

dass ich geliebt wurde. Ich denke zurück und meine, dass es die wichtigste Zeit meines Lebens war. Und ich denke an die Verletzung, an den schmerzenden Abschied, für den ich keine Erklärung fand."

„Die Spindel?"

„Ja. Und weil das noch offen, noch unerledigt blieb, wird es, wenn die Zeit reif ist, eine Wiederholung und sei es in ähnlicher Form, geben."

„Viele haben es versucht", flüsterte Bärbel beinahe lautlos, „viele wollten durch die Dornenhecke die Schlafende wecken. Es ist nur einem gelungen, der von der ‚Spindel' wusste. Und die Zeit war gnädig."

„Das ist Dornröschen. Wir sind noch bei der Goldmarie."

„Es ist gleich. Ich glaube daran. Alles hat seine Bedeutung", schloss Bärbel ihre Rede und lehnte sich tief atmend zurück. „Ich finde das alles sehr aufregend."

„Die Pechmarie scheiterte."

„Sie liebte nicht. Sie war nicht bereit zu geben. Sie wollte nur haben."

„Sie wollte sich nicht um's Einzelne bemühen, weil es ihr um's Ganze ging."

„Das Märchen zeigt uns kein Verhalten, mit dem wir einen angeblich guten Zustand selbst herstellen können. Es lehrt geduldiges Warten."

„Pechmarie nenne ich im übertragenen Sinne auch jene, die so sein möchten, wie ich bin, was mir viele Leserinnen geschrieben haben. Das kann doch niemals sein. Oder wie jene, die heute mit dem Laufen beginnen und morgen den Marathonlauf gewinnen wollen.

Das Märchen gibt zu verstehen: das ist der Abschnitt im Märchen, als die Glücksmarie mit Gold bedeckt ankam, wurde sie gut aufgenommen. *Und es heißt weiter: sie erzählte allen, was geschehen war. Da wollte sich die faule Tochter gern dieses Glück verschaffen. Sie setzte sich an den Brunnen und spann. Damit ihre Spule blutig wurde, stach sie sich in den Finger, warf die Spule in den Brunnen und sprang hinter her... Sie kam auf die schöne grüne Wiese und ging den gleichen Weg, der zum Backofen und zum Apfelbaum führte. Und sie war nicht fleißig, schüttelte keine Betten, dass die Federn flogen, sondern bleib liegen und trödelte. Das war die Frau Holle bald müde und sagte ihr den Dienst ab. Die Faule war zufrieden und meinte, nun würde der Goldregen kommen, sobald sie unter dem Tor stand. Aber es regnete nicht Gold, es wurde Pech ausgeschüttet.*

Mir bleiben die Worte sehr deutlich: ... tue immer das, was die konkrete Lebenslage von dir fordert. Tue es sorgfältig, ohne dabei dein Glück erzwingen zu wollen. Handele aus der Verantwortung für die Lebensumstände heraus. Dir wird dadurch der Einklang mit dir selbst und dem Schicksal erleichtert."

„Natürlich bleiben noch viele Fragen. Dein Weg führte ja nicht geradeaus vom Backofen zum Apfelbaum, ... sondern über steile Wege, Widrigkeiten und Abgründe. Und ich erinnere mich: in dem Märchen ist kein Wort über das Finden der Spindel geschrieben worden."

„Richtig. Und darum gehe ich weiter, bleibe nicht stehen weil ich gewiss bin: Ich werde sie finden."

„Das Buch wurde zum Bestseller."

„Ja. Aber es ist noch nicht fertig geschrieben. Es wurde ein Versuch, einen Kreis zu malen. Aber er schließt sich noch nicht. Und sicher ist auch, dieses Frau-Holle-Erleben ist nichts Einmaliges. Es wiederholt sich mit Sicherheit in anderen Zusammenhängen wieder. Dann zeigt sich, ob ich erkennen lernte. Ich brauche ganz viel Geduld."

„Aber zu den Eigenschaften, ob jemand faul ist oder fleißig, spricht die Gesellschaft abstrakte Worte. Hier gilt Erfolg. Erfolgt geht nicht ohne Fleiß. Die Gesellschaft will sehen. Faul oder fleißig sind zu Systemen geworden. Jemand, der zurückgezogen lebt, nachdenkt, schreibt, oder wissenschaftlich arbeitet, gilt nicht als fleißig. Man will den Fleiß bestätigt sehen."

„Und ich denke auch, dass mit dem Goldregen der Weg für die Marie noch nicht beendet war. Das Erzählen endet damit. Für das Mädchen beginnt in der Folge etwas Neues. Nie ist etwas wirklich abgeschlossen.

Ich kann das nicht einfach stehen lassen. Und will gar nicht daran denken, wie der Neid aus allen Ecken wächst. Ich glaube nicht, dass das erreichte Gold die Marie glücklich machte."

„Sagst du das, weil dich dein Erfolg eigentlich nicht glücklich macht?"

„Wahrscheinlich. Ich lebe in dieser Gesellschaft und sehe inzwischen, was nicht gesehen wird. Die Gesellschaft läuft auf das Nichts zu. Niemand ist noch für etwas, und keiner ist dagegen. Es ist absurd."

„Jeder Mensch hat seinen Traum. Jeder Mensch ist in seiner Art anders. So wie diese beiden Mädchen im Märchen unterschiedlich waren. Belastungen treten ein, wenn Träume nicht das bleiben, was sie sind."

„Wir sprechen von Symbolen und Elementen. Das Gold zum Beispiel symbolisiert das Feuer und war in allen Mythologien stets das Symbol der Gottheit, und diese Dimension schwingt in den Märchen mit. Märchen sprechen von waltender Vorsehung. Die Spindel ist ein Werkzeug mit dem das Schicksal gewoben wird. Marie ging ihm nach, das heißt sie springt der Spindel in die Tiefe des Brunnens nach, und gelangt zur Frau Holle. Deren Bereich ist der Urgrund (Tiefe) der Fruchtbarkeit, wo Blumen und Bäume blühen und das Brot ständig im Ofen gebacken wird, und sie verschenkt das Gold oder das Pech des Menschenlebens."

„Ich finde das hoch interessant und bedaure, dass ich mich bisher gar nicht damit beschäftigte, und wie geht es dir?", richtete sie ihre Frage an mich. „Ich denke, dass in dir noch keine wirkliche Harmonie ist, oder irre ich mich?"

„Ja. Das ist richtig. Du bist ein guter Beobachter. Es gibt viel Neues. Manchmal höre ich Musik in mir, weißt du, wenn ich hier über die üppig blühenden Wiesen gehe, oder wir mit vielen Mühen einen Gipfel erreichen. Es bleibt ein Suchen. Ich möchte gern wissen, nicht nur ahnen oder vermuten, was vorher war."

„Du bist voller Erwartung?"

„Ja."

„Möchtest du darüber reden?"

„Nein. Ich kann es noch nicht. Es ist Wünschen, es sind Ahnungen, ich könnte sie nicht zerreden. Und jetzt bin ich wirklich richtig müde."

Mir wurde kalt, kleine Schüttelfröste durchzogen mich. Warum habe ich nur Angst vor den Menschen und ihrer unmittelbaren Nähe? Je angeregter Gespräche werden, um so mehr beginne ich zu frieren. Kopfschmerzen breiteten sich vom linken Ohr zum Nacken hinaus. Ich spürte, dass auch meiner Disziplin Grenzen gesetzt waren.

Bald lag ich in meinem Bett und wünschte mir eine Wärmflasche.

Warum mussten wir am nächsten Tag unbedingt ‚über' den Dreitausender-Gipfel, warum gingen wir nicht einfach um ihn herum?

Der Bergführer hatte etwas von Körper und Geist und der Lust an der Verausgabung gemurmelt. Niemand massierte meinen Rücken!

Den letzten Gipfel dieser Tour ließ ich von meinen bisher großen Gefühlen der Bergwelt gegenüber unberührt. Ich begann damit, mich vor mir zu rechtfertigen, suchte Entschuldigungen vor meiner eigenen Schwäche, die Ohren, dieser Hörsturz; ich war doch bisher immer gern in den Stiefeln, oder in den Kletterschuhen. Und ich beobachtete mit einer besonderen Geduld, die ich mir auferlegte, nein, ich will es lieber Neugierde nennen, mit der mancher Wissenschaftler ein Ding unter dem Mikroskop betrachtet, so beobachtete ich in diesem Zweibettzimmer Helga, wie sie am Morgen und am Abend einen großen Plastikbeutel aus ihrer Reisetasche nahm, aus diesem wiederum mehrere kleine Plastiktüten holte, und sorgsam öffnete um den Kamm, die

Zahnbürste, die Zahncreme, die Hautcreme, jedes für sich zur Verwendung herausnahm und wieder, jedes für sich, in die kleinen Plastikfolien einpackte, dann in die größere Plastiktüte und eben diese wieder sorgsam in die Reisetasche legte. Jedes noch so kleine Teilchen hatte seinen besonderen Platz. Sie legte auch ihr buntgemustertes Baumwollnachthemd, langärmelig und hoch geschlossen, unter ihrem Kopfkissen zusammen, das sie vorher am offenen Fenster gut ausgeschüttelt hatte, mich wiederum an das Märchen der Frau Holle erinnernd – und ich dachte ganz plötzlich, ganz spontan, als wäre dieser Gedanke nie vorher da gewesen: Warum war sie am Abend nicht bei unserem Gespräch. Ich spürte jetzt, dass niemand sie vermisst hatte. Ich werde sie fragen, nahm ich mir vor. Nur die Tasche, sorgsam verschlossen, konnte beim Verlassen des Raumes daran erinnern, dass da noch jemand in diesem Raum war. Alles hatte sie einer sorgfältigen Prüfung unterzogen. Jedes ihrer Kopfhaare, meinte ich bald, musste einen bestimmten Platz haben, wenn sie sorgsam nach hinten gekämmt und zu einem Knoten im Nacken gebunden worden waren.

Und die Wollsocken schützten die Füße vor den Bergstiefeln. Sie ging, als wollte sie den Himalaja bezwingen, oder einen Tag im Kühlschrank verbringen.

Aber die Sonne, die Höhe! Sie würde sicherlich schwitzen, dachte ich. Ich gewann überraschende Bilder, die mir in meinem Alleinsein und Alleinleben nie begegneten, wenn ich in meiner gemütlichen kleinen Wohnung hockte. Ich überlegte, ob das eine Erfahrung wert war: Ein anderer Körper ziemlich dicht neben mir.

Wir benutzten das Bad gemeinsam, ich konnte nicht hinein gehen, wann ich wollte. Aber sie hatte für diese sieben Tage nicht einmal ihre Zahnbürste im Glas vor dem Spiegel abgestellt, oder ihre Seife dort liegen gelassen: Sie hatte alles in Plastikfolie gewickelt und eingepackt und weggeräumt. So gesehen war ich alleinige Badbenutzern.

Obwohl der Spiegel hier nicht mein Freund war, fragte ich

ihn nach meinem Aussehen. „Spiegelein, Spiegelein an der Wand, nein, nicht so weiter, sondern nur prüfen wollend. So siehst du aus, sagte er: Nur sehr wenig von der Sonne gebräunt, etwas strapaziert, so wie nach vielen schlaflosen Nächten. Du hast auch gelacht! Du warst nicht zugeknöpft, oder nur ganz wenig. Und die Augen sind nicht ohne Neugierde auf dieses und andere Bilder gerichtet. Da steckt noch etwas anderes, sagte mir der Spiegel, schau genau hin und hüte dich vor Abneigung. Ja, Ja, du bist dir selbst seit diesem Hörsturz zuwider, du überträgst das auf die anderen. Bedenke doch, wie fürsorglich sie sich um dich bemühen. War es denn selbstverständlich, dass du nach Bruneck ins Spital gefahren wurdest? Die herzlichen Fragen „wie geht es dir, können wir irgend etwas für dich tun“ – sind doch keine leeren Worte. Du willst sie gar nicht hören, so fest steht deine Meinung, nicht liebenswert zu sein. Du magst dich nicht. Dafür können doch die anderen nichts. Sei doch locker.

Ich bin ganz schön kaputt, erklärte ich dem Spiegel, lachte ihn an und nahm meine Augen von ihm weg. Wohin? Also weg von mir. Da sah ich wieder sehr dunkel braune Augen auf mich gerichtet, so als würde jemand hinter mir stehen, größer als ich, und unsere Augen begegneten sich in diesem Spiegel, hielten sich fest. Und dann dachte ich plötzlich an die Rothaarige im Flugzeug und versuchte zu glauben, dass meine Seele sich diese Reise gewünscht hatte. Aber welchen Sinn hat sie damit verbunden? Hier war kein großes Wasser. Ja, ja, einmal kamen die Berge aus dem Wasser, das die Erde umspült hatte.

Ich ging aus dem Raum.

Mein rechtes Ohr schmerzte, mein linkes blieb taub. Ich nahm die verordneten Tabletten sehr widerwillig, als müsse ich meinen Körper vergiften, um mein Ohr zu retten! Was soll's, sagte ich mir schließlich, es ist ja ohnehin schon alles falsch gelaufen. Du liest vergleichend die Märchenbücher, hoffst Fehler zu vermeiden und machst einen Fehler nach dem anderen.

Ich bummelte durch Corvara, ganz still, ganz ruhig, fotografierte, machte mir ein Bild von diesem Ort, – nichts als seine Oberfläche lieh ich mir für eine kleine Weile aus; kehrte in ein Restaurant ein und schrieb Postkarten, an alle, die ich kannte und schrieb an Rüdiger.

Und schließlich wanderte ich aus Corvara hinaus, bis ich an einen lebhaften kleinen Bach kam, der irgendwo aus dem Gebirge entspringend ins Tal eilte. Es standen dort einige hohe Laubbäume, deren Schatten ich suchte. An einen breiten, alten Stamm lehnte ich mich an, setzte mich ans Ufer und schloss die Augen. Nicht einmal das Platschen des Wassers konnte ich hören und öffnete wieder die Augen. Und ich spürte in mir, dass ich dieses Fließen nicht irgendwie poetisch, sondern eher wissenschaftlich zu betrachten begann, nicht nur wegen der Frage, warum mich das sprudelnde Quellwasser mehr anzog, als die felsige Hoheit der Dolomiten. Mir sind die Elemente bekannt. Wasser mag keine Widerstände und keine Störungen. Ich schaute in dieses Wasser, beobachtete seine springenden Bewegungen, die mit der Windstärke in Verbindung zu stehen schienen. Das Ufer war steinig, große runde und eckige Steine lagen dort, als wären sie von einer starken Hand dorthin geworfen worden. Mitten in dem Bach, der ungefähr einen Meter breit war, lag ein sehr großer Felsstein, beinahe zu groß für das Maß des Baches. Das Wasser schlug dagegen, als wollte sie ihn vernichten. Es platschte und spritzte, die fließende Bewegung war gestört. Man hatte mir gesagt, dass Wasser keine Unordnung kennt, dass nur Menschen die Unordnung schaffen und Unordnung denken. Ich wollte nur dem Wasser zusehen und nichts denken. Das fiel mir schwer. Immer denke ich irgend etwas.

Das Wasser versuchte an dem Felsen seine Kraft zu messen. Es war in der Bewegung unterbrochen; ich sah, dass das Wasser gegen den großen Stein platschte und spritzte, schließlich in winzige Tropfen zersprühte. Alles wiederholte sich natürlich, ohne Inszenierung durch Menschenhand.

Wassertropfen sind Künstler. Sie springen, drehen sich in der Luft und stören einander nicht. In jedem einzelnen Tropfen spiegelt sich die Sonne. Ein Spiel. Dieser große Stein verdeutlichte mir, was Wasser kann. Es zerspringt, um sich nach dem Sprung wieder mit sich zu vereinen. Das Ganze gliedert sich aus. Getrenntes fügt sich zusammen.

So schrieb Laotse: das Wasser vermag den Felsen auszuhöhlen, und flutet strömend an ihm vorbei: Die Belehrung ohne Worte, das Wirken ohne Zutun, erreichen nur wenige auf Erden. Das Wasser tut, was es tun muss. Dieses flinke Quellwasser beruhigte mich. Und wieder kam die Frage zu mir. Warum zieht mich das Wasser der Nordsee so sehr an? Warum fühle ich eine magnetische Kraft und rieche das Salz des Meeres ohne das Wasser zu sehen? Hier saß ich an dem schmalen Bach. Obwohl das Wasser nicht schwieg, redete es nicht mit mir. Es schreibt keine Biographien. Es ist, was es ist. Das Element, das Ganze, das sich in die winzigsten, fast nicht mehr mit bloßem Auge sichtbaren Teilchen, und in Teilchen der Teilchen zersplittert – und dennoch das Wasser bleibt.

In Herrenalb lernte ich schwimmen, ich wollte im Wasser nicht untergehen. Ich wollte tauchen lernen, es wurde mir verboten. Mein Kopf könne das nicht aushalten. Ich wollte es können wie Fische. Nachdenken und Phantasie konnten mich nicht zu einem Fisch machen.

Die Sonne geht morgens auf und abends unter. Kein Gedanke würde daran etwas ändern. Mein Leben war ein stummes, beschwerliches Vorwärtskommen, ein Ausruhen zwischendurch und Aufbrechen irgendwohin, ohne Ziel. Strandgut wehrte sich gegen den Untergang.

Ich saß am Ufer, zog meine Schuhe aus und tauchte meine Füße in die sprudelnde Lebendigkeit. Weder die glatte Fischhaut, noch das Federkleid einer Möwe werden aus Gedanken gemacht. Aber ich kann in Gedanken nach Köln fliegen. Manchmal tat mir der Kopf vom Denken weh.

Das Wasser braucht zum Fließen keine menschliche Hand.

Der sprudelnde Bach an dem ich saß, der mit dem großen Stein, an den das Wasser platschte, vermittelte Lebensimpulse, erzählte von Standfestigkeit.

Am Abend traf ich jene, die auf dem Dreitausender gewesen waren.

Nein, sie waren nicht um ihn herum gewandert und sie waren müde. Mit einer gewissen Schadenfreude gestand ich mir ein, gut gelaunt und frisch zu sein. Ja ich fühlte mich wohl. Dann kam der Tag der Abreise

In der Mitte des Juli waren wir wieder in Wien. Ich konnte in meiner Wohnung mein Alleinsein genießen, musste mich allerdings der Kontrolle meines Ohres unterziehen.

XI. Kapitel

Wenig erfreulich war die Mitteilung, dass ich noch Infusionen brauchte um den Heilprozess zu sichern. So fuhr ich noch fünfmal dorthin, lag eine Stunde auf dem Notbett in der Ambulanz. Eine Gehörkontrolle bildete den vorläufigen Abschluss. Einstiche in meinen Arm konnte ich mir ersparen. Bis ich selbst Besserung spüren würde, sollte ich die Tabletten auf jeden Fall nehmen und mahnend hörte ich: „Sobald Sie irgend eine noch so geringe Veränderung bemerken, bitte sofort kommen."

Ich war entlassen, fühlte mich frei und dennoch irgendwie blockiert. Meine Aufmerksamkeit galt in beinahe zu hohem Maße diesem Ohr, diesem Hören, diesem Leiden! Eine Sentenz Senecas fiel mir ein: *Es ist nicht viel Zeit, die wir haben, sondern es ist viel Zeit, die wir nicht nutzen ...!*

Als ich meine Freundin Ilona traf, war sie erstaunt über mein Aussehen.

„Du wolltest dich erholen", sagte sie mir. „So habe ich dich nach einem Ausflug in die Berge noch nie erlebt."

„Es wäre besser gewesen, wenn ich hier geblieben wäre", gestand ich ihr. „Meine Gedanken waren nicht bei mir, ich habe mich einfach nicht wohl gefühlt."

„Komm, lass uns einen Kaffee trinken, dabei können wir reden.“

„Ach, ich will ja gar nicht reden, ich fühle mich einfach nicht wohl, kämpfe gegen meine Niederlage an. Es ist so ungut, nicht richtig zu hören.“

„Komm, setzen wir uns, entspanne dich. Nimm Tee, wenn du Kaffee um diese Zeit nicht möchtest, aber entspanne dich. Du wirkst wie aufgezogen. Was ist nur los? Was ist denn passiert. Wir haben uns länger nicht getroffen.“

„Ich hatte dich aus Hamburg angerufen.“

„Ja, du bist dennoch nach Südtirol gefahren.“

„Ja, das war nicht gut, ich wäre wohl besser nicht gefahren, oder irgend wo anders hin.“

Ilonas hellgraue Augen schauten mich sehr fragend an. Sie war mir vertraut, dennoch war es mir oft, als schaute ich ein Bild an. Es gab keine wirkliche Nähe. Da war dieser Abstand, diese Fremdheit, wie man sie Menschen gegenüber hat, die man kennt, die man trifft, ja sogar gerne trifft, weil sich gut miteinander reden lässt, aber es bleibt kein Gedanke zurück, wenn man sich wieder trennt. Sie war in ihrer Art so anders als ich.

Sie war freundlich und ehrlich und hilfsbereit wie alle Menschen in diesem Land.

„Wohin möchtest du reisen?“

„Ach weißt du, da ist ... Ach, lassen wir das, es war nur ein Gedanke.“

„Dein Fahren nach Südtirol war eine Trotzreaktion? Nur nicht unterkriegen lassen, ich habe schon den Tod besiegt?“

„Darüber habe ich noch nicht nachgedacht. Ich hatte mich doch schon lange vorher angemeldet, wollte nicht absagen, außerdem war ich neugierig auf Südtirol, auf die Dolomiten. Ach, ganz schlicht, ich wollte wieder einmal richtig klettern, meinen Körper spüren. Ich kannte die Dolomiten bisher nicht.“

„Du wunderst Dich, dass du dein Ungleichgewicht nicht los geworden bist? Nur deine Gedanken hättest du ändern müssen, nicht die Luft, oder den Himmel über dir!“

„Ja, ja, hast ja Recht."

„Du hattest vergessen, dass du dich selbst überall hin mitnehmen musst?"

„Ja, richtig, ist ja richtig, ich habe etwas gegen mich unternommen und mir selbst dabei geschadet."

„Ja. Reisen und Reisen ist nicht das gleiche. Es hängt davon ab, in welcher Verfassung man ist. Es ist wichtiger, *als Wer* du ankommst, *als Wo du ankommst.* Du bist gar nicht gereist, sondern umher geirrt."

„Richtig."

Ach, ja, Ilona ist eine Frau, die im Berufsleben steht, die einen Ehemann und eine Tochter hat. Der Haushalt ist ihr wichtig wie der Alltag. Sie denkt und lebt ganz anders als ich. Ihr Leben dreht sich um Mann und Kind, aber sie vergisst sich selbst dabei kein bisschen. Das ist aber im wahren Sinne des Wortes „alltäglich", weil ohne Herausforderung, oder hohe Ziele. Ohne Ideen für deren Gestaltung sie kämpft. Sie ist jünger als ich und ganz gesund. Wir kennen uns aus dem Sport, vom Laufen, von der Gymnastik und wunderschönen Bergwanderungen in der Tatra und der Hohen Tatra an der polnisch-slowakischen Grenze.

Ich wurde jetzt ungeduldig, wollte nicht mehr weiter von Vergangenem reden, wollte allein sein und sagte rasch: „Ja, ja, ist ja richtig, was du sagst. Alles ist so neu und aufregend. Die Einladungen und Fernsehsendungen, das Fliegen, die vielen fragenden Menschen, hunderte Leserbriefe mit besonderen Schmeicheleien. Man sagt, ich sei etwas Besonderes, dabei versuche ich doch nur so gut wie möglich zu leben und einen Sinn zu finden. Ich habe bisher ganz anders gelebt. Noch etwas fiel mir auf", gestand ich der Freundin. „Es ist mir aufgefallen, dass alle Menschen die ich kenne, irgend eine Aufgabe haben, irgend etwas Sinnvolles tun und zwar nicht für sich, sondern für andere Menschen. Sie tun etwas für jemanden, oder für viele und werden dadurch zufrieden und glücklich. Das ist mir kürzlich während der Talk Show aufgefallen. Da gründet eine Schauspielerin

Horizont.

„Du meinst Jutta Speidel?"

„Ja. Das ist ein Projekt für obdachlose Mütter und ihre Kinder entstanden. Sicher kann sie das nicht allein. Sie braucht Spenden etc., Mitarbeiter. Aber sie ließ *Horizont* entstehen. Andere bemühen sich um AIDS-Kinder in Afrika und um SOS-Kinder."

„Was willst du damit sagen?"

„Ich will sagen, dass es mich traurig macht, dass ich nur für mich alleine lebe, dass ich mich nur um mich selber drehe. Ja, Operationen, ja, lesen und schreiben lernen, ist ja alles klar. Ich schreibe inzwischen gut und weiß, was es bedeutet nicht schreiben zu können, nicht lesen zu können.

Schlicht und einfach gesagt: Ich möchte mir eine Aufgabe schaffen, die Sinn hat."

„Du schreibst wieder an einem Buch. Füllt es dich nicht aus?"

„Das ist sozusagen mein Beruf geworden. Wahrscheinlich werde ich damit sogar Geld verdienen können. Geld ist auch notwendig um Ideen zu verwirklichen. Kein Geld zu haben, macht bewegungsunfähig und unfrei."

„Das sind ganz neue Gedanken. So habe ich dich noch nicht sprechen gehört. Ich nahm an, dass das Schreiben deiner Gedanken dich vollkommen ausfüllt und dass konzentriertes Arbeiten durchaus nicht leicht für dich ist."

„Ja, das ist schon richtig. Ich suche oft nach guten Worten um verständlich zu schreiben und auch der Computer ist nicht einfach zu bedienen. Ja, ich war auch bisher der Meinung, dass ich besser mit einem Ganzen als mit zwei Halben fertig werden kann. Dennoch spüre ich, seit ich in Hamburg war, in mir eine Leere, wie sie vorher nicht spürbar war. Das ist die Ursache meiner Unruhe. Ich muss eine Lösung suchen."

„Ich nehme an, dass es dir zu viel wird, immer nur über dich zu sprechen, dich ständig zu wiederholen. Du spürst, dass es vielen Menschen nicht um Literatur geht, sondern um dich ‚als Fall', als Sensation, wie du es geschafft hast, dich vom Kriechen zum gehenden, stehenden, denkenden Menschen zu entwickeln."

„Ja, das ist sicher richtig. Es liegt mir daran, mit jemandem, mit anderen Menschen über ein Thema zu sprechen, das alle gemeinsam interessiert, sei es Menschwerdung, Märchen, Religion oder Politik, seien es Berge oder Wasser, aber ich will nicht über mich reden, nicht Mittelpunkt sein."

„So wie ich dich kenne, wirst du auch hier – zur gegebenen Zeit – eine Lösung finden. Ich bin ziemlich sicher. Dabei kann dir auch niemand helfen."

„Etwas muss auf mich zukommen. Etwas muss mit mir geschehen. Ich brauche die Idee. Und ich brauche Zeit, will nichts erzwingen. Weißt du wie das ist? Ich muss etwas sehen, spüren und sagen: Das ist es!"

„Ich versuche zu verstehen, was du meinst."

„Auf dieser Erde ist ein kaum real denkbares Ungleichgewicht. Es gibt entsetzliche Armut, unverschuldete Armut und Hunger, das Analphabetentum ist erschreckend. Vielen Mädchen ist immer noch die Schule untersagt. Ich denke, dass jeder Mensch, dem es einigermaßen gut geht, der gesund ist, etwas für einen anderen Menschen, der das alles nicht hat, tun sollte. Mir haben die Menschen auch geholfen, als ich Hilfe brauchte. Ich fühle mich verpflichtet etwas zu tun."

„Was ist mit dir geschehen? So hörte ich dich nie vorher reden."

Ich konnte trotz aller Ernsthaftigkeit meiner Gedanken sogar lachen.

„Liebe Ilona, schon bei dir ist alles anders, du hast deinen Beruf, deinen Ehemann, deine Tochter und damit verbundene Aufgaben. Ich sorge mich nur um mich und mein Gesundbleiben. Ich kenne weder meine Kinder, noch meine Enkel. Ich habe sie nicht wachsen gesehen! Mir fehlt jedes Gefühl für sie. Niemand braucht mich wirklich. Das kann kein Lebenssinn sein. Dazu kommt, dass ich mich nicht verlieren möchte. Ich suche die Zusammenhänge, ich suche den Anfang. Ich beobachte Menschen, Gerechtigkeit, Schicksal, Gott. Ich kann den Einklang in mir selbst erst finden, wenn ich Zusammenhänge begreifen kann, wenn ich mich um mehr kümmern kann, als um mich selbst."

„Aber vergiss bei allen deinen neuen Gedanken nicht, dass es ein Mensch ist, der für dich zum Auslöser wurde. Ich denke, dass du auf dem Wege bist, Liebe kennen zu lernen."

„Das glaube ich auch."

„Leben ist auch Liebe."

„Ich wünsche, viele Menschen könnten noch Kinder sein, um wie Kinder die Welt zu erleben, zu erkennen."

„Warum?"

„Ohne Vorurteile ohne Überheblichkeit, aus reinem Herzen: Leben und leben lassen!"

„Das ist schon bewusstes Erwachsensein."

Schweigsam gingen wir ein Stück Weg, jeder mit eigenen Gedanken.

Irgendwann werden wir uns wieder treffen, und vielleicht verstehen wir uns sogar immer besser.

Auf dem Wege in meine Wohnung kaufte ich mir eine Tageszeitung, und nahm mir vor, regelmäßiger Zeitungen zu lesen, was ich bisher ablehnte, weil ich Eintönigkeit gar nicht mag, weil ich spontan bin und mal eine Zeitung kaufe und dann länger wieder nicht, weil ich jedes Gebundensein ablehne.

Ich nahm mir die Beantwortung aller Leserbriefe vor. Weil sie im Verlag Ibera gesammelt wurden, erreichten sie mich meistens erst Wochen nach dem Absenden.

Alle Briefe kamen handgeschrieben. Ich gewann Einblick in sehr viel Leid, das Menschen bewegte. Ein besonderer Brief kam aus Berlin von einer alten Dame im Jahrgang meiner verstorbenen Mutter.

Der Brief war beinahe 5 Seiten lang. Sie legte ein Foto von sich dazu und Briefmarken. Ich spürte etwas aus jenen Worten auf mich zukommen, musste aber feststellen, dass ich las, ohne wirklich zu spüren, dass die Worte mir persönlich galten. Ich musste zu mir sprechen: he, du, damit bist du gemeint. Du wirst tapfer und mutig genannt, dir wird für dein Buch gedankt. Sei doch glücklich! Aber ich hörte mich nicht wirklich. Und ich wollte nicht wirklich Vorbild sein. Ich wollte andere Menschen nur zum Nachdenken über sich selbst anregen.

***

Eine Nachricht überraschte mich, riss mich etwas aus meiner Traurigkeit. Rüdiger schrieb mir per e-Mail, dass er voraussichtlich um den 10. August herum nach Wien käme, um mich zu besuchen. Er würde mir den genauen Termin noch telefaxen.

Ja, ich freute mich, muss aber gestehen, dass etwas Skepsis blieb.

Da war schon einmal eine Verabredung nicht eingehalten worden.

Dennoch bekam der Arbeitstag einen anderen Rhythmus.

Dieses Warten war anders als das Warten auf Journalisten, die sich zum Interview angemeldet hatten, es war anders als das Warten auf meine Freundin Ilona, anders als das Warten auf Besserung der Gesundheit nach Operationen. Warten, so kam mir schließlich der Gedanke, ist für mich mit der Geduld verbunden. Weil ich ein ungeduldiger Mensch bin, weil eine Idee gleich gestaltet werden möchte und nicht morgen oder irgendwann, wenn sie schließlich von der Zeit überholt, unwichtig wurde, oder von einer aktuelleren abgelöst, von vielen anderen zum Gehen gezwungen wurde. Morgen ist immer so weit weg. Bis zu diesem Morgen kann schon viel passieren. Er könnte schließlich auch daran gehindert werden zu kommen.

Also ist es das Warten nicht, was mich quält, sondern meine Ungeduld, die Ungewissheit. Kann das, was versprochen wurde, wahr werden?

Vor langer Zeit hatte ich einmal gewartet. Mario war nach

Washington geflogen. Er hatte gesagt, entweder komme ich wieder, oder ich hole dich zu mir. Er kam nicht mehr. Ich hörte kein einziges Wort.

Jetzt warte ich?

XII. Kapitel

Aus dem Verlag bekam die Zeitung „die Presse“ ein Interview.

Deutscher Bestseller in Wien!

Schon bei 30.000 Stück hält sich die Auflage der in Wien erschienenen Genesungsgeschichte von Katharina Beta. Im März 2000 erschien, fast unbemerkt von der Buchkritik, im Wiener Ibera-Verlag die Autobiographie, der bisher nur über russisch-orthodoxe Kirchen und Kunstgeschichte hervorgetretenen Katharina Beta. *Katharsis* – Aus dem Wasser geboren. Nach einem halben Jahr beträgt die Gesamtauflage bereits 30.000 Stück. Auf der neusten Sachbuch-Bestsellerliste rangiert dieser Österreichische Titel auf Rang 12. Die in Wien lebende Berlinerin Katharina Beta, Mitglied der Stiftung pro oriente, beschrieb in Katharsis ihre einschneidende Lebenskrise. Ein verblüffender Bestseller, sagte die Verlegerin zur „Presse“. Er hat einen Schönheitsfehler. Die Bücher werden fast ausschließlich in Deutschland gekauft, in Österreich ist die Nachfrage äußerst gering. Für den Verkaufserfolg in Deutschland waren einige Einladungen in Fernseh-Talk-Shows hilfreich. Im September 1999 zeigte das ZDF einen Dokumentarfilm in der Reihe 37° über das Leben der Katharina Beta.

„Die Presse“, 8.8.2000.

Dieser Bericht ging irgendwie an mir vorbei, als gehörte er nicht zu mir. Ich wartete.

Am Mittwoch rief mich Rüdiger an und sagte, dass er am Sonntag kommen werde. Ich schaute noch einmal prüfend in den Kühlschrank, ob auch nichts fehlte. Ich hätte mich, das musste ich mir gestehen, einen ganzen Monat oder länger davon ernähren können.

Am Vormittag, um die angegebene Zeit, hielt ich mich nahe der Wohnungstür auf, denn die Klingel war kaputt, es musste geklopft werden. Wenn ich mich in meinem anderen Zimmer aufhielt, überhörte ich es leicht.

Endlich war es so weit. Ich hatte schon den Türgriff in der Hand!

„*Ich habe dich gefunden*“, kam er mir mit ausgestreckten Armen entgegen, als ich die Wohnungstür geöffnet hatte.

Der Blick der Augen ist es, der Leben schafft. Schau mich an!

Ich stand einen Moment wie festgewachsen an der Türschwelle.

Ein hellblaues Oberhemd mit offenem Kragen betonte seine gesunde Hautfarbe. Schmale Jeans umschlossen seine langen Beine. Das kurzgeschnittene dunkle Haar mit den feinen weißen Strähnen, krauste sich ein bisschen vor der hohen Stirn.

Mein Herz begann sehr schnell zu klopfen. Ja, es klopfte laut gegen meine Rippen. Dann spürte ich seine kräftigen Hände, die meine beiden Hände fest umschlossen.

Der Erwartungsdruck war weg. Wenn er jetzt wieder gegangen wäre, hätte ich mich nicht einmal gewundert.

„Du hast mich gefunden“, sprach ich langsam jedes Wort noch einmal nach. Dann sagte er versucht heiter, „es ist nicht schwer hier her zu finden, die Taxifahrer kennen sich aus.“

Ich spürte, dass mir kalt war, obwohl draußen dreißig Grad Hitze lauerten, dass sich die Härchen auf der Haut meiner Arme aufstellten und mein ganzer Körper fröstelnd zitterte, wie ich es schon in Köln erlebt hatte.

„Möchtest du mit mir Kaffee trinken?“, fragte ich einladend, „oder hast du schon im Flugzeug, oder in deinem Hotel gefrühstückt?“

„Das übliche in dem kleinen Flieger“, sagte er, „aber natürlich trinke ich gern mit dir Kaffee.“

Er wirkte irgendwie verlegen. Wahrscheinlich hatte er sich

eine größere, elegantere Wohnung vorgestellt. Ach, Gedanken! Wir standen uns plötzlich allein gegenüber. Da waren weder Fernsehteam noch Talk Show – Gäste in der Nähe. Mein Herz klopfte hörbar, als wollte es meine Brust sprengen. Ich weiß gar nicht mehr, wie ich an meinen großen Tisch in der Küche kam und den Kaffee so einschenkte, dass er die Tasse füllte und nicht auf den Tisch floss. Ich tat das so marionettenhaft, so steif, so ungelenk. Meine Hände wollten mir nicht gehorchen.

Mein Ohr schmerzte plötzlich wieder und alle meine Narben in meinem Gesicht hatten Stacheln. Ich hatte das Gefühl, dass meine ohnehin kurzen Haare sich aufrichteten. Und dann bemerkte ich, als er schon im Sessel saß, und ich kurz nach unten schaute, um meine Füße unter den Tisch zu stellen, dass er seine Schuhe an den nackten Füßen trug. Er hatte keine Socken angezogen. Das war etwas, was im Moment mein Erstaunen weckte, gedanklich ablenkte, mich auflockerte, die Verkrampftheit nahm.

Wenn ich seinen Augen begegnete, die mich magnetisch anzogen, wurde ich wieder unruhig, als suche ich etwas darin zu erkennen, etwa seine Geschichte, einfach um etwas zu finden, was ich lange suchte. Ich wollte eigentlich nur still sitzen und zuhören.

Er lachte plötzlich und sagte: „In diesem Moment hier am Tisch erinnere ich mich an ein vollkommen verschüchtertes Mädchen, möchte ich fast sagen, denn so bist du mir damals erschienen. Wie hast du dich verändert."

Er nahm seine Tasse und begann zu trinken. „Der Kaffee ist gut. Man spricht davon, dass der Wiener Kaffee der beste sei. Du hast dir viel Mühe gemacht. Bin ich das überhaupt wert?"

Was für eine Frage.

Ich betrachtete ihn. Zwei und zwanzig Jahre hatten viel Arbeit geleistet. Sie hatten meinen Weg aus der Not zur Überlegenheit geschaffen.

Er hatte gepflegte Hände, aber er trug keine Strümpfe. In

den Winkeln seiner Lippen steckte die Ironie, die ihn damals von anderen Gästen unterschied. Ich hatte auf ihn gewartet. Er war zu mir gekommen.

Die Frage lag in meinem Mund: Warum hast du dir nicht die Zeit genommen und mir Hamburg gezeigt. Warum bist du nicht geblieben, sondern ohne Gruß abgereist? Aber ich sprach die Gedanken nicht aus.

„Bist du meinetwegen hier her gekommen, oder hattest du ein berufliches Ziel und hast dieses Treffen damit verbunden?“, fragte ich.

„Ich bin zu dir gekommen.“ Kein Wort mehr.

„Hörst du gern Musik?“

„Ja, wenn du mich nicht zur rhythmischen Bewegung einladen willst“, lachte er.

„Wir sind doch nicht in Bad Herrenalb.“

„Irgendwie war das auch ein Alptraum“, gestand er. „Es war Zwang. Ja, ich höre Haydn oder Beethoven sehr gern, aber Carl Orff und rhythmischer Tanz, nein danke.“ Er lachte, er lachte herzlich und ohne jegliche Zurückhaltung.

Dabei war die Spannung im Raum beinahe unerträglich.

Seine Heiterkeit war notwendig.

Warum Vergangenheit heraufbeschwören. Ist das wichtig? Wir sitzen uns doch hier gegenüber. Es ist der August 2000. Aber wenn es diese Vergangenheit nicht gäbe, säßen wir nicht hier, würden wir uns gar nicht kennen. Kennen wir uns denn? Wir erinnern uns an Gesichter, an Gesten, an Hilflosigkeit. Und: was ist anders?

Ich legte eine CD auf. Joseph Haydn, Symphonie Nr. 94, die mit dem Paukenschlag. Musik wirkte wohltuend, nahm die Spannung etwas weg.

Das Lachen dieses Mannes brachte mich der Überzeugung näher: hier ist jemand, der dir nichts Böses will, der dich nicht auslacht, sondern ernst nimmt! Ich öffnete mich.

„Ich sitze dir hier gegenüber und versuche dabei nicht vergleichend an Herrenalb zu denken. Aber ich gestehe, dass ich es nicht kann.

Von der Gestörtheit der ersten Stunden zur Bestsellerautorin, die in Fernsehsendungen den Leuten sagt, was sie denkt."

„Wir wurden aufgefordert Tagebuch zu schreiben."

„Wir waren beide unfolgsam", lachte er.

„Ich lauschte dem Morgenkonzert der Vögel, bevor wir zu unserem Waldspaziergang aufbrachen, das beschrieb ich, das heißt, ich versuchte es, denn die Orthographie war nicht nur mangelhaft, sondern schlicht ein Versuch. Ich hatte in diesem Leben nie wirklichen Unterricht, also keine Schule.

Warum bist du gekommen?"

„Ich wollte dich sehen, wollte mit dir sprechen."

Ich schwieg und schaute in meine Tasse.

„Mich interessiert, lebst du hier ganz allein? Ist das deine Wohnung? Oder hast du einen Freund, der nur heute nicht hier ist?"

„Ich habe die Wohnung gemietet und lebe hier allein."

„Hast du kein Verhältnis?"

„Nein."

„Ich denke, dass du Angebote, dass du Verehrer hast."

„Ein falscher Gedanke."

„Und dein Begehren, dein Bedürfnis nach Nähe?"

„Habe ich nicht?"

„Das kann ich nicht verstehen!"

Ich spürte es knistern!

Ich wünschte mir, er möge in seinem Sessel sitzen bleiben und erzählen. Er sollte mir weder Fragen stellen, noch an Vergangenem rütteln. Wir begegneten uns jetzt. Jetzt war ich neugierig. Ich wollte ihm zuhören.

„Hast du gar keinen Sex?", fragte er mich direkt.

„Nein."

„Du denkst nicht, dass dir etwas fehlt?"

„Nein."

„In deinem Buch, das ich inzwischen gelesen habe, schreibst du von einem Freund."

„Ja, ein guter Freund. Er hat mir geholfen meine Bücher

aus Deutschland zu holen und alles hier her zu bringen, was dort 14 Jahre eingelagert war. Er handelt uneigennützig. Er hat mir den ersten Herd in meine erste kleine Wohnung gebracht, ein Übergang löste den anderen ab, bevor ich in diese Wohnung einziehen konnte, und – er stillte meine Neugierde. Mein Körper fand Gefallen an seinem muskulösen Körper. "

„Und?"

„Nichts und. Direkte Nähe hat mir nicht gefallen. Meine Haut lehnt es ab, gestreichelt zu werden. Sie wehrt sich."

„Und es gab keinen weiteren Versuch?"

„Nein. Mein Interesse an dem, was die Menschen ‚Liebe machen' nennen, hatte sich erschöpft."

„Er war nicht der Richtige für dich. Du liebtest ihn nicht wirklich!!"

„Vielleicht."

„Du hast einen schönen Körper. Niemand kennt dein Alter."

„Ja. Ich bin gesund und pflege mich!"

„Du pflegst den Umgang mit dir selbst?"

„Ja."

Rüdiger hielt meine beiden Hände fest. „Du bist ein sonderbares Wesen."

„Denk nicht so viel in mich hinein. Mein Leben ist ganz einfach."

„Das Leben ist ein mühevoller Weg."

„Glaubst du das wirklich?"

„Ja."

„Ich überlege oft, welche Änderungen es sind, die ich mir wünsche, welche Mutation die wichtigste ist. Man kann immer das Gute machen, so lange man es nur will, so lange man es planen kann."

„Es gibt den Traum eines rationalistischen Menschen, der immer daran glaubte, dass er irgendwann einmal einen besseren Menschen entwickelt könnte, dass sich die Entwicklung des wissenschaftlichen Fortschritts auch im menschlichen Denken vollzieht."

„Wir können nur nach vorne gehen."

Rüdiger stand auf. „Deine Wohnung gefällt mir. Eine gute Stereoanlage hast du", stellte er fest, als die CD abgelaufen war.

„Den Plattenspieler benutze ich öfter. Ich habe noch wenig CD's aber Hunderte Schallplatten. Sie waren 14 Jahre in der Spedition in Baden Baden gelagert. Sie sind aus dem ersten Leben."

„Interessant. Alles ist interessant.

Ich habe eigene Vorstellungen vom Wert, vom Leben."

„Na?", fragte Rüdiger interessiert.

„Wert kommt nicht von ungefähr, Wert ist etwas, was wir uns schaffen."

Die Zeit hatte es so eilig von einer Minute zur Stunde zu kommen.

„Ich habe Karten für das Konzert heute Abend bekommen."

„Ich freue mich. Vor dem Flug hier her, bestellte ich ein Zimmer im Hotel Bristol. Ich werde jetzt gehen, denn ich möchte noch etwas erledigen."

„Wir treffen uns zum Konzert im Goldenen Saal des Musikvereins. Es beginnt um neunzehn Uhr dreißig. Es scheint eine gute Mischung zu sein: Brahms, Konzert für Klavier und Orchester und P. I. Tschaikowski Symphonie Nummer zwei; dazu Stefan Vladar am Klavier, na, warten wir es ab."

Als er aus der Tür meiner Wohnung ging, fühlte ich Abschied, Ende.

Die Tür schloss sich. Das Empfinden kam, als würde mein ganzes inneres Leben aus mir hinausgezogen werden, als ginge es mit Rüdiger fort, und ließe meinen Körper einfach stehen.

Schon damals, erinnere ich mich, als ich nach meinem Wachwerden noch Kind war im Spital, hatten Türen etwas Endliches. Ein Mensch, der aus der Tür meiner Wohnung geht, geht aus meinem Leben weg.

Ich öffnete die Tür wieder, aber er war gegangen.

Ich duschte lange, spürte das Wasser angenehm beruhigend auf der Haut, zog mich an. Ich hatte ein Kleid (es war mein einziges und eigentlich eine lange Bluse, die, eine Nummer über meiner Körpergröße, bis zu den Knien reichte und zum Kleid wurde). Es war aus Spitzentuch, opalisierendes Braun mit dunklem Grün und Gold. Ich zog die Goldledersandaletten mit den hohen Absätzen dazu an, denn er war erheblich größer als ich, und ich wollte wenigstens seine Schulterhöhe erreichen. Die Schuhe hatte ich für den Tanzclub gekauft und fühlte mich gut. Alles passte noch. Körperlich veränderte ich mich um keinen Zentimeter. Seit Jahren nicht.

Ich ziehe mich gern sorgfältig an, dachte bisher nicht darüber nach, ob ich in diesem oder jenem Kleidungsstück besser gefallen könnte, das nicht nur, weil ich keine große Auswahl hatte. Mein Standpunkt hatte in Hamburg zu wackeln begonnen, als ich mir zur Talk Show einen Hosenanzug gekauft hatte und nicht nur, um mir zu gefallen.

Obwohl ich viel zu früh kam, stand Rüdiger schon wartend.

Ich spürte, dass er sich freute mich zu sehen. Ich fühlte seine dunklen Augen auf mich gerichtet und mein Herz begann laut und sehr schnell zu schlagen.

Er hatte einen eleganten dunklen Anzug mit feinen Nadelstreifen angezogen und wirkte verändert, etwas Fremdes mischte sich in die heitere Erwartungsstimmung, wie sie uns vor Konzerten eigen ist.

Als wir neben einander im Konzertsaal saßen, verstärkten sich mein Empfinden. Ich spürte den Wunsch, meine Hand auf seinen Arm zu legen, der so nahe neben mir war, aber ich tat es nicht. Ich konnte noch nicht wollen, was ich tun wollte. Meine Hemmungen spielten ihr bekanntes Spiel.

Später gingen wir einfach planlos in den milden Spätabend.

„Es war wunderschön“, sagte er. „Ich danke dir für diesen Genuss. Ich habe leider nur selten Gelegenheit so entspannt gute Musik zu hören, noch dazu in dieser Atmosphäre."

„Gut, dass es mir gelungen ist, dir Freude zu machen. Du bist zu mir gekommen."

„Du weißt, wie schnell ein Flugzeug ist", lachte er etwas verlegen.

„Hatte ich dir schon erzählt, dass meine Mutter Opernsängerin war?", fragte Rüdiger wie nebenbei ohne Ernsthaftigkeit. „Aber das Interesse an Musik kam von meinem Vater zu mir", sprach er weiter.

Als er plötzlich verstummte bat ich: „erzähle mir von dir. Ich möchte dich besser kennen lernen."

„Aber nur in Kurzform."

„Und wenn ich Fragen habe?"

„Nur zu. Jetzt schreibst du keinen Brief, jetzt bin ich hier."

„Ja."

„Es gibt so viel zu sagen, das geht nicht in einem oder zwei Briefen. Wir wissen im Grunde nichts von einander."

„Stimmt. In Bad Herrenalb gingen wir aneinander vorbei jeder in die eigene Richtung."

Ich blieb einen Moment stehen. Ganz plötzlich kam der Wunsch: Jetzt möchte ich ihn festhalten, jetzt möchte ich mich festhalten lassen.

Ich ging nach einem tiefen Atemzug weiter und hatte das Empfinden auf Stelzen zu gehen, als wollten sich meine Beine gar nicht meinem Willen unterwerfen.

„Ich war schon einmal in Wien", sagte er. „Ich hatte den Auftrag für das ZDF zu filmen. Es war der 10. Februar 1968 als der Schah von Persien Wien besuchte. Ja, ich blieb noch etwas länger, es war eine spannungsgeladene Zeit. Ich war jung und begeisterungsfähig. Nachdem meine Frau mich allein gelassen hatte, suchte ich Inhalte."

„Dann kennst du dich hier aus, ich brauche dir die Stadt Wien und die Menschen nicht zu erklären?"

Er lachte nur.

Bitte lass dein Lachen nicht enden, wollte ich sagen. Es tut so gut. Es macht mich frei, reißt die Blockaden auf. Aber ich schwieg. In meinem jahrelangen Alleinsein waren mir Schweigen und Selbstgespräche vertraut.

Und ich begann dieses Lachen zu lieben, das sein Gesicht völlig veränderte.

„Damals, bei diesem Ritual, ging es nicht mehr ohne Gegenbewegung“, sprach er weiter. „Mehr als einhundert persische und österreichische Studenten protestierten gegen die Anwesenheit vom Resa Pahlawi in Wien und gegen die Menschenrechtsverletzungen in Persien. Vor dem Hotel Sacher kam es zu schweren Zusammenstößen mit der offenbar übermotivierten Polizei. Viele Personen wurden festgenommen. Am 22. Februar erlebte Wien eine Premiere. Zum ersten Mal wurde der Opernball zur Zielscheibe von Protesten. KP-Studenten besetzten die Auffahrtsrampe bei der Staatsoper und brachten Transparente an.

Darauf stand. **Opernball nach Vietnam** und **Ausbeuter an den Galgen**.

Sehr schnell wurden sie von der Polizei entfernt.

„Am 11. April, dem Karfreitag, nahm der Hitler-Verehrer Josef Bachmann die Anregungen seines Leibblattes, der *Bild-Zeitung* etwas zu ernst und streckte Rudi Dutschke vor der SDS-Zentrale in Berlin mit Revolverschüssen in den Kopf nieder. Auch in Wien protestierten unmittelbar nach Bekanntwerden der Tat linksgerichtete Studenten. Mit Transparenten und Bildern von Dutschke und auch von Martin Luther King, der nur wenige Tage vor dem Dutschke-Attentat ermordet worden war, zogen sie von der Kärnter Straße zur Universität, wo eine Kundgebung stattfand.“

Rüdiger ging einige Schritte schweigend weiter.

Obwohl ich nicht wusste, wer Rudi Dutschke war, und weil ich von dieser ganzen Zeit vor 1970 gar nichts wusste und noch nicht gelernt hatte, was die sogenannten 68iger waren, schwieg ich, und nahm mir vor, in Ruhe nachzulesen. Mir fehlte der Mut, Rüdiger Fragen zu stellen, um Erklärungen zu bitten. Bisher musste ich erfahren, dass angenommen wird, dass Erinnerungslosigkeit irgendwann aufhört, dass Wissen wieder kommt oder plötzlich da ist. Niemand weiß, dass jeder Tag erarbeitet werden muss, dass es bedeutet: Bücher kaufen. Und schließlich auch diese Zeit, diese Menschengeschichte kennen zu lernen, um besser zu verstehen. Ich hatte ja, weiß Gott, nicht nur mein Gesicht verloren!

Das äußere Bild habe ich schon verändern können.

Ich atmete tief.

„Langweile ich dich?"

„Nein", sagte ich fast zu schnell, „nein, nein, erzähle weiter."

Eigentlich wollte ich nur seine Stimme hören, die so schmeichelnd, so samt weich in mein Ohr herein kam und meinen ganzen Körper berührte.

Ich blieb stehen und wollte Rüdiger ansehen. Sein sehr ernstes Gesicht erschreckte mich etwas.

Es wurde mir immer deutlicher, wie wenig ich wusste, dass mir Gespräche mit anderen Menschen fehlten.

„Also bitte, erzähl weiter", bat ich und spürte, dass ich zu frieren begann.

„Ja, ich denke schon. Wir sind mehr als 30 Jahre weiter gegangen. Es ist genau die Zeit deines neuen Lebens. Du bist, ohne es zu wissen, in diese neue Zeit hineingewachsen. Für dich müssen manche Texte von Dutschke klingen wie aus einer anderen Welt."

Eine Zeitlang gingen wir schweigend. Unendlich viele Fragen sausten in meinem Kopf herum. Von unten nach oben steigen, von oben wieder hinunter gehen und wieder hinauf arbeiten, immer wieder, immer weiter, ohne Müdigkeit, ähnlich dem Bergsteigen.

„Mein Problem war", sprach Rüdiger weiter, „dass ich dann, wenn ich ohne Alkohol war, Hemmungen den Menschen gegenüber hatte, dass ich Komplexe bekam, dass ich mich nur noch mangelhaft fühlte, dazu kam die Angst zu versagen, es nicht schaffen zu können. Ja, du weißt, wir haben auch etwas Gemeinsames. Man ist bereit viel zu tun, damit man als Mensch beachtet wird, gleichzeitig wachsen die Hemmungen, man trinkt wieder, um sie zu überwinden, ein Teufelskreis, oder Abhängigkeit. Mit Gesprächstherapien war nicht viel zu machen. Eine Entzugsbehandlung zog die nächste nach sich. Diese Sucht zerstörte alle meine Beziehungen. Ich war reizbar und oft auch lustlos. Ich kam aber auch nicht auf die Idee, dass der Alkohol die Ursache meiner Probleme sein könnte. Ich dachte immer noch, dass der Tod meiner Frau, meine Verzweiflung darüber, weißt du, ihr plötzlicher Weggang, die Ursache war. Ich wollte weder begreifen noch verstehen, wollte mich auch nicht trösten lassen.

Seither meide ich jeden Pfarrer. Aber die andere Seite war, niemand wollte mehr mit mir arbeiten, ich verlor meinen Job, meine Freunde gingen mir aus dem Weg.

Ich begann eine neue Beziehung. Die junge Frau hat mit mir getrunken, bis wir richtig fröhlich waren. Als sie krank wurde, quälten mich bald Schuldgefühle, ich machte mir Vorwürfe. Ich habe mich aufgegeben."

„Das war vor Herrenalb?"

„Ja, ein Freund, auch Kameramann, hat mir den Rat gegeben, es dort zu versuchen. Er sagte: Du musst mal was ganz anderes im Leben machen, kümmere dich wieder um Musik, schreibe Kritiken."

„Und?"

„Ich habe es ausprobiert, aber ich schaffte es nicht und versuchte es erst nach Herrenalb."

„Weißt du was du gesucht hast?"

„Ich glaube nicht. Ich wollte nur ändern, ich wollte ins normale Leben zurück. Ich wollte mit mir selber ins Reine kommen. Soll ich dir was sagen, ich bin froh, dass ich keine Kinder habe – ich musste keine Verantwortung für jemanden tragen. Das hätte ich nicht geschafft. Aber Herrenalb war kein Platz für mich, vielleicht wurde mir erst dort klar, wie süchtig ich wirklich war und dass ich süchtig war, oder irgendwie bin. Nach etwas süchtig sein, ist auch ohne Alkohol möglich."

Rüdiger blieb stehen. Er legte seine Hände auf meine Schultern und schaute mich an, sehr ernsthaft, sehr ruhig.

„Ich kann dir vertrauen", sagte er, nahm seine Hände wieder von meinen Schultern und ließ sie einfach fallen. Dann ging er weiter.

„Ich habe Schwierigkeiten mit menschlicher Nähe. Ich weiß, dass ich fähig bin, tief und leidenschaftlich zu lieben, aber ich habe Angst davor. Ich habe Angst vor einer festen Bindung. Ich habe Angst, dass ich dann, wenn ich liebe, verlassen werde. Ich bin deshalb bisher allein geblieben. Eine Entziehungskur sollte mich erwachsen machen. Ich war ziemlich kaputt, obwohl es mir an Eitelkeit nicht fehlte."

Rüdiger blieb stehen und sah mich aus seinen großen dunklen Augen nur einen Moment beinahe grüblerisch an, als suche er in meinen Augen Antworten auf seine Fragen.

Und ich dachte, er ist ein berufstätiger Mensch, der täglich zwischen Menschen Gespräche führt und mitverantwortlich ist. Weiß er, was es bedeutet allein zu sein? Ich könnte wochenlang tot in meiner Wohnung liegen, ohne dass mich jemand vermissen würde!

„Als ich noch getrunken habe", gab Rüdiger zu, „fiel es mir leicht zu flirten, Mädchen oder Frauen anzusprechen, meinen Spaß zu haben, und sie dann wieder los zu lassen. Frauen haben ihre eigenen Gedanken und Lebensweisen, sie wollten, dass ich ihnen treu bleibe, wenn ich einmal mit ihnen im Bett war. Sie wollten heiraten. Ich dachte nicht darüber nach, wollte nicht verpflichtet sein, oder Verantwortung übernehmen. Seit ich trocken bin, das heißt, nicht mehr trinke, fällt es mir schwer, auf eine Frau zuzugehen. Ich warte meistens auf ihren ersten oder zweiten Schritt und zögere dann immer noch."

„In Köln bist du zu mir gekommen."

„Das war etwas anderes. Wir waren nicht allein, ich hatte keine Hemmungen dem kleinen Mädchen aus Herrenalb zu begegnen, denn ich wollte nur mal vergleichen oder besser, feststellen, ob du es wirklich warst. Ich hatte Zweifel."

„Kann ich wohl verstehen, ich bin auch älter geworden."

„Du bist", dehnte er zögernd die Worte, „du bist nicht älter geworden, nur verändert, ach, du gefällst mir, so wie du bist. Es gefällt mir, wie du lebst", sagte er langsam. „Wie schaffst du es, ohne jemanden um Rat oder Hilfe zu fragen, allein deine Entscheidungen zu treffen. Woher kommen deine Gedanken und dein Wissen, um Bücher zu schreiben?"

„Ich ringe mit mir und befrage mein Selbst. Und dazu muss ich einfach ohne Menschen um mich herum sein. Es ist nicht leicht. Oft kommen Zweifel. Die Ergebnisse zeigen mir dann, ob ich richtig oder falsch gehandelt habe – und daraus lerne ich. Goethe sagte einmal: Ganz leise spricht ein Gott in unserer Brust, ganz leise, ganz vernehmlich, zeigt uns an, was zu ergreifen ist und was zu fliehen." –

Nach einem Moment des Schweigens fragte er mich: „Und ganz langsam wirst du sicherer?"

„Ich bin noch unterwegs. Ich hatte seit Herrenalb einen guten Lehrer. Er half mir, meine Seele gegen den Schmutz der Straße zu schützen."

„Das war gut und wichtig."

„Ich hätte auch untergehen können. Beispiele erlebte ich hier am Karlsplatz. Da sitzen Menschen, die jeden Halt verloren haben."

„Das kann ich nach empfinden. Man fällt ganz schnell von der höchsten Höhe herunter."

Der Märchenschreiber Andersen sagte einmal: „Die Geordnetheit meines persönlichen Lebens hängt mit ab von der Geordnetheit des Kosmos insgesamt. Innerhalb der Weltordnung besitzen wir aber die Fähigkeit unserem Leben eine eigene Richtung zu geben."

„Du liest gern Märchen?"

„Ja."

„Hast du bevorzugte Erzähler?"

„Anfangs waren es die Brüder Grimm, dann Andersen, dann kamen russische Volksmärchen, dann Griechen, dann Asiaten, dann kamen Vergleiche, wie unterschiedlich die

Märchen und Phantasien der verschiednen Völker sind."

„Ich lese keine Märchen."

„Du bist in München geboren. Du kennst die Berge und vielleicht auch deren Geheimnisse, die erzählt werden?"

„Als ich in München lebte, war ich Schüler und Musikstudent. Jetzt lebe ich in Köln." Rüdiger blieb stehen. „Weißt du, was ich mir wünsche?"

„Nein."

„Dann lassen wir es dabei. Es ist gut, so wie es ist."

Ich wurde unruhig. Was meinte er?

„Kennst du die Inseln in der Nordsee?"

„Nein."

„Es sind geheimnisvolle Kraftquellen."

„Wie?"

„Geist und Seele stärken sich."

„Du warst schon dort?"

„Ja", und nach einem kurzen Zögern. „Dort sollten wir beide eine Zeitlang sein können."

„Wir beide auf einer Insel?"

„Warum nicht?"

„Vom Wasser umgeben."

„Wenn du Zeit haben wirst."

„Wenn ich sie brauche."

Und nun begann meine Phantasie ihr Spiel.

Wir gingen durch die leeren Straßen der Stadt Wien. Die Schritte schallten zwischen den kahlen, alten Mauern. Ob die Mauern auch Gedanken aufnahmen?

„Rüdiger", sagte ich, und das nicht nur um seinen Namen zu sprechen. „Rüdiger, wie ist es mit dir und deiner Zeit?"

„Ich habe meinen Job gern. In zwei Jahren höre ich auf, dann werde ich mir Zeit zum Nachdenken geben."

„Es kann auch die Langeweile kommen."

„Ja."

„Es kann sich auch die Frage nach dem Sinn stellen."

„Ich kann auch auf Reisen gehen, oder mich entschließen, auf einer Insel zu leben."

„Ja."

Er schwieg. Wir standen schon vor seinem Hotel am Karlsplatz.

„Vielleicht wirst du ein Buch schreiben?"

„Das glaube ich nicht."

„Ich habe das Schreiben anfangs zu meiner Therapie entwickelt."

„Damit begann dein wirklicher Weg."

„Ja."

„Und was ist mit der Liebe?"

„Mir geht es wie jemandem, der ein Haus gebaut hat. Die Inneneinrichtung fehlt. Die Zimmer sind nicht eingerichtet."

„Damit fehlt dir noch das Wichtigste, um wirklich frei zu sein und leben zu können."

Rüdiger blieb stehen.

Er legte seine Arme um meinen Körper und hielt mich fest. Langsam begannen seine Hände meinen Rücken zu streicheln.

Ich löste mich aus seinen Armen. Er war mir plötzlich zu nahe.

Aber, sobald ich da alleine stand, wollte ich meine Arme ausstrecken, wollte ihn wieder spüren. Ich ließ es und blieb einfach nur stehen.

Mein Herz klopfte ruhig, gleichmäßig.

Rüdiger stand schweigend, langsam senkte er seine Arme und vergrub eine Hand in der Tasche seiner Hose.

„Wenn es Herrenalb nicht gegeben hätte", sagte er „wären wir uns nicht begegnet."

„Wir würden nicht hier stehen."

„Vielleicht hätten wir uns anderswo getroffen."

„Du denkst, wir mussten uns begegnen?"

„Ich glaube es war notwendig."

Ich wollte weglaufen, weg aus dieser Nähe, weg von meinen Gedanken und weg von meinem Gefühl, weg von mir, aber hin zu ihm.

Ich zögerte und sagte ihm dann: „Wir stehen hier an der

Haltestelle der U-Bahn, ich muss jetzt in meine Wohnung fahren, sonst verpasse ich die letzte Trambahn."

„Ja, natürlich, daran dachte ich nicht. Wir sehen uns morgen", sprach er sehr schnell, beinahe hastig. "Komm doch ins Hotel zum Frühstück – sozusagen als Ausgleich! Danke für den Tag."

Er streckte seine Arme uns, einen kleinen Augenblick nur hielten wir uns aneinander fest. Er löste sich rasch, als hätte er seine Hände auf eine heiße Herdplatte gelegt.

Ebenso schnell und ohne sich umzudrehen, verschwand er hinter der Hoteltür.

***

Kaum hatte ich das Haus betreten und die Tür zu meiner Wohnung geöffnet, begann ein Unwetter in Wien zu toben. Der Himmel verdunkelte sich, die Wolken hingen tief, Wolkenfetzen rasten über die Stadt, sausten an den Fenstern vorbei wie stürmische Geisterreiter einer wilden Horde. Es war unheimlich. Die Äste der Lindenbäume vor meinen Fenstern, wirkten wie winkende Skelette von Gespenstern. Ich beeilte mich alle Fenster zu schließen. Dann zog ich die Vorhänge zu. Meine Stimmung glich diesem wilden Tanzen des Unwetters, aber auch dem kleinen verängstigten Vögelchen, das sich unter den dichten Blättern vor diesem Sturm zu schützen versuchte.

Am Morgen des Tages danach, sah ich, dass der Sturm meine Blumen und die Sträucher und Bäume auf meinem Balkon arg zerzaust hatte. Bald kam die Sonne wieder mit ihrer ganzen Wärme und Kraft, wie in den vergangen Tagen.

Als ich ins Hotel kam, als ich nach Rüdiger Herrn Pateau fragte, musste ich erfahren, dass er abgereist war.

Ein Brief wurde mir ausgehändigt – ich riss ihn auf. War er schon wieder telefonisch abgerufen worden?

Liebe Katharina,

ich muss aus ganz bestimmten Gründen losfahren, alle Erklärungen gebe ich dir später. Ich möchte gern unser

Gespräch in Köln, oder wer weiß wo auf dieser Welt fortführen. Herzlich, Rüdiger

***

Es muss wunderschön sein, dachte ich, wenn jemand fähig ist zu lieben. Aber wie ist es wirklich? Wo ist der Unterschied zum Mitleid? Bedeutet, sich selbst lieben zu können, einfach nur den gesunden Egoismus zu pflegen? Aber mitleiden heißt doch, jemanden, der leidet, bedauern zu können. Jemanden, der vor der eigenen Schwäche beherrscht wird, Kraft zu vermitteln. Aber warum sollte ich jemanden bedauern? Vor kurzer Zeit war mir alles, was andere Menschen betraf, gleichgültig und ohne eigene Regung von Interesse.

Es war sein Wunsch einige Tage in Wien zu bleiben. Warum also ist er so, beinahe überstürzt, wieder abgereist?

Ich kam aus meiner Grübelei nicht heraus. Ich konnte nicht gleichmütig hinnehmen. Ich schrieb das Wort „Du" um es in meiner Person aufzunehmen. Ich schrieb „Du Rüdiger" und sprach still zu mir: Es war ein guter Tag. Morgen wird ein anderer Tag sein.

Auch aus dieser Situation habe ich mir geholfen, weil ich mich zum Klettern in der „Rax" entschlossen hatte. Also packte ich meinen kleinen Rucksack, nahm die Thermosflasche gefüllt mit Tee und Zitrone, zog meine Wanderstiefel an und fuhr nach Puchheim zum Schneeberg, begann das Wandern und Klettern in den Steinen, besuchte „meinen" Felsen, der mir durch Jahre vertraut wurde. Zum Ausruhen legte ich mich auf die Steine und fühlte mich in der Kraft der Jahrtausende geborgen.

Kaum hatte ich die Augen geschlossen, schlief ich ein. Ein eigentümliches Träumen begleitete mich. Oben auf dem Gipfel liegend, schaute ich nach unten ins Tal auf die Weideflächen, wo die Kühe stumpfsinnig Gras fraßen, nichts als Gras fraßen. Dann bemerkte ich, dass sich das Wasser aus dem kleinen Bachbett erhob, über das Ufer hinaus, immer mehr wurde und immer höher stieg, bis es schließlich den

Berghang erreichte, und alles überflutend bis zu mir herauf kam. Ich stand auf, wollte höher hinauf, um mich vor dem Wasser zu retten, aber es stieg nicht mehr höher, es blieb ganz ruhig da, wo ich mit meinen Füßen stand. Nur dieser kleine Platz war ausgenommen. Die Berglandschaft war verschwunden. Nur Wasser sah ich und den Himmel darüber. Aber ich hatte keine Angst. Ich stand nur und schaute das Wasser an. Es gab nichts, keinen noch so kleinen Felsen, auf den ich hätte ausweichen oder aufsteigen können. Und dann, sehr langsam, viel langsamer als es gekommen war, sank das Wasser wieder. Eigenartig war, dass auch der Berg, auf dem ich mich befand, mit dem Wasser herunter sank, dass er nicht in seiner felsigen Nacktheit hoch oben stehen blieb, er sank langsam wie das Wasser, mit dem Wasser, – bis das Wasser wieder in der kleinen Quelle floss und ich auf der Wiese lag. Die Berge waren verschwunden. Um mich herum erstreckte sich eine weite Landschaft, die immer heller wurde, bald war das Gras verschwunden und ich lag auf weißen Steppensand. Meine Hände gruben sich tief hinein. Es war so angenehm, als ich erwachte. Ich war noch so weit weg von der Gegenwart, dass ich auf meine Beine schauen und prüfen musste, wo meine Füße waren. Und ich streckte meine Hände aus und umfasste den Stein. Ganz langsam stand ich auf und blickte mich um. Der Schneeberg und die mir lange bekannte Umgebung waren unverändert. Es war Abend geworden.

Eine Stunde wanderte ich oder zwei, bis ich körperlich erschöpft den kleinen Bahnsteig erreichte, um nach Wien zurück zu fahren. Ich schloss die Augen, hörte das rhythmische Rollen der Räder der Bahn und ich sah ein Gesicht vor mir. Dunkle Augen schauten mich an. Ich wehrte mich dagegen mich mit seiner Lebensgeschichte zu beschäftigen, ihn als Rüdiger Pateau zu denken, ihn als meinen Nächsten zu denken. Ich saß einfach nur in dem Abteil eines Zuges auf der Fahrt nach Wien.

***

Die Aufregungen der vergangenen Wochen hatte ich weniger gut durchlebt, als ich mir eingestehen wollte. Nach einem Kreislaufkollaps wurde ich ins Spital gebracht. Ich versuchte mich dagegen zu wehren, länger als einen Tag dort zu bleiben, es gelang mir nicht. Mit einem 24-Stunden EKG sollte der Tagesablauf getestet werden. Ich sollte mich so natürlich wie gewohnt bewegen, wurde ich belehrt, also konnte ich, wie ich es vorgehabt habe, einer Einladung zum Club Alpha folgen, wo der Workshop einer politischen Reihe begann. Der erste Abend stand unter dem Titel *Bild der neuen Frau,* der seine Fortsetzung in der nächsten Woche finden würde, mit dem Thema *Wirtschaft und Forschung.*

Einige gute Worte blieben in meinem Erinnern haften. Eine Entwicklungspsychologin sagte: „Wir wählen aus den vorhandenen Lebensmöglichkeiten diejenigen aus, die wir verwirklichen wollen. Dazu gehört“, sagte sie, „dass wir geeignete Mittel suchen, um das Gewählte möglichst gut zu tun. Wenn Mittel wegfallen, reagieren wir darauf flexibel. Wir suchen neue Wege, unseren Zielen näher zu kommen.“

„Das kann doch nicht jeder Mensch“, unterbrach ich sie.

„Das könnte man meinen“, antwortete sie. „Es gibt Gründe, warum das nicht so ist. Ein wichtiges Ergebnis psychologischer Forschung ist, dass Wissen und Handeln ganz und gar nicht dasselbe sind. Denken Sie an den Unterschied zwischen moralischem Wissen und moralischem Handeln. Es fällt vielen Menschen schwer, nicht alles im Leben zu wollen, sich von einzelnen Optionen zu trennen, und sich energisch nur auf ein Ziel der Lebensoptionen auszurichten. Dass die gute Hälfte mehr als das Ganze sein kann, um den griechischen Dichter Hesiod zu zitieren –, ist eine tiefe Einsicht. Nur wenige vollziehen sie.“

„Welche Vorteile bringt die Optimierung?“

„Menschen, die auswählen, optimieren und kompensieren, geht es deutlich besser als solchen, die sozusagen gleichzeitig auf vielen Hochzeiten tanzen – und zwar von Jugend an.

Studien zeigen das. Diese Frauen haben, was wir eine bessere adaptive Fitness in der Lebensgestaltung nennen. Sie konzentrieren sich auf die Bereiche, in denen sie sich entfalten können. Gleichzeitig können sie gut mit Verlusten umgehen, gelegentlich sogar aus Verlusten einen Vorteil ziehen. Gerade in Situationen der Begrenzung zeigt sich der Meister.

Mancher Mensch im mittleren Alter wählt plötzlich neue Wege. Das mag andere irritieren, doch es hat meist eine innere Logik. Sie fragten sich: Was bleibt zu verwirklichen, so lange mir noch Lebenszeit geschenkt wird? Was muss, was kann ich noch verwirklichen, wenn ich die Person sein will, als die ich mich denke?"

Meine Gedanken behielt ich für mich.

„Man muss kein Lebensforscher, sondern nur ein bisschen weise geworden sein –, so schrieb Arthur Schopenhauer einmal, – um eine vollständige und angemessene Vorstellung vom Leben zu haben, das man nicht nur von der Eingangs-, sondern auch von der Ausgangsseite übersieht. Ein Lebenserfahrener wird sich wahrscheinlich irgendwann ausklinken aus dem Getriebe der Welt. Er wird nichts tun als da sein. Und trotzdem noch die Strömung des Leben verändern, wie ein Stein am Grunde eins großen Flusses."

Und ich dachte tief in mir selbst: eigentlich ist es für mich gar nicht anders. Ich bin einfach nur da. Man muss in Bewegung sein? Alles bewegt sich auch ohne mich. Aus der Gesamtbewegung werde ich bewegt, denn ich bin einfach nur da.

Der Weg zum AKH stand mir bevor. Das EKG sollte ausgewertet werden. Während ich durch den Hof ging, zur Straße hin, wo ich die Trambahn erreichen konnte, spürte ich einen starken Schwindel, und dann wusste ich nichts mehr. Im Spital erwachte ich.

„Wir hätten Sie nicht nach Hause schicken dürfen", waren Begrüßungsworte, die ich hörte.

Ich erkannte die Gesichter der Schwestern und Ärzte, die mich vor gar nicht langer Zeit auf meinen Wunsch entlassen hatten. Sie bemühten sich um mich. Ich hatte einen Verband um meinen Kopf. Man erzählte mir, dass ich mit dem Kopf auf die etwas erhöhten Steine gefallen war, die im Hof die großen Bäume umgrenzen, dass ich längere Zeit bewusstlos war. Mein Kopf schmerzte stark, das Sehen fiel mir schwer. Ich konnte die Augen nicht ganz öffnen und versuchte zu blinzeln, ließ es aber gleich wieder. Das linke Ohr, das eben angefangen hatte, sich vom Hörsturz zu erholen, schmerzte. Das *EEG* war schlecht ausgefallen. In den Tagen, in denen ich im Spital sein musste, wurde neben der Computertomographie eine Punktion der Wirbelsäule vorgenommen, die so schmerzhaft war, dass ich dabei wieder das Bewusstsein verlor.

Einige Tage musste ich dort bleiben. Ich wehrte mich erstmals nicht dagegen, denn ich fühlte mich wirklich gar nicht gut. Wie aus dem Wasser gezogen lag ich da, so stark schwitzte ich in diesen Tagen. Ich bekam Infusionen.

In den Nächten hatte ich wirre Traumbilder: vom Alpenglühen, vom Drachen, vom Selbst, vom Göttlichen Gedanken; Möwen flogen lachend zu den betrunkenen Menschen im U-Bahntunnel am Karlsplatz, zwischen ihnen lag auch Rudi Dutschke mit blutender Kopfwunde. Alles tanzte durcheinander, nichts war in irgendeinen Zeitablauf geordnet.

Der Tag ließ sich im Spital nicht ignorieren. Er kommt gnadenlos. Er ist anders in einer Klinik als zu Hause. Die Schwester brachte mir eine Frauenzeitung, wie sie auch beim Friseur zu finden ist. Sie wollte mich ablenken. Ich blätterte oberflächlich. Eine Seite mit vielen bunten Kindergesichtern machte mich neugierig.

Retten Sie ein Kind mit 50,- Mark im Monat. Warum Sie Plan-Pate werden sollen? Wo Sie doch selbst kaum noch wissen, wie Sie finanziell über die Runden kommen sollen? Damit Sie diesen Satz hören oder lesen können:

Danke, dass es dich gibt.

Damit Sie dieses Glück erleben, für einen kleinen Menschen irgendwo auf der Welt überlebenswichtig zu sein!

Der Reporter Rudolph Hertel schreibt: Letzte Woche habe ich wieder Post aus Nepal bekommen, eine Zeichnung, zwei Fotos und ein kleiner handgeschriebener Brief. Ein rührendes Dankeschön meines Plan-Patenkindes. Vor genau vier Jahren bin ich Sanu-Kanchi begegnet. Mit Schauspielerin und Plan-Botschafterin Senta Berger habe ich einige Projekte von Plan-International in Nepal besucht. Inzwischen ist Sanu-Kanchi elf Jahre alt. Sie ist fleißig, lernt und liest viel, ist neugierig und schickt mir regelmäßig Post. Sie will auch wissen, wie das Leben bei uns in Deutschland ist, und ob ich bald wieder zu Besuch kommen werde.

Das ist das besondere an Plan-International. Der direkte und ganz persönliche Kontakt zu Familien in den Ländern der Dritten Welt. Dazu die regelmäßigen Berichte über die Fortschritte der Plan-Arbeit.

Und die Möglichkeit in die ärmsten Gegenden der Welt zu reisen, um dort von liebenswerten Plan-Mitarbeitern betreut zu werden. Der Reporter schreibt weiter: Ich konnte in Nepal und Indien selbst sehen, wie Plan-Mitarbeiter Hilfe zur Selbsthilfe leisten. Das Geld, das wir monatlich überweisen, wird nicht dem Kind direkt zugeteilt, sondern für Schul-, Impf-, Trinkwasser- und Ausbildungsprojekte ausgegeben.

Die Reportage war ausführlich. Ich las die Geschichte, die ich lesen wollte. Die Bilder der Kleinen aus Guatemala, aus Peru, aus Vietnam, aus Afrika berührten mich. Dunkle Kinderaugen fühlte ich auf mich gerichtet. Kinder, die Hunger hatten, die durch Beten nicht satt werden können, die nicht lesen, nicht schreiben konnten, deren Gesundheit gefährdet ist, weil sie kaum sauberes Trinkwasser haben.

Ich bat die Schwester mir die Zeitung zu verkaufen und nahm sie in der Absicht mit, Erkundigungen einzuholen.

Mit den üblichen Mahnungen wurde ich entlassen. „Bitte bleiben Sie in Ihrer Wohnung, ruhen Sie sich aus, wir sehen uns in zwei Tagen zur Kontrolluntersuchung. Von Verantwortung war die Rede, die ich trage.

Ich war froh, die vertrauten Wände meiner Wohnung

wieder um mich zu sehen, und nahm mir wirklich vor, besser auf mich aufzupassen.

Sofort setzte ich mich mit Plan-Hamburg in Verbindung. Das Bild des Kindes Estefany stellte ich auf meinen Schreibtisch. Ich wünschte mir dieses Patenmädchen aus Peru und noch zwei andere dazu, Zoila und Rosalina.

Ich hatte drei Söhne unwiederbringlich verloren, jetzt suchte ich mir Mädchen aus. Ich war sicher, etwas gefunden zu haben, was ich lange suchte. Langsam spürte ich das Empfinden für das leidvolle Leben anderer Menschen. Ich suchte mir Bücher über die Geschichte Perus, informierte mich über Wirtschaft, Politik und Lebensbedingungen. Südamerika ist auch vom Wasser umgeben, keine Insel, sondern ein Kontinent. Ich las über Pizarro und die Inquisition. Eines der zehn Gebote der Christen fordert: „Du sollst nicht töten." Aber dort und nicht nur dort, richteten sie die fürchterlichsten Massaker an.

Viele bekennen sich als Christen und schmücken ihren Hals mit einer Kette und einem Kreuz-Anhänger. Für mich ist der ein Christ, der nicht sagt, dass er ein Christ ist, sondern sich wie einer benimmt.

***

Als meine Freundin Ilona mich besuchte, erzählte ich spontan von den gewünschten Patenkindern in Peru und der Absicht den persönlichen Kontakt mit guten Hilfeleistungen zu verbinden.

„Du hast doch selber kein Geld."

„Ich werde es haben. Das weiß ich. Vielleicht fahre ich ja mal dorthin, vielleicht lerne ich die spanische Sprache. Stell dir vor, ich kann ein bisschen mithelfen, dass diese Mädchen Lesen und Schreiben lernen, dass sie sich zu Persönlichkeiten entwickeln können. Ich denke, das war es, was ich suchte, was ich wollte."

„Wie bist du dazu gekommen?"

Ich erzählte es ihr und zeigte ihr die Zeitung mit der guten

Reportage.

„Hast du schon Antwort aus Hamburg?"

„Nein, aber schau diese Bilder an. Diese Mädchen sollen es sein."

„Du bist ja ganz begeistert!"

„Ja, ich bin geradezu glücklich."

„Sage es mir, wenn du Nachricht hast. Es könnte sein, dass ich es dir nachmache ..."

„Vielleicht fliegen wir ja zusammen dorthin, vielleicht können wir ein bisschen klettern."

„Du kannst es nicht lassen."

„Es gibt einige Sechstausender. Bekannte aus dem Gebirgsverein waren schon dort, aber es gibt auch in der Nähe der Stadt Cuzco den Titicacasee in der größten Hochfläche der Erde, dem Andenhochland. Ich habe gelesen, er ist 3812 Meter über dem Meer."

Ich war in jenen Tagen kaum noch aufzuhalten. Ilona beruhigte mich durch ihre Gegenwart. Ich konnte mit ihr reden, war nicht allein mit meinen besonderen Gedanken.

„Brauchst du etwas, kann ich was für dich tun, so lange du in deiner Wohnung sein musst?"

„Ach, weißt du, über die Straße zum Markt schleiche ich mich ganz langsam."

„Und schließlich fällst du wieder auf den Steinen um. Stell' doch weniger hohe Forderungen an dich. Du weißt, dass ich gerne etwas für dich tue."

„Danke, ich weiß. Aber ich lebe noch.. Und jetzt beginnt etwas ganz Neues. Ich werde die Patin von drei Mädchen sein."

Ich fand keine Erklärung für den Gedanken, der mich in den Keller trieb, um in alten Aktenordnern nach Aufzeichnungen zu suchen, die mit den eigenen Kindern in Verbindung standen. Alle Aktenberge, die aus der Spedition in Baden Baden in meinem Keller eingelagert waren, hatte ich noch nicht oder nur flüchtig angefasst. Alle meine Bücher und die Schallplatten hatte ich in Regalen geordnet. Da mussten doch Geburtsurkunden sein und irgendwelche Bilder aus der frühen Zeit, vermutete ich.

Erstaunt über eigene Ordnung fand ich drei Ordner, für jedes meiner Kinder einen. Michael, Alexander und Stephan. Ein weiterer Ordner mit Aufzeichnungen „Notizen von 1959 bis 1961“ und weitere Ordner für Folgejahre bis Ende Juni 1970. Weil im Keller das Licht meiner Taschenlampe sehr schwach war, nahm ich die Notizen in meine Wohnung. Es war mir, als öffnete sich vor mir eine geheime Welt, zu der ich keinen Zugang hatte. Es war mir, als blicke ich in fremdes Leben und erschrak, als aus einem Ordner ein leichter Brief heraus fiel, zwei sehr dünne Blätter, hellblau mit einem Luftpostzeichen gestempelt. Ich begann zu zittern. Ich sollte brav im Bett liegen, hatte man mir geraten; und was machte ich?

My dearest ... las ich in einer Handschrift in englischer Sprache vom 6. September 1960. Der Sprache unkundig geworden, konnte ich nicht weiter lesen, fand noch einige deutsche Worte: *dass du lesen kannst was ich schreibe, ich zähle die Stunden, bis wir wieder zusammen sind.*

Die Briefseite zerknittert, Buchstaben nur zu enträtseln: *Bitte schreibe mir bald, Mario.*

Briefumschläge mit einer Adresse in Washington und dem Vermerk: Error, sent back to Irmhild P. München. Nichts mehr, nur Washington D.C. Kaum leserlich, verwischt, beschädigt durch Nässe. Ich durchwühlte den Ordner, fand meine Tagebuchaufzeichnungen vom April 1960, drei andere Briefe und legte sie wieder weg; dann fand ich ein großes Foto. Ein lachendes Gesicht, ebenmäßige weiße Zähne, dunkles, beinahe schwarzes Haar, das aus der hohen Stirn zurück gekämmt war, sich großzügig krauste, buschige Augenbrauen über großen wachen dunkelbraunen Augen, die mich aus diesem Foto heraus forschend anblickten. Ganz viel Liebe sprach aus diesen Augen, ganz viel Güte. Ich konnte es nicht aus der Hand legen. Ein kleineres Bild auf der Rückseite angeklebt. Michael, geboren am 7. März 1961.

Vater: Mario Arata Washington D.C.

Er ist tot, hatte ich gesagt. Er ist auf dem Flug nach USA abgestürzt mit dem Flugzeug. Es gibt ihn nicht mehr. Michael hat keinen lebenden Vater. Wie aber war das möglich, wenn sein Brief am 6. September geschrieben wurde, wenn der Flug schon am 2. September war? Error, sent back vom 15. September?

Mit diesem Tag begann ich alle diese Aufzeichnungen langsam und stetig zu lesen. Versuchte ein Puzzle zusammen zu setzen, von dem mir alle Teile fremd waren. Ich wollte mir Vergangenes bewusst machen, einen Teil von mir finden, integrieren. Vergangenheit wurde in diesen Tagen zu einem kostbaren Schatz. Ich hatte geliebt. Er hatte mich geliebt. Mit der stummen Frage an mich selbst: War es das Bild, das ich mir alle Jahre im tiefen Unterbewusstsein angesehen mit den Bildern anderer Menschen der Gegenwart verglichen habe? Die Augen, die ich überall zu erkennen meinte? Ich hatte dieses Geheimnis 40 Jahre nicht angerührt?

Und der Auslöser? Ich weinte, obwohl das Lachen in mir war. Ich weiß inzwischen, dass sich alles bewegt, dass alles immer wieder wechselt und sich im Wechseln periodisch wiederholt.

XIII. Kapitel

Zu einem späteren Zeitpunkt, als es mir wieder viel besser ging, wurde ich zu einer Fernsehsendung nach München eingeladen. Ich überlegte lange, ob ich hinfahren sollte. Im Verlag sagte man, dass diese Sendereihe einen guten Ruf habe, dass die beiden Moderatoren bekannt, geschätzt und beliebt seien. Ich wusste inzwischen auch, wie gierig solche Einladungen angenommen wurden, dass ich an jeden Ort geschickt wurde, der für den Verlag mit Geld in Verbindung stand. Ich spürte Hemmungen, die bisher vor Sendungen nicht hatte. Den Gedanken, dass Rüdiger dort sein könnte, ließ ich wieder fallen.

Warum ich überhaupt zustimmte, konnte ich mir selbst nicht erklären. Ich wollte nicht mehr über mich reden, sondern den Menschen sagen: Leute, schaut euch um. Allein wichtig ist der friedliche Ungehorsam gegen den Wahnsinn der Atompolitik: Wie schrecklich ist es, sich überhaupt zu unterwerfen. Wie schrecklich sind Kriege. Auf der einen Seite stirbt in jeder Sekunde ein Kind, auf der anderen Seite gibt es den Reichtum durch Waffenindustrie. Ich möchte eine Revolution erleben, nämlich jene große Revolution, in der alle Frauen, die Analphabetinnen sind, zu lernen beginnen und – sich emanzipieren! Sie sollten erkennen lernen, dass sie nicht nur Pflichten, sondern auch Rechte haben. Sie werden dann nicht mehr demütig dienen und tun, was ihnen befohlen wird, sondern ihr Leben, so weit möglich, selbst bestimmen. Das möchte ich erleben. Es werden dann sicher in Indien und Afrika, in Südamerika nur gewünschte Kinder geboren, es werden auch weniger an Unterernährung sterben. Und diese Wenigen werden Schulen besuchen, Mädchen und Buben!

Es gibt so unendlich viele Themen, über die es sich zu reden lohnt. Ich fühle mich nicht gut dabei, wenn mich andere Menschen auf einen Sockel heben. Das entspricht nicht meiner Lebensart, nicht meinem Charakter. Hier war mir nicht einmal die Grundidee der Sendung bekannt.

Ich wurde im Eden Hotel Wolff eingetragen. Es sei immer schwer, während der Zeit des Oktoberfestes in München ein Hotelzimmer zu bekommen, sagte man mir. Die Sendung hieß *Die Zwei* und wurde von S. Maischberger und Schmidtbauer moderiert, sollte eigentlich unter dem Titel: *Die persönlichen Fünfziger* laufen, wurde verändert in *Die wilden Fünfziger*. Die Begrüßung im Filmstudio war herzlich, in bayerischer, natürlicher Art. Gäste waren Wolfgang Ambros, mit dem ich im selben Flugzeug von Wien nach München geflogen war, ohne ihn zu kennen, das konnte ich erst im Studio feststellen. Rosi Mittermeier – die „Gold-Rosi“, Veronica von Quast und ich. Eine Stunde für vier Leute und deren Einstellung zum 50. Lebensjahr. „Halbzeit?"

„Was ist magisch an den Fünfzigern? In diesem Alter haben die meisten Menschen Lebensziele erreicht, haben einen Beruf, eine Familie, ein Heim. Sie hatten Sorgen im Aufbau ihrer Ziele und beginnen nun damit, sich zur Ruhe zu setzen, sie erwarten die Enkel und die Rente, das heißt, das Alter. Die *wilden* Jahre sind vorbei, man hat keine größeren, die Zukunft bestimmenden Ziele mehr", die Worte des Moderators Schmidtbauer.

Ich gehörte nicht in den Kreis. Ich war einmal weit über diese Fünfziger hinaus, andererseits war ich erst 30 Jahre am Leben. Sportler beginnen mit ihren Erfolgen jung und hören jung wieder auf. Die *Gold-Rosi* war mit 25 Jahren Olympia-Siegerin, durchlebte Höhen und Tiefen im Sport und wurde im August 50 Jahre alt. W. Ambros steht schon dreißig Jahre auf der Bühne und gibt sich noch viel Zeit, er fühlt sich mit fünfzig noch nicht zu alt für seine Musik. Vielleicht eine Änderung im Rhythmus, im Text?

„Wie alt fühlen Sie sich", wurde ich gefragt.

„Ich fühle kein Alter, sondern ich fühle mich wie ich bin, einfach gut."

Und ich antwortete, wie ich bisher alle diese gleichen Fragen beantwortet hatte.

„Hat man den Versuch gemacht die Erinnerung wieder zu gewinnen?"

„Ja, aber vollkommen erfolglos."

„Für die Kinder und die Angehörigen muss es sehr schlimm gewesen sein."

„Sicher war es für die Kinder am schlimmsten und unverständlichsten. Man kannte mich schon vor meinem Trauma; es wurden Erwartungen gesetzt, so als hätte ich nur lange geschlafen, sei aufgewacht, könnte nun wieder so weiter gehen wie vorher. Ich konnte diese Erwartungen nicht erfüllen."

„Und Sie konnten das Gefühl für die Kinder nicht

aufbauen?"
„Nein."
„Sie leben allein?"
„Ja. Ich meide die Gesellschaft."
„Aber Sie sind doch hier auch im Gespräch. Haben Sie denn Angst?"
„Nein. Ich meine mit dem Alleinsein, dass ich mir nicht vorstellen kann, meinen persönlichen Wohnraum mit jemandem zu teilen."
„Sie sind älter als 50 Jahre. Haben Sie Pläne für die Zukunft oder Angst vor dem Älterwerden?" „Wie denken Sie über die Zukunft? Haben Sie Ziele?"
„Ich lese sehr viele Märchen. Und die Märchen sagen: Tue immer das, was die konkrete Lebenslage in der du dich befindest, erfordert. Tue es sorgfältig und ohne dabei dein Glück erzwingen zu wollen. Vertraue darauf, dass die einzelnen Ereignisse deines Lebens, des Lebens der anderen Menschen, ja, des ganzen Weltalls miteinander verflochten sind."
„Und wer das Vertrauen nicht hat?"
„Dem bleibt nichts anderes übrig, als zu versuchen, auf irgend eine Weise, das Unbewältigbare Ganze seines Lebens doch in den Griff zu bekommen."
„Das sagt das Märchen?"
„Ja. Aber es zeigt uns, wie wichtig geduldiges Warten sein kann."
„Aber man muss doch weitläufig planen, den Urlaub zum Beispiel, die Geburtstagsfeier, welche Gäste eingeladen werden, man kann sich darauf freuen. Man muss sich doch auf etwas freuen können."
„Freuen Sie sich nicht über den Tag und dass Sie ihn gesund erleben?"
„Wahrscheinlich muss man schweres Leid durchleben, um so denken zu lernen. Heißt das nicht, vom Leben abgewandt sein?"
„Nein, wirklich nicht. Im Gegenteil. Das Leben zu lieben

bedeutet nicht auch alle Menschen zu lieben; ich lebe gern."

„Sie sind vom Intellekt gesteuert, im Gegensatz dazu ist W. Ambros nur vom Gefühl gelenkt. er lebt in seiner Musik vom Gefühl, rührt mit seinen Liedern die Gefühle der Menschen an."

„Haben Sie schon oft daran gedacht, wie es wäre, wenn das nicht geschehen wäre, oder warum das geschehen musste?"

„Ich habe schon manchmal überlegt, dann, wenn ich traurig war, wenn ich wieder mit Erkrankungen zu kämpfen hatte, warum ich so leben muss, wie ich lebe, welchen Sinn das alles hat. Aber dann stellt sich die Frage: Ist es ratsam Selbstmitleid zu entwickeln?"

Herr Schmidtbauer, der Moderator sagte: „Wir könnten noch viele Stunden reden, aber unsere Zeit ist knapp. Es gibt das besondere Buch ‚Katharsis', in dem diese Tragödie beschrieben wurde. Obwohl man nicht alles wirklich begreifen kann, lohnt es sich das Buch zu lesen."

„Sicher sind ‚Fünfzig' keine Halbzeit. Sicher fühlen Sie sich jünger als die hier anwesenden Gäste."

„Ich fühle mich wie ich bin, das heißt, recht lebendig; jedenfalls und nicht so, wie man allgemein die Großmutter beschreibt, nämlich wirklich alt und erwachsen." (In dieser Runde sitzend, betrachtend, zuhörend, fühlte ich mich körperlich den Fünfzigjährigen gegenüber wie ein Teenager, so klein und leichtgewichtig wie ich bin, andererseits unendlich viel älter und weit weg von diesem Geschehen). Die Moderatorin wandte sich an W. Ambros: „Herr Ambros, Sie haben auch einen Sohn."

„Ja, er ist jetzt schon 18 Jahre alt."

„Nun, dann können Sie damit rechnen, dass Sie wahrscheinlich auch einmal Großvater werden!"

Er lachte: „Damit soll er gefälligst warten, denn dann müsste ich ja mit einer Großmutter ins Bett gehen."

Das ernüchterte mich irgendwie. Ich begann zu frieren. Im Hotelzimmer fand ich keinen Schlaf. In einem fremden Zimmer, in einem fremden Bett zu sein, tut mir nicht gut. Der neue Gedanke kam dazu. Damals war es eben diese Stadt, in der ich studierte, in der wir uns begegneten, als wir uns liebten. Sollte ich jetzt losgehen und das Kaffee suchen, nahe der Uni, wo wir uns damals begegneten? Ob Erinnerung kommt? Und wenn es dieses Kaffee gar nicht mehr gibt. Die Stadt hat sich verändert in langen Jahren. Was bedeutet das Sehen der leeren Tische und Stühle und meine innere Leere? Jetzt?

Für den Samstag hatte ich bis um sechzehn Uhr Zeit zum Abflug und traf mich mit Elfi und Karl, die ja in unmittelbarer Umgebung Münchens leben, dem Bruder von Franz und dessen Frau. Die Freundschaft bestand. Das Oktoberfest hatte bereits begonnen, und Karl wollte mich unbedingt auch dieses Spektakel erleben sehen. Ich hatte keine Vorstellung. Sie führten mich in eines der großen Bierzelte, wo wir überraschenderweise trotz des enormen Menschenandrangs noch Plätze fanden. Es war erst elf Uhr am Vormittag. Eine halbe Stunde später wäre das schon unmöglich gewesen, die Menschen standen vor den Eingängen in langen Schlangen und warteten auf frei werdende Plätze. Den Ochsen, der sich am Spieß drehte, es war bereits der 38. mit 16 Zentner Gewicht, probierte ich nicht. Ich aß eine Brezel und zwei Weißwürstel - das Bier schmeckte, aber ich dachte nur: raus aus dem Lärm, aus dem Gegröle der angetrunkenen und betrunkenen Menschen, einer Welt ohne Würde. Ja, das Oktoberfest zeigte Menschenbilder!

***

Im Verlag wurden Vorbereitungen zur Frankfurter Buchmesse getroffen. Tina Soliman würde kommen, um einen Kurzfilm zu drehen. Sie ist mir bekannt, seit sie für den ZDF Dokumentarfilm Regie führte. Rüdiger schwieg. Ich hätte gern ein freundliches Wort oder die Gewissheit, dass jemand an mich denkt. Oft stand ich gedankenlos vor dem Telefon, hob den Hörer ab und legte ihn wieder auf. Viele Leserbriefe beantwortete ich gern, hörte mir die CD eines jungen Künstlers an, der mir seine Aufzeichnung spontan schickte, nachdem er mein Buch gelesen hatte. Und ich saß am Schreibtisch vor dem leeren weißen Blatt und starrte es an.

Bis zum Beginn der Buchmesse wollte ich mein Buch beenden *„Erkennst du Dich“?* Die Optionen aus dem ersten Vertrag mit dem Verlag, den ich viel zu spontan und unüberlegt unterschrieben hatte, lösten sich nicht auf. Ein Buch, bzw. zwei Bücher mussten dem Verlag vorgelegt werden. Dabei spürte ich quälend eigene Unfreiheit, ein gewisses Gebundensein. Ich nahm mir vor, mit Hilfe meines Anwaltes den Vertrag zu ändern oder zu lösen, bevor diese Angelegenheit zur seelischen Belastung wurde.

Lieber Rüdiger.

Im Nachdenken und um in der Wortsuche meine Empfindungen zu klären, muss ich schreiben.

Du sagtest, als du zu mir gekommen bist: Ich habe dich gefunden. Das ist ein großes Wort. Es klingt nach. Etwas ist mit mir geschehen. Mein Kopf verlagerte seinen Platz in mein Herz. Das ist eine gute Lösung. Das Herz kann sich dehnen. Wäre es umgekehrt, wäre mein Herz in meinen Kopf gewandert (oder vielleicht war es bisher dort), hätte es nur den begrenzten Raum ohne Dehnmöglichkeit, es bliebe eingeengt, und müsste schließlich dem Kopf gehorchen!

So ist es umgekehrt geschehen. Jetzt ist der Kopf nicht mehr das Haupt, sondern sozusagen Untermieter, denkfähig aber nur in der Koordination. Die weisen Athosmönche nennen das: Herzdenken. Mein Kopf gießt die Tränen aus, weil er seine Hauptrolle aufgeben musste! Lach nicht über meine Albernheiten! Ein anders Bild kann ich von mir nicht zeichnen. Ich hoffe, dass du gesund und heiter bist, und dass sich alle deine Wünsche (wenn du welche haben solltest) erfüllen mögen. Noch einmal stelle ich dir die Frage: Was kann dich unglücklich machen? Ich frage nicht: was macht dich glücklich? (Ich glaube, ich stellte mir diese Frage oft selber). Servus, hoffentlich bis bald, Katharina.

Oft kam Ilona zu mir, als hätte sie mein stilles Rufen gehört. Sie gab mir das Empfinden nicht ganz alleine zu sein. Die Freundin ist sachlich und intelligent. Sie ist viele Jahre gut verheiratet. Ihre Tochter machte in jenen Tage die Matura. Ilona hat die Erfahrungen, die mir fehlen. Sie hat die Eigenschaft, sich immer an den positiven Seiten ihres Mannes zu orientieren. „Jeder muss seine Privatsphäre behalten“, sagt sie, „und auch eigenen individuellen Interessen nachgehen können. Das hält lebendig. Wichtig ist Achtung und Respekt vor der Andersartigkeit, vor der Einzigartigkeit des anderen. Ich kann von meinem Mann nicht das fordern, was ich von mir selbst, oder einer anderen Frau fordern würde. Wer den eigenen Ehemann oder Partner, mit der besten Freundin, also einer Frau verwechselt, kann niemals glücklich werden.“

„Männer sind anders?“

„Männer sind stark, wenn wir sie stark sein lassen. Sie geben alles, um uns glücklich und zufrieden zu machen, – wenn wir sie lassen, ihnen vertrauen und nicht nörgeln.“

„Aber ich suche nicht deinen Rat in einer Partnerkrise. Ich suche nur Antwort auf die Frage: Warum schreibt er nicht, warum rührt er sich gar nicht?“

„Ich glaube, dass du Fehler machst“, sagte sie mir rückhaltlos.

„Wie denn, ich suche nur eine Antwort. Er sagte, wir haben etwas Gemeinsames. Was haben wir gemeinsam? Er sagte, wir werden unser Gespräch, wer weiß wo auf dieser Welt, fortführen. Er dankte für den Tag, den wir in Wien miteinander verbrachten. Er fuhr wieder weg, ohne die Verabredung zum Frühstück einzuhalten. Das macht mich stutzig. Mich stören sinnlose Heimlichkeiten, oder belogen zu werden.“

„Er ist dir nicht gleichgültig. Das steht fest.“

„Wahrscheinlich hast du Recht. Aber so ein Verhalten lässt mich nie gleichgültig. Zum Beispiel: Wenn wir uns um 9$^{\circ\circ}$ Uhr zu irgendwas verabreden, dann kommen wir beide, oder einer spricht rechtzeitig eine Entschuldigung aus, so dass man sich einrichten kann. Aber nichts hören lassen macht mich irgendwie ratlos."

„Das kann ich verstehen. Es ist nicht zu ändern."

„Warum kam er hier her? Warum kam er nach Hamburg, um mich bei der Talk Show zu sehen und mit mir ein Treffen zum Frühstück zu verabreden. Er wollte mir die Stadt zeigen. Er kam nicht. Er war vorher abgereist. Ich möchte nur wissen, warum er so gehandelt hat. Ich kann sein Schweigen nicht verstehen."

Ilona saß schweigend in ihrem Sessel und trank langsam Schluck für Schluck den Karottensaft, gemischt mit Apfel, den ich eben frisch für uns ausgepresst hatte.

„Ich versuche dir gedanklich zu folgen", begann Ilona den Satz.

Ich unterbrach sie, ich konnte nicht ruhig bleiben.

„Mir fehlen die Antworten auf meine Fragen. Das ist kein Resultat von Herrenalb. Du weißt, was Herrenalb für mich bedeutete: Den Zwang ablegen, Tabletten einnehmen zu müssen, schlicht und einfach: unabhängig und frei werden, eine eigene Meinung bilden lernen und sie vertreten. Freiheit macht den Menschen aus."

„Du hast mir davon erzählt, außerdem hast du über Herrenalb in deinem Buch geschrieben."

„Ja, es war sozusagen wirklicher Beginn dieses Lebens. Jetzt habe ich den Eindruck, mich um mich selbst zu drehen. Du hast deinen Mann, mit dem du alle Sorgen und Freuden ausdiskutieren kannst." „Ja."

„Weißt du, ich möchte keine banalen Worte hören. Als Rüdiger mir sagte, er sei inzwischen gefestigt, habe ich nur noch weinen können. Zeigt sich denn so Festigkeit? Reden, ohne etwas zu sagen? Das hat einen gewissen Grad von Feigheit. Nicht sagen was er wirklich denkt, niemanden fühlen lassen, was er wirklich empfindet."

„Du kannst ihn nicht annehmen, wie er ist?"

„Ich nehme den Menschen an, und ich habe ihn eine

Zeitlang gern in meiner Nähe. Aber das Verhalten stört mich hier und auch bei anderen Menschen."

„Sartre sagte: Schweigen ist auch eine Entscheidung, wie eine Nichtwahl auch eine Wahl ist. Jeder entwirft sich seinen Lebensplan."

„Wahrscheinlich. Das ganze nimmt noch konkretere Form für mich an, seit ich in meinem Keller Aufzeichnungen aus meinem Leben gefunden habe. Da sind die gleichen Worte – ja – andere Bedingungen, auch politische, berufliche aber die Worte *Ich komme wieder, oder ich hole dich zu mir nach Washington. Ich liebe dich, meine Gedanken und Worte werden nie anders sein.* Und mehr als 40 Jahre sind es jetzt und ein Kind, ein Sohn, von dem ich nichts weiß, nicht ob er lebt, nicht wo er lebt. Konflikte müssen gelöst werden, damit sich Neues entwickeln kann. Das ist richtig. Wir müssen das ‚Stirb und Werde' leben. Schmerz macht reif für Wesentliches. Es ist nicht gut, sich selbst zu verstecken aus Angst verletzt zu werden."

„Ich denke, dass deine Emotionen wach werden. Du lernst empfinden, wie es vorher nicht möglich war."

„Ich vermute es. Als ich aus dem Koma erwachte habe ich zu leben begonnen, obwohl man mir keine Chancen einräumte. Und ich habe sprechen gelernt, obwohl ich keinen Mund und keine Zähne hatte. Ich habe zu lernen begonnen, ich wollte verstehen, wollte wissen, was die Menschen um mich herum sagen, was sie meinen, wenn sie mich freundlich anlachen, oder mit ernsthaften Gesichtern kamen."

„Deine Emotionen entwickeln sich."

„Es verwirrt mich in diesen Tagen. Noch bin ich nicht glücklich dabei, weil ich so hin und her gerissen bin zwischen logischem Denken und unlogischem Fühlen."

„Du hast einen starken Willen, andere Menschen nicht. Du forderst von anderen Menschen, was du von dir selbst fordern kannst. Du kannst nicht wünschen, wie andere sein sollen. Du musst sie entweder nehmen können wie sie sind, oder sie gehen lassen."

„Ich kenne den Wortlaut.“

„Im Moment gefällst du mir gar nicht. Du bist verletzt worden.“

„Daran dachte ich nicht.“

„Du willst, dass er handelt, wie du es wünschst.“

„Ich möchte, dass er ehrlich ist.“

„Aber jeder Mensch hat seinen eigenen unveränderbaren Charakter. Du kannst nicht mit deinem Willen auf ihn einwirken. Halte dich einfach zurück.“

„Ach, versteh' mich doch, liebe Ilona. Ich will weder einen Menschen für mich haben, noch ihn besitzen, oder von mir abhängig machen. Ich wünsche mir nur ein ehrliches Wort, eine Antwort auf meine Frage, einen Briefwechsel vielleicht, manchmal ein gutes Telefonat, ein Gedankenaustausch, einfach das Wissen, dass jemand manchmal an mich denkt. Ich glaube nicht, dass ich immer jemanden um mich herum haben möchte. Wahrscheinlich könnte mich auch ein anderer Mensch gar nicht lange ertragen. Da ist es schon gut, allein zu sein, wenn man sich selbst kennt.“

„Du machst dir viel zu viele Gedanken.“

„Er ist sozusagen in mein stilles Leben eingebrochen, ganz plötzlich, ganz unerwartet. Er brachte alles durcheinander und verschwindet wieder. Und ich suche meine Ruhe und kann sie nicht finden.“

Ilona wurde noch nicht ungeduldig.

„Du hast dich verliebt. Ich vermute, du beschäftigst dich erstmals mit einem anderen Menschen. Du weißt gar nichts von ihm, oder nur etwas. Du meinst aber viel zu wissen, weil er hier bei dir war, nachdem ihr euch vor 22 Jahren in Herrenalb getroffen habt. Endschuldige bitte, aber ich glaube, du weißt gar nichts, du dichtest in ihn etwas hinein, machst aus ihm eine Figur, wie du es in deinen Janus-Büchern praktiziert hast. Er ist ein lebender Mensch mit dem Recht so zu sein, wie er eben ist, mit seinen Schwächen und Stärken. Wahrscheinlich wirst du die Antwort irgendwann finden.“

„Hör mir gut zu, meine liebe Ilona, ich komme zu einem

anderen Gedanken, der mich schon länger beschäftigt: Was heißt es überhaupt, einem anderen Menschen zu begegnen? Wie schaffen wir es, in einem anderen, der für uns ja nur eine Gestalt ist, ein Objekt, ein Gegenstand, wie schaffen wir es, in diesem anderen, einen anderen Menschen, und damit ein anderes Bewusstsein zu sehen? Also mich selbst in meinem Dasein nicht nur als existierend zu begreifen, ganz auf mich selbst bezogen, sondern auch als ein Wesen zu begreifen, das für einen anderen da sein kann. Ich will dir ein Beispiel nennen, damit du weißt, was ich meine: Stell dir vor, ich sitze im Park auf einer Bank, und es kommt ein anderer Mensch und setzt sich dazu, oder er setzt sich mir gegenüber auf eine andere Bank. Ich schaue ihn an. Er schaut mich an. Was bedeutet das? Ich bin plötzlich nicht mehr allein, nicht mehr für mich, sondern bin, wie im Fernsehen, ein Gegenstand der Betrachtung für einen anderen Menschen. Daraus ändert sich mein Verhalten, mein Verhältnis zu mir. Alles was ich jetzt mache, ob ich sitzen bleibe, oder weggehe, ob ich in meiner Tasche nach dem Spiegel krame, das mache ich nicht mehr für mich, denn ich werde beobachtet. Ich mache es also für den anderen Menschen.

Meine Möglichkeiten sind gehemmt. Ich weiß nicht, was der andere Mensch für Absichten hat, wenn er mich intensiv anschaut. Was möchte er, frage ich mich. Möchte er mich nur ansehen, mich beobachten, will er den Kontakt zu mir? Interessiert er sich für mich? Sucht er meine Geldbörse? Ich fühle mich gehemmt."

„Du kannst weg gehen."

„Sicher, aber ich tue es eigentlich gegen meinen Willen, denn ich habe mich dort hin gesetzt, weil ich eben dort sitzen wollte. Basta."

„Der andere Mensch stellt zuerst eine Bedrohung für dich dar."

„Ja. Ich gehe so weit zu behaupten, dass der intensive Blick des anderen Menschen in mir ein Schamgefühl weckt. Es ist dabei egal, ob ich etwas zu verbergen habe, oder nicht, oder etwas getan habe, was ich selbst für Unrecht halte, ja ich ziehe meinen Rock über die Knie, wenn er beim Sitzen hochgerutscht sein wollte. Es ist einfach die Tatsache, dem Blick des anderen ausgesetzt zu sein, die verändert."

„Du hättest auch die Möglichkeit offensiv zu reagieren. Ich meine damit, dass du den Blick fest auf ihn richten kannst, um ihn damit zum Objekt des Betrachtens zu machen. Das setzt einen gewissen Stolz voraus. Du hältst diesem Blick stand, du dominierst."

„Ein Spiel der Kraft. Ein Kampf zwischen zwei Blickrichtungen, ein Kampf um Anerkennung. Kann es mir gelingen, den anderen zu unterwerfen?"

„Oder aber ... Du wolltest für dich sein; dieser andere will daraus: du sollst für ihn sein ... Er will dich so lassen wie du bist, aber gleichzeitig will er dich für sich haben."

„Das geht nicht."

„Es könnte aber auch sein", gab Ilona zu, „ich gewinne meine Lust aus der Beziehung dadurch, dass ich mir den Anderen unterwerfe. Die andere Möglichkeit ist der umgekehrte Weg. Ich unterwerfe mich dem Blick des anderen. Damit unterwerfe ich mich sozusagen seiner Dominanz. Ich mache mich selbst zum Objekt für den anderen. Während der Sadist seine Freiheit behalten will, und sich den anderen unterwirft, ist der Masochist derjenige, der den Ausgang aus der Situation darin sieht, sich zu unterwerfen. Er ist sich dieser Unterwerfung bewusst."

„Gleichberechtigte Verhältnisse zwischen zwei Menschen, als das Ideal der Partnerschaft, sind eine Illusion?"

„Es gibt entweder Masochisten oder Sadisten!"

„Das ist ja kein Spiel, das ist Kampf."

„So beginnt es immer. So beginnt es im kleinen Kreis, dann in der größeren Gruppe, in der Politik, in den Ländern, vom Einzelnen zum Ganzen hin. Es ist der Kampf um Dominanz, um Macht über den Menschen. So können Partnerschaften aussehen, oder es sind zwei, die sich einander unterwerfen."

„Es muss auch andere Möglichkeiten geben!"

„Ich glaube, dass es die Liebe, so wie du sie sehen möchtest, gar nicht gibt, oder wirklich nur im Märchen", sagte Ilona.

Ich musste mir eingestehen, dass ich traurig wurde.

In welcher Welt lebte ich?

Lange gingen wir schweigend. Ilona ist manchmal wohltuend. Obwohl wir uns sehr unregelmäßig begegnen, bleibt wichtig: Wir können miteinander reden. Jeder geht seinen Weg.

Und wir haben sogar gemeinsames Erinnern: „Weißt du noch, damals in den Ferien in der Hohen Tatra?"

Ilona gab mir den Rat: „Wenn du dich zu stark, zu spontan, zu fordernd fühlst, dann turne etwas länger. Oder verlagere deine Kraft auf die Sorge um deine Patenkinder in Peru und das Lernen der spanischen Sprache."

„Ja, natürlich. Das kann eine Aufgabe werden."

„Ja, noch etwas wollte ich dir sagen", sprach Ilona ruhig zu mir, wie zu einer Kranken: „Wir Frauen haben momentan die besseren Karten. Denn wir können problemlos, freiwillig neben unseren Pflichten als Ehefrauen und Mütter im Berufsleben Karriere machen. Also die bisherige Männerdomäne vollständig erobern. Trotzdem pochen wir nach wie vor auf unsere Rechte als *hilflose* Frau. Männer haben noch keine eindeutige neue Identifikation entwickelt. Sie sollen nämlich nach wie vor männlich stark, dominierend, beschützend und erfolgreich, – und gleichzeitig so sensibel wie Frauen sein. Das widerspricht sich, das geht nicht."

Obwohl sie selten von ihrer Ehe sprach, sagte sie: „Unsere Ehe funktioniert nur, weil wir uns klar gemacht haben, dass jeder von uns anders ist. Paare, die wie wir über Jahre zusammen sind, wissen, dass man sich im Laufe einer Beziehung manchmal näher und manchmal fremder ist. Und dass man sich nach kühlen und langweiligen Phasen immer wieder neu und immer wieder intensiver ineinander verlieben kann."

„Das macht wieder klar: Die Praxis ist entscheidend, nicht

die Theorie. Es ist doch nicht mein Körper der hier etwas fordert. Es sind nicht lahme Menschen, die ich ablehne, sondern lahme Denker, die nicht Ja oder Nein sagen können, die einfach nicht wollen können, was sie wollen! Mich interessieren doch nicht die Körper der Menschen, noch weniger Sex. Schon der Gedanke daran stößt mich ab.“ Aber das sagte ich schon wieder zu mir selber.

„Wir werden wieder mit einander lachen“, sagte Ilona.

„Wir wissen doch beide was Lachen bewirken kann, komm doch mal wieder zum Essen zu mir.“

***

Da zeigte sich eine andere Seite meines Lebens: Überraschend und unerwartet kam aus Berlin von meiner Rentenversicherung der Hinweis darauf, dass meine Berufs- und Arbeitsunfähigkeitsrente wegfallen werde. Es seien neue Gesetze, die auch für mich gelten werden, obwohl ich noch zu der Gesetzgebung der 70iger Jahre gehörte. Ich hätte schon gearbeitet, das heißt geschrieben, in dem Jahre 1999, obwohl ich noch nichts verdient habe; jetzt sei ein *Bestselle*r auf dem Markt und ich würde Geld verdienen. Das hieß: Wenn jemand bei einer monatlichen Rentenhöhe von 1000,- Mark, etwas Geld in der gleichen Höhe dazu verdient, muss die Rente wegfallen. Sie bleibt ruhen bis zur wirklichen Pensionierung im 65. Lebensjahr. Es waren Schätzwerte: Die Steuererklärung wurde verlangt. Die neue Krankenversicherung würde eine Künstlerversicherung (gewerbliche Wirtschaft), die es auch in Wien gäbe. Und ich dachte gezwungen erstmals „Zukunft“. Wie soll ich dann meinen Alltag bewältigen? Wovon soll ich die Miete bezahlen? Ich hatte von dem ganzen Fachgebiet „Steuern“ keine Ahnung, hatte mich nicht damit beschäftigt.

Der Verlag zeigte sich großmütig nach dem bisherigen Bucherfolg, und überwies mir eine a Konto-Zahlung, um die mein Anwalt nachdrücklich gebeten hatte, weil ich Restschulden zu zahlen hatte. Man kam mir entgegen und erließ mir die Zinsen bei umgehendem Ausgleich.

Damit war mein Anteil an den Operationen (Knochentransplantationen) ab 1990 bezahlt. Ich wurde von einer unguten Belastung frei. Seit vielen Jahren war ich erstmals ohne Schulden mit einem ausgeglichenen Konto, wenn auch noch ohne jede Rücklage, oder Sicherheit.

Im Verlag wurde von großen Plänen zur Frankfurter Buchmesse gesprochen. Es wurden Pressegespräche vorbereitet, und Autogrammtermine festgelegt, eine Liste mit vielen aufgezeichneten Terminen bekam ich vorgelegt. Ich allein stand in der Werbung. Ich war der Tanzbär, der ausgestellt wurde. Alle Zeitungen, alle Journalisten und Reporter, Kameramänner der Fernsehsender werden dort sein, hörte ich im Verlag, das wurde mit geübter Eindringlichkeit betont, um mich von meiner Wichtigkeit zu überzeugen.

„Wir können gleich noch den Vertrag für das Buch *Erkennst du Dich* unterschreiben, damit es in die Werbung während der Buchmesse kommen kann, denn es soll spätestens im März heraus gegeben werden. Die Prospekte sind fertig. Ich denke wir bleiben bei Ihrem Foto für den Umschlag“, erklärte sie mir. Ich sah einen Dschungel vor mir, besser, ich stand mitten drin.

Es waren nur noch fünf Tage bis Frankfurt. Wieder hatte ich einen seltsamen Traum in wirklicher Lebendigkeit, deshalb kann ich auch so schwer unterscheiden, wenigstens manchmal nicht.

Ich stand in einem großen leeren Raum. Alle Fenster waren nicht nur verschlossen, sondern hatten keine Möglichkeit zum Öffnen, keine Griffe, es waren nur Fenster nach irgendwo. Hinaussehen konnte ich nicht, sie waren zu hoch an der Wand angebracht. Ich versuchte hoch zu klettern, um sie zu erreichen. Dabei bemerkte ich, bisher ohne Panik, nur einfach neugierig, bei einem Fensterrahmen eine leichte Lockerung. Ich begann diese Lockerung mit meinen Fingern zu vergrößern, so dass eine kleine Öffnung entstand. Durch diese Öffnung kroch ich, wie eine Schlange mich windend, hinaus. Mit dem Kopf zuerst fiel ich auf einen Boden, erhob mich, blieb einen Moment benommen stehen, und erreichte dann mit einem kurzen Sprung die zwei Fenster, die sich von außen öffnen ließen. In ziemlichem Erstaunen sah ich mich beim Erwachen vor meinem Bett sitzend.

Ein Telefax des Verlages mit der Bekanntgabe eines neuen Planes wurde mir geschickt: Zur Buchmesse nach Frankfurt am 17. Oktober fliegen.

Dazu kam: Aus dem Hotel würde ich mittags mit einem Auto abgeholt werden, denn ich sei über den Verlag nach Köln zu einer Talk Show eingeladen worden. Vom Verlag sei bereits die Zusage an Hans Meiser übermittelt worden. Nach der Show würde ich wieder nach Frankfurt zurück gefahren werden. Die Sendung könnte etwa bis acht Uhr dauern, und drei Stunden werden zur Fahrt nach Frankfurt gebraucht werden. Also sechs Stunden mit dem Auto hin und zurück, von 16^{00} bis 20^{00} Uhr in Köln.

Am liebsten hätte ich alles abgesagt.

Das geht nicht, wurde mir erklärt. Es ist alles vorbereitet.

Ich war noch unentschlossen. In Bergisch-Gladbach ereignete sich mein Autounfall. Es ist also meine Todesstrecke. Schließlich schaltete ich meine Gedanken ab und bestellte ein Taxi, damit ich um 6.30 auf dem Flughafen sein konnte. Ich spürte, dass ich handelte, als sei ich aufgezogen, oder eine Marionette, die mit vielen Fäden geführt wurde, ob ich die Zähne putzte, oder meinen Hosenanzug und Pullover anzog.

Die Landung in Frankfurt verzögerte sich wegen schlechter Sicht. Dann begann die Hetzerei. Um zehn Uhr Ankunft, mit dem Taxi zum Hotel, ein recht primitives Quartier, vom Verlag reserviert. Es war so klein, dass selbst ich Schwierigkeiten hatte mich zu bewegen. Es gab nicht einmal einen Föhn, um das Haar nach dem Duschen zu trocknen. Dieses Hotel am Main wurde deshalb gewählt, hörte ich als Erklärung, weil es nicht weit vom Messegelände entfernt ist und wir, sollte es kein Taxi mehr geben, auch zu Fuß gehen könnten. Da ich das erstemal zu einer Buchmesse kam, hörte ich mir das alles an, erfuhr von den Millionen Besuchern, die alle zu den Öffnungszeiten und nach dem Schließen der Messe ein Taxi brauchten (so sie nicht mit dem eigenen Auto fuhren) und dass der Verkehr so stark sei, dass ein gerufenes Taxi gar nicht flott fahren konnte, weil es im Stau steckte.

Ich hatte Hunger und der Durst quälte mich, mein Kopf schmerzte und mein Rücken. Wie gern hätte ich alles hingeworfen. Nie wieder sagten meine Gedanken ... nie wieder.

Um 12$^{\circ\circ}$ wurde ich mit dem Auto abgeholt, um 16.$^{\circ\circ}$ Uhr war die Sendung in Köln (ach, hätte ich mir diese Demütigung erspart). Der Kameramann dieser Talk Show war nicht Rüdiger. Ich suchte ihn vergeblich. Aber ich konnte trotz der Enttäuschung nicht richtig traurig sein. Wahrscheinlich war ich zu erschöpft.

Dass zu dieser Sendung Menschen eingeladen worden waren, die als Menschengruppe und mit ihrer Geschichte gar nicht zusammen passten, kam dazu. Ein Moderator, denke ich, sollte Provokator heißen, denn moderieren heißt mäßigen. Und wer etwas zu sagen hat, sucht die Herausforderung, die Provokation.

Ich wiederholte zum Xten Male die gleichen Worte. Es tat mir nicht mehr weh, ich hatte mich entfernt. Und ich sah in den Gesichtern der Zuschauer Betroffenheit, aber auch Unverständnis.

Die anderen Fragen spürte ich selbst wie Messerstiche in eine offene Wunde hinein. Ich hätte zum ersten Male während so einer Talk Show aufstehen und schreien wollen: „Lasst mich in Ruhe. Ich habe gelitten. Es ist vorbei. Ich lebe jetzt. Ich bin auf dem Wege von mir weg zu anderen Menschen hin, zur Liebe hin. Ich denke bereits weniger Ich, aber viel öfter Du. Das ist die Gegenwart. Jetzt lebe ich, jetzt will ich die Wohnung einrichten, denn das Haus habe ich gebaut.

Um zwanzig Uhr am Abend wurde ich nach Frankfurt zurück gefahren und war ungefähr um zweiundzwanzig Uhr im Hotel. Im Badezimmer gab es keine Wanne, nur eine winzige Dusche; die gute Entspannung fiel aus. Ich habe mich nicht einmal gewaschen, sondern nur diese grausame dicke Schminke aus dem Gesicht entfernt und erstaunt festgestellt, dass ich in diesem Oktober weiß war wie die Zimmerwand. Ich fühlte mich über dieses Leben hinaus uralt.

Es wird doch gelesen. Die Bücher stehen im Mittelpunkt!

Die für diesen Tag beschriebenen Pressestunden fanden nicht statt, es gab auch keine Autogrammstunde. Es gab mich vor dem Bücherstand sitzend, lesend, wartend; oder am Osterreich-Stand Mineralwasser trinkend, vollkommen müde, ausgelaugt.

Am Nachmittag kam Tina Soliman mit ihrem Kameramann Torsten Lapp, eine Freude in dieser Unstimmigkeit. Wir filmten eine kurze Fragestunde zu meinem neuen Buch, denn Tina wollte am gleichen Tag nach Leipzig weiterfliegen, wo im November eine Ausstrahlung von 37° und von diesem Film geplant wurde.

„Was hat dich zum Schreiben dieses Buches ‚Erkennst Du Dich' motiviert", fragte sie mich.

„Es ist ganz einfach: Es waren jene vielen Menschen, die mir sagten oder schrieben, sie wollten so sein wie ich! So wie mir anfangs die Frage gestellt wurde: ‚Liebst du dich', stelle ich jenen die Frage: ‚kennst du dich?'

Würdest du dich nicht kennen, würde es dich nicht geben. Wir brauchen den Vergleich. Wir sehen uns im Beispiel anderer Menschen.

Aber wie können Menschen so sein wollen wie ich? Wissen sie nicht, was sie sich wünschen?"

Wer nicht an sich arbeitet, verkümmert. Es bleibt ihnen verwehrt, die nächste Entwicklungsstufe zu bewältigen – die Aufgabe nämlich, das gesunde Leben einschließlich der eigenen Sterblichkeit zu denken und zu akzeptieren. Nur wenn diese Aufgabe gelöst wird, kann der Mensch sein

Selbst optimal entwickeln."
„Ganz schöne Forderungen an die Menschen."
„Ja, sicher."

Die Gegenwart von Tina Solimann und Torsten Lapp bereitete mir große Freude. Torsten Lapp filmte während ich sprach.

Tina hatte das organisiert. Sie war gekommen, weil sie mich treffen wollte, es war keine Organisation des Verlages.

Sie hat so dunkle Augen von beinahe schwarzer Lackfarbe, aber ohne lackiert zu wirken, sondern eher der Tiefe eines dunklen Brunnens gleichend, aus dem, wenn man ein Licht an den Brunnenrand stellt, die Wasseroberfläche spiegelnd reflektiert. Dieses tiefe Leuchten und die aufblitzende Heiterkeit in ihren Augenwinkeln, gaben dem schmalen Gesicht ein besonders apartes Aussehen. Ihr dunkelbraunes langes Haar, naturgekraust, band sie manchmal zu einem Zopf. Sie war sehr schlank und lebhaft, ohne unruhig zu sein, und es war zu spüren, dass sie immer von irgendwelchen Ideen oder Gedanken bewegt wurde. Ja, sie gefiel mir, jung und lebendig wie sie war.

Die meisten Menschen brauchen sehr lange, um jung zu werden, hatte Pablo Picasso einmal gesagt. Im Lebenslauf sollte sich die Persönlichkeit so weit entwickeln, dass sie die eigene Vergänglichkeit fast jugendlich unbeschwert annehmen kann.

Eigentümlich ist, denke ich, wenn man einen Menschen trifft, dann kommen besondere Erlebnisse ins Gedächtnis. Man verbindet plötzlich den Menschen mit einem Geschehen, einem Ort, den wir zufällig fanden, der erzählt werden möchte, der den Wunsch hat sich mitzuteilen. Man fragt: weißt du noch, am 11. August 1999 in Oberwart, als wir filmten, als der Storch über uns hinweg flog? Die Vögel hatten Angst während der Sonnenfinsternis.

Während dieser Buchmesse gab es weder eine Pressestunde noch eine Autogrammstunde für mich. Es waren nur Wunschvorstellungen des Verlages gewesen. Man hatte mir die allgemeine Presseliste vorgelegt, die für mich keine persönliche Bedeutung hatte. Sonntag stand für die Abreise fest. Verleger saßen zusammen und unterzeichneten Lizenzverträge.

Ich stand und beobachtete die Menschen, wie sie redend und gestikulierend von einem Stand zum anderen gingen, manchmal stehen blieben, ein Buch nahmen, darin blätterten, Prospekte einsteckten, weiter gingen. Es sah aus, als hätten sich alle viel zu sagen. Da fiel mein Blick wie magnetisch angezogen auf eine schlanke Gestalt im dunklen Anzug mit Gilet und dem geöffneten Kragen eines weißen Oberhemdes, die Foto-Tasche über der Schulter, den Blick suchend. Ich sprang wie elektrisiert auf, rannte einige Meter, streckte meine Arme aus – und schon hatten wir uns umarmt, hielten uns an einander fest, doch nicht heftig, sondern wir wurden in Sekunden ein einziger atmender Körper. Ich spürte seine Hände auf meinem Rücken, ganz langsam streichelte er zwischen meinen Schulterblättern, wir standen ohne ein Wort, als würden wir zusammenwachsen. Wie lang ist ein Augenblick? Der Blick der Augen ist es, der Leben schafft.

Wir haben uns nicht geküsst. Gesichter berührten sich nicht. Ich war plötzlich verlegen.

Etwas später saßen wir an dem kleinen Tisch vor dem Bücher-Stand und schauten uns nur an. Wie gut aufgehoben man sein kann in einem Blick.

„Ist alles in Ordnung“, fragte ich, „ist alles vergessen , was falsch gemacht wurde?“

Er sagte mir, ohne den Blick aus meinen Augen zu nehmen, – „Es ist alles in Ordnung, aber sicherlich.“

Ich konnte mich in seinen Augen erkennen! Das war die Erlösung.

Es war eine wunderbare Minute. Sie zeichnete sich in mein Herz ein.

Jemand brachte uns zwei Gläser Wasser an den Tisch.

Seine Hände hielten das Glas, legten sich dann unter dem Tisch auf seine Beine, dann nahm eine Hand wieder das

Glas. Ich wollte diese Hände nehmen und fest halten.

Ich fragte Rüdiger: „Wie viel Zeit haben wir?"

„Ich habe ziemlich viel Fotoarbeit für den WDR. Über diese Buchmesse soll berichtet werden, neue Bücher, von wem, worüber. Deshalb kam ich hier her." Wir standen auf.

„In welchem Hotel bist du? Was machst du am Abend," fragte er mich. „Ich wohne in der Nähe des Flughafens. Heute Abend bin ich beim Verlag Bertelsmann zu einem Empfang, aber dann könnten wir ..."

„Wir fliegen heute am Abend zurück nach Wien. Es gibt kein ‚danach'."

Ein Aufflammen von Traurigkeit und Enttäuschung in seinen Augen.

Mein ganzer Körper weinte. Ich spürte die Tränen. Noch einmal eine kurze, heftige Umarmung. Ich wünschte mir, immer so festgehalten zu werden. Stunden hätte ich so stehen und schließlich anwachsen wollen, das andere Herz spüren, oder war es meines, das so heftig schlug? Ich weiß es nicht.

„Lass mich noch ein Bild machen", bat ich, „hier zwischen den Büchern."

Ich nahm meine Kamera aus der Tasche und versuchte mit zitternden Händen zu fotografieren.

Er stand einen Augenblick unbeweglich. Das Glas auf dem Tisch war leer.

„Danke."

Er ging weg. Krampfhaft hielt ich mich an meiner kleinen Kamera fest. Wir haben uns angesehen, wir haben uns festgehalten. Wir haben uns los gelassen. Es war einmal eine halbe Stunde, die uns gehörte.

Ich spürte den Abschied, ließ mich vom Strom der Menschen schieben bis ich zum Karin Fischer-Verlag gelangte. „Die Buchmesse in Leipzig ist eine Erholung für Verlage und Buchhändler", sagte mir Dr. M. Fischer. Wir führten ein gutes offenes Gespräch über meine Janus-Trilogie, die dort erscheinen wird. Zuerst machen wir Band II. nämlich *Wenn wir alle nackt wären*. Janus Band I., der schon in Worms

1995 heraus gegeben wurde, sollte übernommen werden, und zusammen mit *Das Einfache ist das Größte* erscheinen. Alle drei Bände würden sich im Aussehen gleichen, jeder Leser konnte erkennen: diese drei gehören zusammen.

„Sie kommen doch nach Leipzig“, fragte mich Dr. Fischer.

„Ich weiß es noch nicht. Will es versuchen. Ich kenne Leipzig nicht.“ Ich ging ziellos und doch suchend, schaute, versuchte durch die Menschenmenge hindurch zu blicken, und trotzdem noch die Strömung des Lebens zu verändern, wie ein Stein am Grund eines Flusses. Ich bin einfach nur da.

***

Der Alltag, dem ich so feindlich gesinnt bin, holte ich wieder ein.

Nachdem ich ausgeruht war und mein Lebensgefühl wieder spürte, stellte sich ein neuer Gedanke ein. Was schenke ich ihm zum Geburtstag, wie schnell geht die Post von Wien nach Köln? Würde ich es bis zum 29. schaffen?

Ich suchte Geschenke aus. Anfangs hatte er Musik studiert, war Musikliebhaber, also wählte ich eine CD mit dem 5. Klavierkonzert von L. v. Beethoven, und das Buch *Als die Liebe auf die Erde kam* (GEO). Dann kam die Kalender-Idee für 2001. Die Bilder aus Frankfurt waren fertig. Sie gefielen mir. Ich nahm mir vor, sie vergrößern zu lassen. Dazu kamen jene von seinem Besuch bei mir. Ich wählte einige Fotos aus, aber auch Motive, die zu den Versen der weisen Chinesen passten, die ich für jeden Monat dazu schrieb.

Es sah so aus: Jedes große Kalenderblatt zeigte im oberen Drittel ein Bild, darunter stand ein Vers.

Niemals werden wir den kostbaren Duft der Blumen erfahren,
die bezaubernde Schönheit der Rosen sehen, das Wunder ihrer üppigen Blüte erleben,
wenn wir den Rosengarten nicht betreten,
wenn wir uns nicht auf den Weg machen,
trotz der Dornen.

Niemals werden wir die Fülle des Lebens erahnen, den Reichtum der Liebe spüren,
sein Licht empfangen, trotz aller Dunkelheiten, wenn wir nicht selber lieben.
(Chin. Weisheit)

Trotz aller Hindernisse die dem eilenden Flusse entgegentreten: alle Wasser, die sich trennen, um Bänke und Riffe herum, strömen doch endlich, endlich wieder jubelnd zusammen.
(Manyoshu)

Ich überlegte, was ich alles schenken könnte, ohne dass es zu viel, und vielleicht unangenehm würde. Mein Bedürfnis nach Schenken war erwacht. Noch bevor ich das Päckchen los schickte, gab ich einen Brief auf.

Hallo Lieber Rüdiger! Zum Geburtstag sollte Dich mein Gruß erreichen. Es ist ein weiter Weg (für die Post, nicht für die Gedanken) von Wien nach Köln. Es kann Verzögerungen geben. Musik ist ein heilendes Medium, vielleicht gelingt es ihr, die Wunden zu heilen, die dir im Alltag zugefügt werden. Geburtstag ist immer ein besonderer Tag, der aus dem alltäglichen Leben herausragt. Er erinnert unwillkürlich daran, welche Wegstrecke hinter uns liegt und – dass die vor uns liegende kürzer wird. Wie immer in solchen Stunden vergleiche ich mit dem Bergsteigen. Ein hoher Gipfel wird in unbefangener Heiterkeit bestiegen. Wir kennen die andere Seite noch nicht. Wenn wir oben angekommen sind, spüren wir einen Kraftverlust, aber auch das Wachsen anderer Kräfte. Wir genießen den Weitblick und die Stille, die Beschaulichkeit, den Wert des Augenblicks. Langsam gehen wir weiter, die Höhe entfernt sich, wird kleiner, zu diesem allen war Zeit erforderlich. Das seltsame ist, dass wir sogar uns selbst, unser eigenes Ziel und unseren eigenen Zweck, erst gegen Ende des Lebens erkennen und verstehen. Die Zeit läuft nicht spurlos ab. Ich wünsche dir, dass das Schicksal dich gut behandelt und dir Gesundheit und Heiterkeit erhalten bleiben. Du kannst viel aus eigner Kraft tun, um gesund, erfolgreich und glücklich zu bleiben, aber dieser Schachpartner Schicksal hat seinen besonderen Plan für jeden von uns. Es ist gut, dass wir ihn nicht persönlich kennen.

Geburtstag ist immer ein besonderer Tag. Er unterscheidet sich vom gleichmäßig schleichenden oder rennenden Alltag. In uns selbst ist, – obwohl es oft nach außen hin verleugnet wird, – ein gewisser Gedankengang in unser Innerstes. Manchmal kommt die Phantasie und vergegenwärtigt uns eine Szene aus vergangenen Tagen so lebhaft wie den gestrigen Tag. Wodurch sie ganz nahe an uns herantritt. Die dazwischen liegende Zeit verschwindet, das ganze Leben stellt sich als unbegreiflich kurz dar. Nur der Charakter ist jedem Lebensalter angemessen. Aber wichtig ist es, dass er etwas Jugendliches im Mannesalter behält und dennoch mit dem Lebensalter überein stimmt. Unsere kurze Begegnung während der Buchmesse stellte keine Fragen. Ich habe alle Menschen rundherum nicht wahr genommen. Ein Augenblick nur, in dem ich nicht mit mir allein war. Ich wünsche dir von ganzem Herzen, dass sich wenigstens einige deiner Wünsche erfüllen mögen. Vielleicht findet sich mal eine Stunde der Muße für dich ganz allein. Alles Liebe, bleib' gesund und heiter.

Ich umarme dich in Gedanken Katharina.

Leserbriefe kommen in großer Zahl. Und ich denke, ein freundliches Wort (als Brief verkleidet) kann beglücken. Und ich denke, wenn alle Menschen so miteinander umgehen würden, dann könnte bald eine friedliche Welt entstehen. Wie wichtig ist es doch, mit einander zu reden!

Sehr geehrte Frau Beta

Danken muss ich Ihnen für Ihre Biographie. Sie wurde mir zum ganz besonderen Erlebnis in einer für mich ganz schweren Zeit. Ich saß nach meiner ersten Krebsoperation an einem Morgen bei vielen verschiedenen Untersuchungen. Was war das für eine Bereicherung, mich in das Kapitel

Neubeginn und neue Fragen zu vertiefen. Es war für mich das Buch zur rechten Zeit. Ihnen auf Ihrem Wege Gottes Segen, Ihre Christel M.

Einige Tage später erfuhr ich durch ein Telefongespräch mit Rüdiger, dass die Sendung angekommen war. Wir sprachen lange miteinander. Er sagte mir, dass er Anfang des Dezember Urlaub nehmen werde und wahrscheinlich einige Tage nach Wien käme. „Würdest du dich freuen, oder hast du dir schon etwas vorgenommen? Um uns auf der Insel zu treffen, ist jetzt nicht die Zeit."

„Ich habe mir noch nichts vorgenommen, und freue mich, wenn du kommen kannst."

„Der Kalender ist wunderschön", sagte er. „Ich danke dir für die viele Mühe, die du dir aufgeladen hast. Warum tust du das für mich? Das ist doch wirklich nicht nötig."

Das Glück stimmte mich heiter. Das wirkte ansteckend auf meine Umgebung. Was lag näher als meiner Freundin zu berichten: „Er kommt, er kommt zu mir, wenn es Dezember wird."

Ilona hörte mir zu. Sie blieb ruhig. „Warte ab", sagte sie. „Noch ist er nicht hier." „Aber er wird kommen. Er hat es mir gesagt." Ilona gab mir einen Dämpfer: „Wollte er sich nicht mit dir zum Frühstück treffen?" „Ja, sicher, aber dazwischen war die Buchmesse und unsere Begegnung." Ilona schwieg, ließ mir die Freude und lud mich in eine Wiener Galerie zu den Werken des „Picasso" ein.

XIV. Kapitel

Über Weihnachten spricht man vom Fest der Liebe. Der Sinn ist schenken. Sich beschenken; sich verschenken; schenken, um dabei reich zu werden. Mein Besuch war noch nicht gekommen. Ich versuchte ein Gespräch. Am Telefon sagt mir Rüdiger, dass er viel Arbeit habe, dass es vor Weihnachten nicht mehr klappen werde. „Aber, ich habe bis zum 7. Januar noch Ferien, vielleicht komme ich erst nach Weihnachten."

Ich hatte viele Vorbereitungen getroffen, Theater- und Konzertkarten zurücklegen lassen. Mein Konto war belastet. Nachbarn und Freunde fuhren in Urlaub, zogen sich in den Familienkreis zurück. Familien freuten sich auf das Fest. Kinder schrieben Wunschzettel. Ich blieb allein mit mir und meinen Gedanken, unverändert wie alle bisherigen Jahre. Ich habe gebetet und mit mir gerungen und blieb dennoch in mir ungetröstet. Die Möglichkeit, mir zu entgehen, vermutete ich in der Entfernung aus meiner Wohnung. Ich musste aus dieser Niedrigkeit eine Höhe erreichen, hinauf klettern.

Es war um den letzten Vollmond des Jahres, als Eisklettern angestrebt wurde. Ich fuhr für einige Tage ins Dachsteingebirge. Das Wetter war angenehm. Die Sonne schien kräftig und verführte dazu vor der Hütte den Liegestuhl aufzustellen und mich ihrer Wärme hinzugeben. Über mir spähte der Steinadler nach Beute. Ich spürte mein Gespaltensein. Einerseits offen für alles Neue und Ungewöhnliche, andererseits fest in der einmal gefassten Meinung. Bisher arbeitete ich daran, meine eigene Welt zu schaffen. Seit das Gefühl zu mir kam, veränderte sich beinahe alles. Ich fühle mich beim ausschließlichen Denken behindert. Und ich konnte mich nicht dagegen wehren.

Beim Bergsteigen und beim Klettern, im Kontakt mit dem Gestein, suche ich meine Bodenständigkeit. Ein Ur-Bedürfnis nach Nähe habe ich vielleicht auch. Ich weiß nicht, ob es sich je erfüllen wird. Ich muss bis zu einem bestimmten Grad frei bleiben. Jede Abhängigkeit erstickt mich. Sobald ich mich eingeengt fühle, ergreife ich die Flucht. Nichts darf je ins Alltägliche abgleiten. Gut kann nur sein, wo es das richtige Maß von Nähe und Abstand gibt, oder sich einpendeln kann.

Als ich wieder in Wien war, fand ich keine erwartete Nachricht, aber viele Leserbriefe. Meine Stimmung war locker als ich an Rüdiger schrieb.

Hallo, du wirst von mir erwartet. Ich möchte dich vorbereiten und dir erzählen, wie angenehm gerade jetzt die Stadt Wien ist, weil ich nur Schönes sehe. Hier fühlen sich jene gewärmt, denen kalt ist. Wien wirkt musikalisch auf jene ein, die die Musik in sich verloren haben. Wien wirkt harmonisierend auf jene ein, die ihr Gleichgewicht verloren haben, und die Stadt Wien beschützt jene, die einsam sind in ihrer Seele. Da sind Weihnachtsmärkte, Punsch, Glühwein, Gerüche von Backwaren aller Art, Maroni, Backäpfel locken, die Hungrigen spüren den Hunger stärker, in diesen Tagen sind alle Menschen großzügig, gebefreudig und übersehen die Hungernden nicht. Aber die Stadt ist immer schön für den, der hier lebt, der sie so, wie sie ist, liebt, auch mit den Leuten, den großen Einkaufstaschen, schreienden Kindern, jaulenden Hunden, denen irgend ein Hastender auf den Schwanz trat, wer fühlt sich schon gerne getreten? Mancher weint still in sich hinein. Alte Mauern, an denen sich eitel die Kerzen spiegeln, Mauern, die mit Tannengrün geschmückt sind, einladend, lockend ... komm ... komm schau mich an, erlebe mich! Besteht deine Idee, Ferien hier zu verbringen noch? Ich bin in guter Weihnachtsstimmung, ich möchte Gastgeberin sein. Die Stadt ist der Kleiderschmuck, der mich umgibt, den ich anlege, um besonders schön zu sein, um Interesse zu wecken, oder um zu gefallen. So bummele ich durch die Weihnachtsmärkte und suche Geschenke aus, und habe damit begonnen, mich selbst zu beschenken. Meine Gedanken strahlen wie die Kerzen hier, deren Flammen höher streben, bis das Wachs verbraucht ist, oder ein Windstoß sie auslöscht. Ich denke, dass es Zeit wurde, gut zu mir selber zu sein. Hört sich überheblich an? Meine Wünsche sind nicht ohne Maß. Mir fehlte bisher neben dem Gefühl zu mir selbst auch das Geld. Aber wer kennt schon den nächsten Tag, die neuen Impulse?

Du sagtest, dass es für dein Kommen einen winzigen Hoffnungsschimmer gibt. Wenn du nicht kommen kannst, hat die Fremdheit die Gelegenheit sich auszubreiten. Auch sie hat viele Seiten. Fremdwerden kann weh tun, wenn es nicht aufgehalten wird, und entwickelt sich zur Fremdheit, die vieles leichter macht, auch einen Abschied, denke ich.

Dann folgt die Gleichgültigkeit, dann das Erinnern, dann das Vergessen. Arbeit, keine stille Muße, neue Erlebnisse, interessante Begegnungen, Fremdheit zur Stille, zur Muße, zur Heiterkeit der Seele. Fremdheit: Da sind keine offenen Ohren mehr, die zwischen den Worten hören, kein fragender Mund, der darauf wartet geküsst zu werden, keine suchenden Augen, die sich in einem anderen Augenpaar erkennen können. Niemand kann festhalten, was seine Hand nicht greifen konnte.

Der Schnee bringt mich gedanklich zur Frau Holle. Weihnachten ist der Geburtstag Christi. Der Volksmund sagt: Ein neugeborenes Kind sei „hereingeschneit“ in die Welt. Man könnte dies erweitern und nicht nur die Fruchtbarkeit an Nachkommen auf das Werk der Frau Holle zurückführen, sondern alles Neue, was in die Welt „hineinschneit“ also jeden einzelnen Augenblick als ihr schöpferisches Werk, und sie selber folglich als Bild der urmütterlichen Gottheit ansehen. Bilder geben den Sinn. Was soll ich sagen: Du bist in mein Leben „hereingeschneit“. Also in diesem Sinne weiterhin frohes Schaffen, ein bisschen Freude dabei Heiterkeit und Harmonie im Alltag, mit eben solchen Grüßen von Haus zu Haus, Katharina

Ein Telefax erreichte mich: ... Wie es mit dem Urlaub aussieht, weiß ich noch nicht. Es wird wahrscheinlich nichts mit einer Reise vor Weihnachten, also nirgends wohin, weder nach Wien, noch sonst wohin. Ich weiß es noch nicht, wie es aussehen wird. Das alles will ich dir auf diesem Wege kurz sagen, und wünsche dir einen wunderschönen Tag und auf bald, Rüdiger.

Eine Abschiedstimmung begleitet mich in das Neue Jahr. Abschied begleitet mich überall hin. Für den, der sich nach etwas sehnt, tritt der Rest der Welt in den Schatten. Aber was ist dieser Schatten?

In der Hoffnung, Hilfe von einem vertrauten Freund zu bekommen, machte ich mich auf den Weg zu Vater Avenir.

Ich fand ihn im Spital.

Er war am 21. Dezember an einem Gehirntumor operiert worden.

Es gab keine tröstenden Worte. Ich stand dem Abschied gegenüber. Wir kannten uns bald dreiundzwanzig Jahre. Anfangs hatte er mir geraten: „Nimm dein Leben an, lebe es, suche darin den Sinn.“

Jetzt lag ein breiter weißer Verband um seinen Kopf und deckte die Naht auf der Stirn zu. Ich war nicht sicher, ob er mich verstehen konnte. Nicht nur mein Herz tat mir weh, sondern mein ganzes Selbst trauerte. Ich spürte einen großen Verlust, obwohl er noch im Spitalbett lag. Ich nahm einen Stuhl und setzte mich zu ihm, nahm seine Hand, und hielt mich daran fest. Er sprach nicht zu mir. Er war für mich immer das Beispiel großer Menschlichkeit.

Auf meine Frage nach dem Befinden des Patienten, sagten mir die Ärzte, dass es ihm bald besser gehen werde. Ich spürte die Lüge!

Ich fühlte das Ende, ohne dass ich es hätte erklären können, und dachte, Menschen und Begegnungen sind auch Symbole für etwas anderes. Alle Wesen stehen für etwas. Die Geschichte wiederholt sich grundsätzlich, es kommen andere Namen, andere Gestalten. Die Art bleibt gleich. Weihnachten ist die Zeit der vielfältigen Gedanken. Wünsche sind eigentlich eine versuchte Vorschau auf etwas. Wenn sie sich erfüllen, nennt man das Glück. Und ich versprach Avenir: Ich werde wieder kommen.

Mein Wünschen ging dahin, dass die Enttäuschung nicht irgendwann entgültig werden wird, sondern immer bloß ein Schritt auf dem Weg zu neuer Erfüllung sein möchte. Nur im Tod scheint auch das glücklichste Leben nach der Seite entgültiger Unerfülltheit zu kippen. Das, was im Tode vom Leben letztlich bleibt, ist die Vernichtung aller Erfüllungsmöglichkeit, wie wir sie kennen. Die Stoiker meinen, wir könnten den Tod als Erfüllung sehen, indem wir ihn einfach wollen. Dadurch, so sagen sie, werde die Vernichtung zur Erfüllung. Sie bedachten wahrscheinlich nicht, dass der

Verstorbene nichts mehr als erfüllt erleben kann, weil es ihn nicht mehr gibt. Eine mögliche Vorstellung vom Tod hält sich nur an das äußerlich Sichtbare. Was sich irdisch nicht mehr wahrnehmen lässt, gilt als inexistent. Nur im Märchen bedeutet Tod oft etwas anderes als Sterben.

Am letzten Tag des Jahres erfuhr ich, als ich mich telefonisch erkundigte ob Besuch erlaubt sei, dass es ihm gar nicht gut ging. Sein Weg war kein Geheimnis mehr. Er freute sich über mein Kommen.

Sein Gesicht war schmal, ätherisch, durchsichtig. Ganz leise flüsterte er: „Meine Seele bewegt sich zu einer anderen Wirklichkeit hin. Das ist ihr Wollen und Trachten. Es wird der Geburtstag der ewigen Seele. Ich werfe die Last ab, den Körper, der mich barg. Du weinst? Warum bist du traurig? Es ist doch der natürliche Lauf. Du weißt, dass es den Tod gar nicht gibt. Kommen wird ein Tag, der uns dem Licht wieder geben wird. Viele würden dies alles leichter ertragen, wenn sie sich nicht ihrem Körper verschrieben hätten, denn wie alles jenes, so wechseln Leben und Leben. Und was ein Ganzes ist, löst sich in Teile. Getrenntes fügt sich wieder zusammen; in diesem Werke lenkt die ewige Kunst Gottes, die alles ordnet."

Erschöpft schwieg er, schlief bald tief und spürte meine Anwesenheit nicht mehr. Sein Gesicht wurde noch schmaler und bekam eine wachsbleiche Farbe. Selbst die Lippen verloren das Rot. Seine beiden Hände hielten das große Brustkreuz, das er auch in diesen Tagen nicht ablegte. Ich hätte gern, wie in den vergangenen Jahren, einfach nur still in seiner Nähe gesessen, um mich getröstet und gestärkt zu fühlen. Jetzt zog ein Schmerz durch meinen Körper; es fiel mir schwer, einen Fuß vor den anderen zu stellen und die Tür zu erreichen. *Vorbei* – dröhnte es wie ein überlautes Echo in meinem Kopf. Dreiundzwanzig Jahre verabschiedeten sich. Avenirs Worte blieben in mir erhalten. Ich war sicher, dass seine Seele gegenwärtig bleiben würde. Im Grund läßt er mich nicht allein, versuchte ich mich zu trösten. Aber ich musste meinen Schmerz aus mir hinaus schreien, also schrieb ich.

***

Der Beginn des Neuen Jahres weckte Neugier. Leserbriefe hatten sich wieder angehäuft und ich füllte meinen Zeitraum mit dem Beantworten und dem Schreiben an meinem Buch. Das Konzentrieren tat mir gut. Und ich sagte mir: Das Unmögliche behandeln, als wenn es möglich wäre.

Zu meinem Geburtstag beschenkte ich mich. Kabelfernsehen wurde angelegt; dazu kam ein kleiner neuer Fernsehapparat mit einem Video-Recorder, der mir die Möglichkeit geben sollte, meine vielen Aufzeichnungen aus Fernsehsendungen anzusehen und meiner Kritik zu unterwerfen. Einen Kabelanschluss haben, bedeutete für mich, viele Sender in Deutschland und anderswo sehen und beurteilen können, weniger isoliert sein, das Weltgeschehen nicht nur aus Wien im ORF I zu sehen. Außerdem wollte ich den WDR einschalten, verbunden mit dem Versuch, Rüdiger bei seiner Arbeit zu beobachten. Internet öffnete sich und Kontakte über die e-Mail Adressen. Das war mit Lernen verbunden. Neues musste ich aufnehmen, Vergessenes wollte ich aufarbeiten. Ein Kartengruß überraschte mich: Liebe Katharina, zum Geburtstag alles Liebe. Ich denke oft an dich, hoffe dich gesund und heiter und möchte dich wirklich gern einmal treffen. Alles Liebe Rüdiger.

In mir begann die Glut erneut zur Flamme zu werden. Sie bewirkte einen innerlichen Verzehrungsprozess, aber gleichzeitig den Aufbau. Das bedeutet, dass das Feuer mich nicht verbrannte, sondern läuterte und gesundes Wachsen anregte. Dieses Werden konnte ich nicht mit meinem Willen beeinflussen, konnte mir noch nicht befehlen: Ich will nicht mehr an ihn denken.

In den Wintertagen schmerzten die Narben in meinem Gesicht. Sie wurden starr und machten das Sprechen zu anderen Menschen schwer, also blieb es dabei: Ich führte

Gespräche nur mit mir. Die Narben waren ja nicht nur Oberfläche, sondern durchgehend, dicke Wülste sind innen. Auch die transplantierten Knochen schmerzten. Dabei kam der Gedanke zu mir, ließ sich nicht weg schicken: Wird es möglich sein, mit diesem Mund zu küssen? Geschmacks – und Geruchssinn hatte ich nicht mehr. Mit diesen Lippen ein anderes Gesicht, die Augenlider, den Mund eines anderen Menschen berühren? Der andere Mensch hatte einen Namen: Rüdiger.

Die Kosmetikerin kannte mich schon mehr als zwölf Jahre und hat mir geholfen, die großen roten Striche aus meinem Gesicht verschwinden zu lassen. Sie hat dazu ihre besonderen Tricks mit Laser und Ultraschall zur Behandlung. In solchen Situationen, wenn ich wieder mit dem Ausgangspunkt meiner Lebenssituation konfrontiert wurde, wuchs meine Willenskraft. Ich sagte zu mir: Du brauchst nur Disziplin, du musst jeden Tag dein Denken trainieren, dir jeden Tag Lebensinhalte bewusst machen. Der Alltag ist gegenwärtig, er geht nicht an dir vorbei.

Wenn die Gefahr drohte, mich fallen zu lassen, richteten mich Leserbriefe wieder auf. Es war also umgekehrt, jene, die mir sagten, ich würde ihnen Lebensmut geben können, wurden zu jenen, die mir meinen eigenen Mut greifbar machten. Das kann doch nicht spurlos vorbeigehen?

Als Ilona zu mir kam, gestand ich ihr, wieder zu einer Talk-Show eingeladen zu sein. „Du wolltest doch nicht!“

„Der Verlag hat zugestimmt. Und es ist auch so, dass ich Leser brauche. Wenn ich mich total zurück halte, wird kein Buch mehr gelesen und ich werde brotlos. Ich muss zukünftig vom Schreiben leben. Meine Rentenzahlung wurde eingestellt. Ich werde bald sehr arm sein. Die Medien bestimmen was gelesen wird, oder was nicht. Ich muss, auch wenn es mir schwer fällt, draußen bleiben.“

„Du kannst dich ja auch wieder zurück ziehen.“

„Ja!“

„Die Welt lässt sich weder durch deine Freude, noch durch deine Tränen verändern. Tränen trocknen schnell. Die Freude ist wie das Lied eines Vogels, sie währt so lange, wie der Vogel singt.“

„Es ist erstaunlich angenehm, von vielen namenlosen Menschen gekannt und verehrt zu werden. Vor noch nicht langer Zeit konnte ich nicht so empfinden.“

„Was ist das für eine Sendung?“

„Nach München wurde ich eingeladen und zwar zu ‚Fliege‘. Ich habe mich inzwischen schon informieren können, weiß natürlich nicht, wie diese Sendung ablaufen wird. Es wird Anfang des März sein, noch vor der Buchmesse in Leipzig.“

„Du wirst hinfahren?“ „Bisher gibt es noch keine Einwände.“

„Welchen Titel hat die Sendung?“

„Ich will meine Liebe zurück.“

„Was sagst du dazu?“

„Ich kann mit dem Wort ‚zurück‘ nichts anfangen. Etwas, was zurück liegt, muss doch irgendwo sein, irgendwo zu finden sein. Das Schicksal müsste mir Verlorenes zurück bringen, die Liebe zum Beispiel, die ich einmal hatte, die mir genommen wurde. Ein Wunder müsste passieren. Ich müsste mich erinnern. Ich sehe nur Papier und Zeichen und Bilder vor mir liegen.“

„Hier ist Liebe ein Fernsehthema!“

„Über das, was sich in mir entwickelt, werde ich nicht reden.“

„Ich bin neugierig.“

„Möchtest du mit mir kommen?“

„Ich habe keinen Urlaub, kann nicht einfach aus meinen beruflichen und familiären Bindungen raus.“

„Es ist ein Wochenende, war nur so eine Idee, ich bin mit dem Flieger schnell wieder zurück, und muss ja, Gott sei Dank den Flug nicht bezahlen. Und weil diese Sendung am 16^{oo} Uhr sein wird, kann ich am Abend noch zurück kommen."

Ilona saß schweigend im Sessel. Ihre Hände lagen auf ihren Oberschenkeln. Sie zeichnete sich dadurch aus, dass sie keine Gestik brauchte um ein Wort zu unterstützen. Sie hielt, wo sie ging oder saß, die Hände vollkommen ruhig, während ich andere Menschen dabei beobachtete, wild mit ihren Fingern oder Armen herumfuchteln, oder den erhobenen Zeigefinder auf die Person zu richten und damit unangenehm zu sein. Ilona trägt keinen Ohrschmuck. Eine schmale Goldkette schmückt ihr Dekolleté. Sie kleidet sich einfach und geschmackvoll. Meist trägt sie Röcke in Wadenlänge. Sie ist wenigstens zehn Zentimeter größer als ich. Ihr mittelblondes Haar bedeckt die Ohren. Auch ihr Gesicht ist ungeschminkt. Natürlichkeit ist für sie nicht nur ein Wort.

„Gibt es was Neues?", fragte sie mich.

Ja. Von Plan-International aus Hamburg bekam ich Antworten auf meine Fragen.

„Liebe Patin." Mit Ihrer Patenschaft für die Kinder Estefany, Zoila und Rosalina, zeigen Sie persönliches Engagement und helfen eine Brücke zu bauen. Eine Brücke, die Menschen von unterschiedlicher Herkunft über die Grenzen von Glaube und Hautfarbe hinaus zusammenführt. Eine Patenschaft bei Plan bietet eben nicht nur die Möglichkeit, konkrete Entwicklungshilfe-Programme für bedürftige Gemeinden zu unterstützen, sondern auch über Berichte und Briefe das gegenseitige Verständnis zu fördern. Wir von Plan verstehen uns als Mittler, um diese Verbindung zu ermöglichen und aufrecht zu erhalten. Sollten Sie Fragen haben, wenden Sie sich jederzeit an uns.

Ich bekam eine Patennummer und die Patenkinder haben Nummern (was die Computerarbeit erleichtert). Briefe, die ich schreibe, werden bei Plan übersetzt und abgeschickt, ebenso erfolgt es umgekehrt. Ich schrieb den ersten Brief an Estefany nach Peru, von der ich ein Foto habe. Sie ist schon elf Jahre alt. Mein Leben bekommt neuen Inhalt."

Ilona freute sich mit mir und sagte mir, dass sie auch ein

Patenkind aussuchen werde.

In diese gute Stimmung hinein überraschte mich Rüdiger mit einem Telefongespräch. Er sagte mir, dass er in den vergangenen Tagen sehr oft an mich gedacht habe und stellte die obligatorische Frage: „Wie geht es dir?“

Nachdem ich ganz bewusst mehrmals ruhig ein und aus geatmet hatte und die Überraschung abklang, sagte ich „Es geht mir gut. Danke. Es wäre noch besser, wenn ich mal richtig Urlaub machen könnte. Einfach mal raus aus meiner Wohnung; ich weiß gar nicht, ob ich je richtigen Urlaub hatte.“

Rüdiger sprach ohne zu zögern, spontan, wie ich es weder kannte noch vermutete: „Für Ferien, wie du sie brauchst, rate ich dir die Nordsee.“

„Die Nordsee?“, fragte ich und erlebte im Rückblick meinen Hörsturz in Hamburg, das stürmische Toben des Wassers, und hörte die Worte des alten Fischers.

„An der Nordsee?“, fragte ich noch einmal.

„Ja, wir sprachen schon einmal darüber, ganz kurz. Ich denke an die Insel Amrum. Mir persönlich gefällt es dort besonders gut. Diese Insel hat eine geheime Kraft. Ich sagte es dir schon. Reizvoll ist der Ort Norddorf an der oberen Küste. Von dort kann man bei gutem Wetter, während der Ebbe, die Südspitze von Sylt erkennen.“

„Darüber muss ich nachdenken.“

„Und außerdem“, sagte Rüdiger, „ist Amrum leicht von Köln zu erreichen. Wir könnten uns dort treffen.“

„Hast du noch Urlaub?“, fragte ich, und unangemeldet schlich der Zweifel zu mir und flüsterte in mein Ohr, aber ich beachtete ihn nicht.

„Ich habe noch Resturlaubstage. Sie sind längst nicht alle für Ferien zur Jahreswende verbraucht worden. Ich könnte einige Tage Urlaub nehmen, wohl aber erst im Mai“, dehnte er seine Worte.

„Könntest du bis dahin warten? Kannst du es so einrichten?“

Und grübelnd dachte ich an meine finanzielle Basis, denn mit Nichts in der Tasche ist Urlaub nichts. Die erste Jahresabrechnung würde bis Ende des April zu mir kommen, hoffte ich. Mein neues Buch wird im Handel sein. „Ja“, sagte ich, „im Mai wird ein Urlaub möglich werden.“

Ein Gedanke nahm Gestalt in mir an.

„Ich weiß zwar nicht, wie ich von Wien auf eine Nordseeinsel gelangen kann, aber ich werde das schon heraus finden.“

Mein Interesse war geweckt. Wichtig erschien mir nach allen Unklarheiten: wir würden mit einander reden können. Ich würde etwas anderes hören können als meine eigene Stimme.

„Ruf mich an, wenn du Fragen hast, pass auf dich auf“, sagte er und schon war wieder Stille.

Da saß ich mit dem Insel-Gedanken vor dem Telefon. Es fiel mir bisher nicht leicht so weit voraus zu planen, und wenn ich plante, lenkte mich das Schicksal sicher auf einen anderen Weg. Wer kann mir heute schon sagen, was im Mai sein wird? Es war schon Überwindung nötig, bis zum 23. März, zur Buchmesse zu denken. Ein spanisches Sprichwort fiel mir ein: *Was binnen eines Jahres nicht geschieht, geschieht in einer Minute.*

So schnell wie ich den Telefonhörer aufgenommen hatte, konnte ich ihn nicht ablegen und dachte: Vielleicht werde ich frei werden von einer quälenden Vorstellung, oder meiner Phantasie, die mir Bilder vorgaukelt, ohne dass ich träume. Ja, wir sollten reden und versuchen zu verstehen.

***

Im Verlag wurde beinahe ausschließlich von der Buchmesse gesprochen.

Leipzig, die Stadt der Sachsen wurde Anziehungspunkt. Ich kannte die Stadt nicht, und informierte mich über die Geschichte. Ich konnte mir vorstellen die Thomaskirche (14.-15. Jht.) und damit Johann Sebastian Bach zu besuchen. Um die

Mitte des 18. Jahrhunderts galt Leipzig als die geistige Hauptstadt Deutschlands, schrieb ein Stadtführer. 1825 wurde der Börsenverein des deutschen Buchhandels in Leipzig gegründet. Bedeutsam wurde die Musikpflege durch J. S. Bach.

Vor dem Krieg war Leipzig eine interessante Stadt.

Ich packte meinen Fotoapparat ein und erhoffte gutes Wetter.

Vom Verlag waren Zimmer bestellt worden. Mein Buch *Erkennst du Dich*, das musste ich erfahren, war noch nicht fertig geworden! Wir hatten vor dem Flug überlegt, ob es sinnvoller sein könnte, den Nachtzug dorthin zu nehmen, um schon am Morgen dort sein zu können. Die Idee wurde wieder verworfen. Der Flug wurde gebucht. Das bedeutete: um 5°° das Taxi zum Flughafen nehmen, denn um 6°° Uhr wollten wir uns dort treffen. Um diese Zeit schläft in Wien noch der Verkehr. Wien schläft gut und lange, dennoch leben hier auch fleißige Leute. Der große Jumbo sollte um 8.30 in Frankfurt sein, dort galt es umzusteigen, damit wir gegen 11°° Uhr in Leipzig sein konnten. Für den Spätnachmittag hatte der Verlag eine Lesung für mich geplant. Eigentlich sollte ich aus meinem neuen Buch lesen, unbefangen, weil es ein Sachbuch war. Es gefiel mir. Nun sollte ich der Qual ausgesetzt werden, aus meinem Buch *Katharsis* zu lesen.

Kaum waren wir in Frankfurt gelandet, wurde uns bekannt, dass die Fluglotsen der deutschen Luftlinien streikten, dass es keinen Weiterflug nach Leipzig geben würde. Der nächste Flug? 10.30? Ausgebucht. Es würde noch um 17°° ein Flugzeug geben, hieß es schließlich. Um diese Zeit sollte ich schon lesen. Es wurde zur Gewissheit, dass wir mit dem Zug von Frankfurt nach Leipzig fahren mussten: Abfahrt 11°° Hauptbahnhof. Es goss. Ich war müde. Und es war kalt. Ich hatte ein helles Kostüm angezogen, und Schuhe mit hohen Absätzen, hatte meine Korallen-Ohr-Clips ausgewählt, mich sozusagen richtig verkleidet! Ich wartete auf die Überraschung!. Handtasche und meinen Trolly für zwei Tage. Die

Verlegerin hatte mich überredet, dieses Gepäckstück aufzugeben, während sie noch zwei Koffer mit Büchern mitnehmen musste. Bücher sind schwer (nicht nur zu schreiben oder zu verkaufen, sondern auch zu tragen).

Wir suchten jene Stelle in diesem riesigen Flughafen, wo wir die inzwischen ausgeladenen Gepäckstücke finden konnten. Der Frankfurter Flughafen: ein Alptraum! Fragen nach dem Weg bekamen irritierende oder falsche Antworten. Ich verlor einen der kostbaren Korallen-Ohr-Clips (die ich aus Sardinien mitgebracht hatte), wurde ärgerlich über eigene Ungeschicklichkeit und die vorgenommene Verkleidung. Oh, nein, ich war nicht gut auf mich zu sprechen.

Vom Flughafen mussten wir den Zubringer-Zug zum Hauptbahnhof finden – mit dem Gepäck, im strömenden Regen!

Die Verlegerin schleppte die Bücherkoffer, ich zog meinen kleinen Trolly und trottete verärgert hinter ihr her. Es gab nichts Trinkbares bis wir um 10.30 den Zug erreichten, der keinen Speisewagen hatte, in dem auch kein Getränkewagen durch die Abteile fuhr. Wenn mein Mund trocken wird, bekomme ich Schmerzen. Aus dem transplantierten Gewebe gibt es keine Speichelbildung. Ich werde unangenehm. Ich kann mich nicht leidend ertragen. Mit dem schmerzenden trockenen Mund kann ich nicht sprechen, nicht schlucken, nicht frei atmen.

Wir kamen um 15.30 in Leipzig auf dem großen neuen Bahnhof an. Darauf sind die Leipziger sehr stolz. Er wurde neu aufgebaut und noch vergrößert. Das hört sich widersprüchlich an, wenn man bedenkt, dass es nach der „Öffnung“ etwa 600.000 Einwohner gab, und inzwischen nur noch 400.000 gezählt werden. Es werden dort Wohnungen mietfrei weggegeben, damit sie nicht leer stehen und verkommen. Die jungen Menschen, die noch ohne familiäre Bindung sind, ziehen in den Westen Deutschlands, weil sie sich bessere Arbeits- und Verdienstmöglichkeiten erhoffen. So erzählte uns der Taxifahrer die Geschichte der Stadt, als er uns zum Hotel fuhr. Die Zimmer waren sauber und praktisch eingerichtet. Ein Unterschied zu den Hotels im Westen Deutschlands ist erkennbar.

Die Menschen sind höflich und zurückhaltend liebenswürdig. Ich nahm alles um mich herum nicht wirklich wahr, denn Müdigkeit und Erschöpfung meldeten sich. In dem Cafe, das für Lesungen während der Buchmesse diente, sollte ich um 18°° aus *Katharsis* lesen. Es waren nur 20 Gäste dort, während vom Verlag eine große Menschenmasse erwartet, und Bücher in großer Menge mitgenommen worden waren. Ich las nur eine kurze Passage, der Mund schmerzte noch vom langen Dursten; schließlich bat ich die Gäste mir Fragen zu stellen, ein Gespräch mit mir zu führen. Mein Vorschlag wurde begrüßt, denn beinahe alle Gäste kannten bereits mein Buch, und hatten viele Fragen, wünschten ein Gespräch mehr als gelesene Worte. Aus diesem Gästekreis hatte mir eine der Frauen schon nach Wien geschrieben und sagte mir jetzt: „Es gibt kein anderes Lernen und Weitergeben von Wissen, als durch Reden und Zuhören."

„Das ist wohl richtig", sagte einer der Gäste: „Wenn kluge Männer glauben, dass sie durch Zeugung eines Sohnes ihr Wissen weiter geben können, so irren sie. Sie können auch kranke Kinder bekommen. Das Genie wird nicht vererbt. Es ist und bleibt eine einmalige Erscheinung. Wissen lässt sich durch das gesprochene, geschriebene Wort vermitteln, durch Weitergeben von Erkenntnissen aus erlebten Erfahrungen."

Eine alte Dame, die sich zu den Gästen gesellte, sagte: „Auch Vorbilder sind wichtig. Es sind meist nicht die eigenen Väter. Wen hat sie noch nicht verwirrt, diese unerbittlich fortschreitende Fahrt durch die Einbahnstraßen der Zeit. Auf die unzähligen ‚was jetzt?', denen wir am Wege begegnen, gibt es so viele Erwiderungen wie denkende Menschen. Für Lebensverlaufsforscher gehören diese Überlegungen sogar zum Beruf."

Es wurde ein wirklich interessanter Abend mit interessanten Menschen.

Am Morgen wanderte ich durch das Messegelände zum Stand des Verlages Karin Fischer. Das Messegelände, ein Glasbau mit hohen gewölbten Kuppeln, die den Blick zu Mond und Sternen frei geben, war im Verhältnis zu Frankfurt wirklich ruhig, wenn nicht sogar irgendwie harmonisch, familiär, wenn Europa als eine große Familie bezeichnet werden kann. Es gab kein Geschrei, keine Filmarbeit von irgendwelchen Sendern (außer im Erdgeschoss sehr diszipliniert). Dr. M. Fischer begrüßte mich. Der Verlag hatte einen ziemlich großen Stand im Verhältnis zum Ibera. Und ich sah bereits in einem der Regale mein Buch aufgestellt. Es hat eine rostfarbige Covergestaltung mit dem Janus-Kopf als Symbol, – wie es auch Janus I. schon hat. Ohne Foto von mir, Band II der Trilogie. „Wenn wir alle nackt wären“. Ich freute mich darüber, es in meiner Hand halten zu können.

Den Vormittag verbrachten wir im angeregten Gespräch und Planung für die anderen beiden Bände, die im Herbst fertig sein würden. Das richtete sich nach meiner Zahlungsbereitschaft, denn ich war an der Herstellung finanziell beteiligt. Als ich der Ibera-Verlegerin ein Buch schenkte, und ihr eine Widmung hineinschrieb, wurde sie ärgerlich und sprach von Vertragsbruch, der Folgen haben werde. Ich sei noch an den Verlag gebunden und dürfe nicht ohne ihr Wissen mit anderen Verlagen arbeiten. Ich erwiderte ihr: „Die Bücher schrieb ich schon zwischen den vielen Operationen. Ich bin ein freier, ungebundener Mensch. Der Verlag ist außerstande von mir drei Bücher in einem Jahr herauszubringen. Es ist ein einziges schon mit Hindernissen verbunden. Nicht einmal das jetzt zur Buchmesse erwartete kann vorgestellt werden. Es ist bekannt, dass ich viel schreibe. Wozu kam ich überhaupt hier her?“

Die Verstimmung blieb sich treu. Seit diesem Tage sprachen wir kein persönliches Wort mehr miteinander. In den Nachmittagstunden, als ich mir Leipzig anschaute, gab ich an dem Postschalter im Bahnhofgelände mein Buch mit Widmung an Rüdiger auf. Ja, ich freute mich über dieses gelungene Janus-Buch. So hatte der Ärger über die Unstimmigkeiten wenig Chancen sich auszuweiten. Kleine Freuden sind bedeutende Meilensteine und Wegweiser im Nebel.

Ich besuchte Johann Sebastian Bach in der Thomas Kirche. Die Stadt ist ruhig, wie ein großes Dorf und keineswegs vergleichbar mit der Hektik in den Städten Westdeutschlands oder Österreichs. Als ich später ins Hotel kam, wurde mir an der Rezeption eine sehr langstielige rote Rose überreicht, dazu ein Brief.

Eine berührende Geste der mir schon bekannten Frau, die als Gast zu meinem Leseabend gekommen war. Der Brief hatte die gleiche Gestalt, wie die Frau, die ihn schrieb.

Sehr geehrte Frau Beta ...

Schon einmal hatte ich Ihnen nach Wien geschrieben, da hatte ich Sie während einer Fernsehsendung gesehen, und ich kann nichts daran ändern, irgend etwas sagte mir, dass mir Ihre Stimme wichtig ist, bestimmt wichtig, also sehe ich Sie mit Hochachtung. Warum? Weil Sie Katharsis und anderes geschrieben haben? Weil ich das gelesen habe? Deswegen bestimmt nicht. Sie haben mir das Buch geschenkt, deshalb bestimmt nicht. Weil ich zu Ihrer Buchlesung gekommen bin, bestimmt nicht. Sicher bemerken Sie, dass ich nach einer mir selbst plausiblen Erklärung suche. Obwohl, wer muss mir irgend etwas erklären? Ich tue es für mich, damit ich meinen Seelenfrieden wiederfinde. Papperlapapp. Entschuldigen Sie, ich schreibe, wie mir der Schnabel gewachsen ist. Aber warum schreibe ich und vor allem, warum ist mir Ihre Stimme so wichtig?

Nicht die Jahre in einem Leben zählen, sondern das Leben in den Jahren, – von irgend einem Amerikaner oder Engländer geschrieben. Warum die Blume zu der Buchmesse, zu Ihrem Hotel? Warum schreibe ich Ihnen? Wissen Sie, es ist mir schwer nachvollziehbar (und sicher nicht nur für mich), dass Ihr Gedächtnis total ausgelöscht wurde, sozusagen die Festplatte gelöscht, dass jemand, der praktisch von Null des Menschseins wieder anfängt irgend etwas zu lernen, ja, wie haben Sie es fertig gebracht, eine solche Sprache mit Meisterhand an den Tag zu legen? Ich meine hier wirklich die Sprache als Handwerkzeug und nicht das, was sie sagen. Das auch, aber zuerst, wie haben Sie sich ihre heute gezeigte eigene Sprache zu eigen gemacht? Wie geht so etwas, ich meine, was Sie zu sagen wagen, welche Überlegung Sie auch anstellen, welche Querverweise auch existieren, – das kann ich mir nur so erklären, dass in Ihrem Kopf etwas geschlummert hat, dessen Sie sich bemächtigt haben, – ihre Erfahrungen dazu genommen in dem „neuen“ Leben, und damit entstanden irgendwelche Querverweise, Erkenntnisse für sich selbst, Erkenntnisse im Umgang mit anderen Menschen, Erfahrungen aus eigner Not, usw. Das krieg ich noch irgendwie hin. Aber. - Aber echt, die Sprache an sich, ... ich meine dieses alles in Worte zu übersetzen, in Sätze, dass aus dieser Sprachgewandtheit sich Bilder ergeben. Das ist für mich schwer nachvollziehbar. Schließlich fehlt Ihnen sicher der Prozess vom „Da – da, Mama“ (erste kindliche Artikulation) zum gestandenen Wort, zum Satz, zur ganzen Seite, geschweige denn zum Buch. Wie geht so etwas? Ich glaube, dass die Anlagen zum Denken irgendwo auch bei Ihnen in irgend einer Ecke versteckt waren. Entschuldigen Sie bitte, ich kann es mir nur so erklären. Ja, ich möchte wohl so sein wie Sie sind.

Ich stelle hier Fragen – sicher sind sie gar nicht so wichtig. Ich schätze Sie sehr, als Mensch – eine Größe, vor der man den Hut ziehen kann, ein menschliches Wesen, wo ich sofort den Eindruck hatte, dass Sie mich ohne ein Wort verstehen, ja, etwas, das einem sehr ähnlich ist, trotz ganz andersartiger Umstände um dieses Wissen, wo sich das Wollen und das Sein dieses Menschen mit dem des anderen trifft ... vielleicht helfen Sie mir mal auf die Sprünge, ob es irgendwann eine Fortsetzung von Katharsis gibt. Oder ob ich das nur geträumt habe. Herzlich Anita N.

Es waren fünf computergeschriebene Seiten, für die ich zum Lesen sehr viel Zeit brauchte, denn ich wollte sie verstehen, diese Frau, die eben ihren 50. Geburtstag feierte und zwei Kinder aufwachsend erlebte. Sie brachte mir eine Rose ins Hotel. Zur Beantwortung dieses Briefes brauchte ich lange Zeit. Ich machte es mir nicht leicht.

Liebe Frau Anita N.

... ein wunderschöner Vers: *Nicht die Jahre in einem Leben zählen, sondern das Leben in den Jahren.* Das stimmt nachdenklich, wenn ich dabei an meinen Überlebenskampf in den vergangenen Jahren denke. Sie möchten wissen, wie ich angefangen habe?

Zuerst danke ich Ihnen für die wunderschöne edle langstielige Rose und diese gute Idee mich so zu begrüßen. Von Anfang an war ich mit mir allein. Es ging mir sozusagen wie einem Pilger, der in der Wüste nach einem Weg und nach Wasser sucht, weil er durstig ist. Als ich endlich anfangen konnte das Schreiben und Lesen zu lernen, habe ich täglich die Zeitungsseiten abgeschrieben, stundenlang, jeden Tag. Ohne zu verstehen was ich schrieb, versuchte ich Buchstaben für Buchstaben mit dem Bleistift in meiner Hand auf das weiße Papier zu übertragen. Ich schrieb die Lokalseiten und die Nachrichten, das Aktuellste, das Banale, bis mein ganzer Körper vor Anstrengung schmerzte. Ich hatte noch sehr wenig Kraft bei meinem Körpergewicht von 30 kg. Ohne Zähne, ohne Oberkiefer und offenem Rachenraum, war es mir nicht möglich, richtige Nahrung zu mir zu nehmen. Und ich war immer müde. Das machten die Tabletten. Ich habe neben dem Abschreiben der Zeitungsberichte, Verse auf weißes Papier geschrieben und ging durch den nahen Wald, um sie auswendig zu lernen. Dabei sprach ich laut, um das Sprechen zu lernen. Verse zu lernen ist auch deswegen gut, weil die Betonung wichtig ist. Ich war glücklich, als es mir gelang, einen einzigen Satz auswendig zu sprechen, und trainierte mein Gedächtnis und meine Konzentration, obwohl ich den Inhalt der Verse nicht verstand. Später, als ich zu denken begann, ließ ich sie mir erklären. Mit dem großgedruckten ABC stellte ich mir selbst Worte zusammen, dann Sätze und suchte Ähnlichkeiten mit den Worten in den Zeitungsberichten. Um mich herum lagen bald Hunderte Papierfetzen. Ich lernte auf meine besondere Art jeden Tag die Nachrichten auswendig und eignete mir so auch die Ausdrucksweise an. Ich schrieb, oder kritzelte, so dass ich selbst Schwierigkeiten hatte meine Worte zu lesen, ich schrieb weiter. Bald schrieb ich auch eigene Wortbildungen auf, die mir in den Sinn kamen. Ich habe Zusammenhänge gesucht und seltsame Fragen gestellt, die ich mir schließlich auch selbst beantwortet habe. Das wurde meine Sprache. Ich habe jahrelang nichts anderes getan als gelernt. Es hatte mir niemand gesagt, dass ich das tun muss, und wie es am geschicktesten sei! Es war gut, dass ich allein war. Aber, ich habe mir meine eigene Welt geschaffen und lebe ganz zufrieden. Wahrscheinlich ist in mir eine besondere Gabe, die mit dem Willen zusammenhängt, verborgen. Ich kann mir nicht vorstellen, dass es viele Menschen gibt, die mir in diesem abstrakten Lernprozess folgen könnten. Aber wer weiß das schon? Es gibt viel, was unbegreiflich ist und bleibt. Ich lernte mit dem Notwendigen zu leben. Mit dem Fahrrad kann ich nicht fahren und weiß unendlich viel nicht, das Kino kenne ich nur von außen. Während ich schreibe, habe ich Lexika und Grammatikbücher auf dem Schreibtisch, oft suche ich passende Worte und Erklärungen. Ich denke, dass meine Gene nicht verloren sind, dass Anlagen meiner Vorfahren sicher in mir sind, nur weiß ich es nicht. Es ist ein sinnloser Wunsch, so sein zu wollen, wie ich bin. Es ist auch sinnlos irgend welche Vergleiche zu suchen oder meinen zu erkennen. Ich bin wie ich bin, Sie sind wie sie sind. Wir sind Veränderungen untergeordnet. Im Grunde ist es doch traurig, bedenken Sie, ich habe mich in allen Jahren nur um mich selbst bemüht. Schauen Sie sich um in dieser Welt und erkennen Sie, wie viele Aufgaben es gibt! Ihre Aufgaben sind mit dem Heranwachsen von zwei Kindern verbunden! Sie sind viel reicher als ich. Wenn Sie versuchen wollen mir zu gleichen, dann müssten Sie so handeln, wie es in dem

Märchen „Frau Holle“ beschrieben wurde. Sie müssten, wollten Sie mir nachspringen, wie es im Märchen der Frau Holle heißt – jede Geste, jeden Gedanken, jede Tat genau so unbefangen, kindhaft naiv und vorurteilsfrei nachvollziehen, ohne zielgerichtet nur das Glück zu wollen.

Liebe Frau Anita N. Niemand ist, oder kann sein, wie ein anderer, das gelingt nicht einmal eineiigen Zwillingen. Jeder ist ein Selbst. Es ist leicht, ein Ergebnis zu bewundern. Den gleichen Weg nach zu gehen, ist unmöglich. Ich bin so viele falsche Wege gegangen, weil ich keinen Plan hatte und keinen kannte. Ich ging einfach in jeder Stunde, an jedem Tag ein Stück weiter irgend wohin. Heute weiß ich, dass ich geführt und manchmal getragen wurde. Heute weiß ich, dass es Gott gibt. Aber eines ist noch wichtiger für mich: Lange habe ich nur mich gesehen und mich selber zu finden versucht, meine verlorene Identität. Hier und jetzt bin ich fähig das Leiden meiner Söhne nachzuempfinden. Ich weiß, dass dieses Leid zum Schicksal einer ganzen Familie wurde. Eine Fortsetzung von Katharsis, meinen Sie? Ich werde darüber nachdenken. Ich hoffe, dass ich einige Fragen beantworten konnte und danke Ihnen für Ihr Interesse. Katharina Beta

Ich gestehe, dass es mir in Leipzig gefallen hat. Die Menschen dort leben sicherlich nach dem Motto: „Niemand wird durch zu viel Freundlichkeit verletzt! Noch wird für das Lachen keine Steuer berechnet.“

XV. Kapitel

Mit guten Gedanken kam ich in Wien an und wurde bald von einem Telefananruf überrascht. Eine halbe Stunde sprachen Rüdiger und ich und kamen zu dem Ergebnis: Wir werden einige Tage gemeinsam auf der Insel erleben! Es wurde wichtig zu buchen, Reservierungen sind notwendig. Die Insel ist klein, ist ein begehrtes Ziel für Kenner und Liebhaber der Stille. Im Reisebüro ließ ich mir erklären, dass es günstig für mich sei bis Hamburg mit der Bahn zu fahren, von dort weiter mit einem kleineren Zug bis Niebüll, und dann mit dem Fährschiff ab Dagebüll-Mole nach Amrum mit dem Zielort Norddorf.

Von Hamburg sind es etwa vier Stunden Fahrt für die Entfernung von etwa 160 km. Auf den Bildern in den Prospekten sah ich Dünen und Strandkörbe und las die Beschreibungen. Der Baustil der Häuser fiel auf, die reetgedeckten Häuser wirken erdverbunden. Der Klinkerbau spricht für Nordfriesland.

Die freundliche junge Frau im Reisebüro gab mir den guten Rat. „Nehmen Sie Kopfbedeckung mit, einen Parka, Windjacke, oder wie man da oben sagt, den ‚Insel- oder Friesennerz'. Vergessen Sie nicht einen Pullover und bequeme Schuhe. Wenn Sie Fisch mögen, werden Sie viel Abwechslung finden."

Sie gab mir einen Insel-Steckbrief : Amrum von A-Z. Von der Einwohnerzahl bis zum Leuchtturm erfuhr ich alles. Da stellte sich die Insel vor. Unsere Insel? Wir hatten uns viel zu sagen.

Lieber Rüdiger,

Ein einziger sehnsüchtiger Ruf: Ferien. Hast du inzwischen gelesen, wie es auf Amrum in den Hotels aussieht? Es ist möglich ab dem 17.5. bei Hüttmann zu buchen, es wurde empfohlen. Wahrscheinlich kennst du es, wenn du schon dort warst. Es gibt noch Hotel Seeblick – als ebenso gut bezeichnet, aber leider ausgebucht für den Mai, so weit meine telefonischen Informationen. Ich denke es wird vernünftig sein, nur Frühstück zu nehmen, um essen zu können, wo immer es passt. Ich bin ungern verpflichtet, oder gebunden. Wie ist das mit dir? Man ist auf Singles eingestellt. Es gefüllt mir. Am 16. sollte ich am Abend in Wien losfahren, am 17. gegen Mittag könnte ich dort sein. Wie sehr ich mich darauf freue, dich dort zu treffen, muss ich nicht wiederholen. Bleib' gesund. Mit herzlichen Grüßen Katharina.

***

Die Natur lenkt ihr Reich durch Wechsel. Nach dem bewölkten Himmel kommt wieder der Sonnenschein; auf die Nacht folgt der Tag. Auf dem Gegensatz beruht die Ewigkeit des Alls. Ein Gesetz, dem sich unser Geist anpassen muss. Dazu die Worte: Was man will, kann man gewöhnlich nicht bekommen. Aber du kannst zufrieden sein, mit dem was du hast; was dir geboten wird, genieße fröhlich. Es ist nicht schwer, sich an das Einfache zu gewöhnen und bedenke auch: was schon einmal geschehen ist, kann wieder geschehen, so wie dem vergangenen Tag die Nacht folgt und es wieder Tag wird.

Ich fühlte das Dünengras, Muscheln in meiner Hand; keine Steigung, keine Klippen, keine Gefahr des Absturzes, oder des Steinschlags. Klar wurde mir bei diesem Träumen, dass ich „wir“ dachte, „Wir“ bekam Gültigkeit, das Du wurde gegenwärtig. Ich hatte schon die Fahrkarten gekauft. Sie lagen neben der Karte auf meinem Schreibtisch. Kein anderer Termin sollte mich daran hindern können. Es ist gar nicht mehr lange, sagte ich mir immer öfter und beobachtete mich bei dem Versuch die Zeit voran zu treiben, sie zum schnelleren Gehen anzuregen. Sie änderte nicht ihr Gleichmass. Und endlich erschien Ende des April mein Buch „Erkennst du Dich“?

Und wieder mischte sich Bitternis in meine Freude. Der Titel wurde falsch gedruckt. Ich las auf dem Umschlag über meinem Foto: „Erkennst Du mich“? Der Fehler war offensichtlicher als in der ersten Auflage von Katharsis die falschen kyrillischen Buchstaben und Worte. Warum passiert mir das?

Es war ein etwas eigentümliches Empfinden, mich selbst zu sehen. Das heißt mein Gesicht lacht mich aus den Fenstern der Buchhandlungen an. Einige Tage vergingen mit Signieren und Versenden.

Alle meine anderen Bücher hatten andere Schutzumschläge. Den Ärger brachte ich zu meinem Rechtsanwalt, der den Auftrag bekam, alle Verträge zu lösen.

Ilona lud mich ins Konzerthaus ein. Sie wollte mir eine Freude machen, weil sie meine Neigung zur russischen Musik kennt. Rachmaninow in Wien mit ungewöhnlichen Highlights: Rachmaninows Wiener Kompositionen aus dem Februar 1938. Aber jetzt war sein Enkel Alexander hier, er zitierte seinen Großvater: *Komponieren ist für mich so wichtig wie Atmen und Essen. Es ist der Ausdruck meines inneren Gedankens, meine Musik ist ein Ausdruck meines Wesens...*

Ich dachte an Rüdiger, an sein Musikstudium und Klavierspiel. Bald spürte ich auch, dass ich die Musik anders zu hören begann. Bisher hörte ich mit den Ohren, jetzt spürte ich die Musik in mir. Ich war in der Musik, die Musik war in mir, ohne Auflösung, ganz empfindend. Es war nicht Rachmaninow, obwohl ich ihn gern höre, es war das Erleben von Musik. Aus mir wurde ein anderer Mensch, oder überhaupt jetzt erst ein Mensch. Ich sah und erlebte die Menschen anders.

Ich bestellte eine CD des Konzertes, um sie Rüdiger zu schenken, bei unserem Zusammentreffen auf der Insel. Ein Vers fiel mir ein: Das Herz hat Gründe, von denen der Verstand nichts weiß.

Als ich ein Telefongespräch führen wollte, konnte ich nur den Beantworter sprechen hören ..., ist nicht hier, hinterlassen Sie Ihre Telefonnummer ..., meldet sich umgehend, Rüdiger.

***

Alle Gedanken und Gefühle hießen: Insel.

Und plötzlich hatte ich noch sehr viel zu tun, zu ordnen, zu denken, Gedanken, die mit allen nur denkbaren Dingen in keinem Zusammenhang standen. Worte suchten die Folgeworte, die noch unausgesprochen waren. Wenn ich aus dem Fenster schaute, sah ich gar nicht wirklich den Lindenbaum im Hof stehen, sondern hörte in undefinierbarer

Ferne die Möwen schreien. Als ich nach meinen Blumenkästen schauen wollte, um ihnen ausreichend Wasserreserven zu geben, damit während meiner Abwesenheit die roten Geranien nicht verdursten konnten, zog ich die Gardinen vom Fenster weg und öffnete beide Flügel. Ich erschrak. Ebenso erschrak eine Taube. Sie flatterte erschrocken auf das Fensterbrett nebenan.

Auf dem Platz, den die Taube verlassen hatte, erkannte ich zwei kleine weiße Taubeneier. Ein Pärchen, das schon länger gurrend auf diesem Fensterbrett saß, und eifrig kleine Zweiglein und Grün herangetragen hatte, die ich beim Fenster putzen kürzlich gedankenlos wegräumte, hatte sich nicht vertreiben lassen. Sie hatten ihr primitives Nestchen erneut gebaut und zwei Eier hinein gelegt. Ich stand schauend und dösend. Die Taube wartete darauf, dass ich das Fenster schloss. Mit ihren großen Kulleraugen schaute sie mich vertrauensvoll an. Die Blumenpflege werde ich vernachlässigen müssen, dachte ich und beobachtete die Taube, wie sie sich dick aufplusternd wieder auf die Eier setzte; sie zog den Kopfe ein, so dass kaum noch etwas anderes zu sehen war, als ein Haufen hellgrauer und weißer Federn.

Was bei mir alles passiert! Ob ich die Küken sehen werde? Sie müssten nach meiner Rückkehr von Amrum schlüpfen. Zwei Leben auf dem Fensterbrett meiner Wohnung! Zwei Leben in diesen beiden kleinen Eiern. Ein beglückender Gedanke. Ich nahm mir das Buch „Tierreich in Farben“ vor und las über Tauben, dass sie etwa 14 Tage Brutzeit brauchen, dass ein Paar gemeinsam, im Wechsel brütet.

Jetzt ging alles sehr rasch weiter: Vom Hotel Hüttmann auf Amrum bekam ich die Bestätigung der Reservierung ab dem 17. Mai Die angegebenen Preise beinhalten die Übernachtung in einem individuell eingerichteten Zimmer, sowie Frühstück von unserem reichhaltigen Büffet und die Kurtaxe ... des weiteren haben Sie die Möglichkeit unsere Gesundheitsoase mit Sauna, Biosauna, Dampfbad, Einzelwhirlpool,

Solarium, Fitnessstudio zu benutzen ... Wir erbitten Rückantwort.

Alles lag bereit, die Spannung in mir stieg. Ich hatte zitternde Hände, schmerzende Augen von meiner Schreibarbeit der vergangenen Tage, des Übertragens eines Schreibmaschinentextes auf die Festplatte des Computers. Schließlich musste ich auch alles ordnen, das Manuskript meinem Rechtsanwalt schicken, der Nachbarin den Wohnungsschlüssel geben, mit dem Auftrag, die Blumen auf dem Balkon zu gießen, auf keinen Fall das Fenster zu öffnen, auf dem der Blumenkasten stand. „Passen Sie auf die brütenden Tauben auf", mahnte ich die Nachbarin. Die Pflanzen bildeten für das brütende Paar ein grünes, schützendes Dach. Und es gab schon Fotos in meiner Kamera. Ich fühlte mich aufgefordert, das sich entwickelnde Leben zu schützen. Und schließlich kam dieser 16. Mai. Ich war so aufgeregt, wie jemand, der zum ersten Mal in seinem Leben eine Reise unternimmt.

Als ich um 19°° Uhr auf dem Westbahnhof ankam, stand der Zug schon bereit. Ich hatte einen großen Koffer und die Gewissheit in mir, viel zu viel eingepackt zu haben. In mein Schlafwagenabteil würde erst in St. Pölten eine Dame dazu kommen, erklärte mir der Zugbegleiter, als er meinen Pass und Fahrschein abholte und mich nach Wünschen zum Frühstück fragte. Ich freute mich auch darüber, dass ich mir Ferien ohne schlechtes Gewissen leisten konnte. Ich war schuldenfrei und hatte einen kleinen guten Kontostand. Wie lange noch? Das war die andere Seite, die ich hier nicht denken wollte. Zukunft war unendlich weit weg, ja, gar nicht vorhanden. Nach einer Stunde Fahrt stieg eine junge Frau ein. Bis nach Hannover teilten wir uns den Schlafwagen. Sie war schlank und angenehm, das ist in so einem engen Raum beruhigend. Es dauerte nicht lange, bis sich ein Gespräch entwickelte. Sie stellte sich als Physiopraktikerin vor, und hatte sich ein Institut für traditionelle chinesische Massage und Behandlung geschaffen.

„Sie kommen aus Wien“, fragte sie, „aber Sie sind keine gebürtige Österreicherin?“ Ich schaute sie an. Ich musste meine Gedanken erst von Amrum zurück holen.

„Sie sprechen keinen Dialekt“, erklärte sie in meine Verwirrung hinein.

„Ja, richtig“, sagte ich, „ich bin wohl in Deutschland geboren, lebe jetzt 17 Jahre in Österreich, kann mir aber den Dialekt nicht angewöhnen. Man kann die einzelnen Bezirke in Wien im unterschiedlichen Dialekt und Wortwahl erkennen, wenn man genau hin hört.“

„Ist ja auch nicht nötig.“

„Man fällt leider sofort auf und spürt, dass die Österreicher und die Deutschen ein gespanntes Verhältnis haben.“

„Sie beobachten gut.“

Die junge Frau lachte.

„Natürlich habe ich inzwischen die Bezeichnungen für Obst und Gemüse gelernt. Ich wohne nur wenig entfernt von einem Markt, und wenn ich dort einkaufe, freuen sich die Bäuerinnen, wenn ich Paradeiser aussuche. Im Geschmack unterscheiden sie sich nicht von Tomaten! Das zählt. Viele Dinge haben viele unterschiedliche Namen. Was mir viel schwerer fällt zu verstehen, ich meine nicht nur vom Wortlaut, sondern von der Tatsache her, sind die vielen englischen Begriffe. Seit ich mit meinem Computer arbeite, lerne ich die englische Sprache. Dennoch ärgere ich mich darüber, dass mir diese Wörter und Begriffe auf Schritt und Tritt begegnen. Ich konnte zum Beispiel auf Amrum kein Einzelzimmer buchen, sondern eines für *Singl.* Ich wurde nach *Kids* gefragt, nicht nach *Kindern.* In Wien haben wir die *Shopping City*, wo gerade *Sale* angesagt ist. Im Rathaus gibt es jetzt einen *Single Point of Contact*, es wird *ein Highspeed Weekend* angeboten Es gibt *Frauen-Power* und *Girlie-Wunder.* Und der ORF, der ja nicht nur deutsche Übersetzungen bringt, hat eigene Wortschöpfungen. Da gibt es nicht mehr das Nachrichtenstudio, sondern den *News-Room.* Da wird *live* in die Hofburg geschaltet, anstatt *direkt.* Es werden Sendungen *der Primetime* angekündigt."

„Ich habe mich daran gewöhnt", sagte die junge Frau. „Wir werden uns alle an die englische Umgangssprache gewöhnen müssen."

„Es stimmt mich nachdenklich. Wir haben eine wunderbare Sprache, mit der man malen kann, wie mit keiner anderen. Wir haben einen reichen Wortlaut. Warum wird das englische Wort, der englische Begriff vorgezogen?"

Der Zugbegleiter kam, fragte die junge Frau nach ihrem Pass und ihren Frühstückswünschen und wann sie geweckt werden wollte. Dann klappte er unsere Betten auf und zeigte uns Handtücher und Waschecke. Die Toilette war außerhalb.

Als ich Zähne geputzt hatte und über den ausgeklappten Tisch in das Bett noch oben geklettert war, fror ich und wünschte mir meine Wärmflasche. Ich friere leicht. Die Kälte steigt von den immer kalten Füßen nach oben und lässt mich zittern und die feinen Haare stellen sich abwehrend vor allen Poren auf.

Die junge Frau fragte: „wollen Sie schon schlafen?"

„Es ist noch ziemlich früh und alles ist ungewohnt, aber ich versuche es", antwortete ich ihr.

Ich war ja auf dem Wege zu ihm und plötzlich riefen die Räder des Waggons, des ganzen langen Zuges im Rhythmus ihrer Bewegungen Rü-di-ger ... Rü-di-ger ... Rü-di-ger ...

Und ich schloss meine Augen, gab mich dem Fühlen hin, spürte seine Augen auf mich gerichtet.

Und ebenso schnell wie die Nacht kam, wurde es Morgen.

Um 7°° Uhr brachte der Zugbegleiter unsere Pässe zurück und das Frühstück.

Die junge Frau reichte mir ihre Visitenkarte. „Ich würde mich freuen, wenn Sie mich anrufen, sollten Sie einmal nach St. Pölten kommen. Ich wünsche Ihnen einen erholsamen Urlaub."

„Danke."

***

Der Zug fuhr weiter und kam gegen neun Uhr in Hamburg-Dammtor an. Dort musste ich in einen kleinen Bummelzug einsteigen. Vom selben Bahnhof fuhren die Autozüge nach Sylt. Wir fuhren bis Dagebüll Mole, wo die Fähre nach Amrum wartete, die manchmal zuerst zur Anlegestelle der Insel Föhr und dann nach Amrum fuhr. Das dauerte länger. Diese Fähre, mit der ich Wittdün erreichen konnte, fuhr den direkten Weg und brauchte etwa zwei Stunden. Meine Erregung steigerte sich, obwohl meine Augenlider immer schwerer über meine Augen fielen.

Schon der kurze Weg aus dem Zug, zur Fähre, die wartend am Anleger stand, nein, sie lag im Wasser, heißt es richtig, bedeutete für mich: Verlassen des festen Bodens. Verlassen der Erde (als Element) zum Wasser hin. Fähre ist schon fahrende kleine Insel. Meine Füße spürten die Bewegung auf Amrum zu. Die Motoren begannen ihre Arbeit, die Fähre legte ab, so sagt man hier. Ich hatte die Nordsee erreicht. Die Möwen kreischten. Es schallte schmerzend in meinen Ohren. Das Wasser platschte und spritzte am Schiffskörper hoch, Schaumkronen im Rückblick zum Festland, Wasser, nur Wasser, horizontloses Wasser vor mir!

Die Kappe, die mich vor Sonnenstrahlung schützen sollte, zog ich über die Ohren und ging nicht in den Speiseraum. Mein Koffer ist viel zu groß und viel zu schwer für mich. Er stand wie ein Monster neben mir, wie ein Ding, das mich angrinste: Du bist einfach sehr ungeschickt mit dem Reisen, zu unerfahren, wie überall.

Ach, was soll's, es ist geschehen. Zwei Stunden Fahrt am Vormittag des 17. Mai.

Die Motoren stampften das Wort: Rü ... di ... ger ... Rü ... di ... ger ... Immer wieder, immer lauter, beschworen sie seine Gegenwart herbei; je stärker der Wind wurde, je gewaltiger die Wellen gegen den Schiffsrumpf peitschten. Die Möwen flogen ganz dicht über den Schiffsrumpf, suchten Nahrung, starrten mich an. Meine Augen sahen Rüdiger am Landungssteg stehen, sein weißes Hemd leuchtete, der Wind blähte es auf, als wollte er den ganzen Mann in die Luft heben, zu den Wolken hin. Rüdigers Arme streckten sich mir, wie Halt suchend, entgegen. Eine Fata Morgana, wieder, oder immer noch?

Ein Menschengetümmel, Umarmungen beim Begrüßen und beim Verabschieden, Koffer, Taxi, Kinder, Hunde, Fahrräder, starker Wind. Wie ist das mit dem Alten Mann von der Insel, der die Gewalt über den Wind hat? Ob er mir einen goldenen Fisch reicht? Dann wäre, wie im Märchen, diese zauberhafte Insel das Todesreich. Und ich käme nicht mehr hier weg. Was für ein Gedanke! Eine Zeitlang stand ich zögernd. Niemand hatte mich erwartet. In mir war es auf einmal sehr leer, hohl, wie bei einem ausgebrannten Haus nur noch ein Mauer-Skelett stehen blieb. Ein Bus stand am Anleger. Er hatte die Aufschrift Norddorf. Ich stieg ein und fragte: „Zum Hotel Hüttmann fahren Sie?"

„Ja, Endstation."

Er sagte: „Endstation": Die Worte hallten in dem leeren Raum.

„Fahren Sie mit mir", lachte er fröhlich. „Ich bringe Sie an Ihr Ziel."

Das breite Ostfriesisch weit weg vom Wienerischen. Die Fahrt dauerte gut 20 Minuten, quer über die Insel, von Süden nach Norden, wo ich im Hotel erwartet wurde. Man zeigte mir mein Zimmer Nr. 10. Ich musste in „Deutsche Mark" denken lernen, es war nicht leicht. Im nächsten Jahr, ging es mir durch den Kopf, im nächsten Jahr werden wir alle nur mit dem Euro bezahlen, ohne Ausnahme ob arm oder reich, oder Deutscher, oder Österreicher. „Ich komme aus Wien", betonte ich. „Ich bin Gast in Deutschland." Niemand hatte mich gefragt. Dennoch betonte ich das sehr stark.

Das Zimmer war zweckmäßig, nüchtern, neben dem schmalen Bett stand ein Schrank. Eine Glastür führte zum kleinen Balkon. Dort stand ein einziger weißer Stuhl. Im Schrank fand ich das passende Sitzpolster dazu. Das Badezimmer hatte ein Waschbecken und Dusche, keine

Wanne. Ich stand neben meinem noch ungeöffneten Koffer im Zimmer, begann aus mir unerklärbaren Gründen zu weinen und stellte mir die Frage: Wann wird er kommen? Er wird im Zimmer nebenan wohnen! Dann begann ich auszupacken, nahm die Konzert-CD, die ich für ihn gekauft hatte, legte sie auf den Tisch. In der Rezeption gab es ein Faxgerät. Ich benutzte es sofort.

Hallo, lieber Rüdiger. Ich bin auf der Insel! Es ist jetzt bald 15°° Uhr. Ich warte auf dich. Hoffe, dass du gesund bist, dass du eine gute Reise hier her haben wirst. Der Wind ist stark, bitte den Parka nicht vergessen + Pullover anziehen + Socken nicht vergessen! Herzlich, Katharina.

Das Zimmer befand sich in der ersten Etage. Zur Rezeption und zum Restaurant musste ich eine Treppe hinunter gehen. Der große Raum im Erdgeschoss war sehr lichtdurchflutet, beinahe rundherum Fenster. Wo auch immer Tische und Stühle standen, konnte der Gast nach draußen schauen. An der Wand neben der Eingangstür stand das Büfett zur Selbstbedienung. Dieser Raum war für Frühstück, Mittag- und Abendessen gedacht. Es gab noch ein kleineres Restaurant, wo eine Zwischenmahlzeit eingenommen werden konnte, oder Kaffee, oder Eis.

Ich nahm mir vor, den beliebten Ostfriesentee zu probieren. Tee kann ich zu jeder Tageszeit trinken. Kaffee meide ich. Er macht mich nervös. Ich ließ mir noch einen Toast bringen, aß ihn mit würzigem Käse, fühlte mich etwas gestärkt. Ich hatte die Inselkarte mitgenommen, in die ich schon alle Wege, die ich gehen wollte, eingezeichnet hatte, und ging in den Ort, um mir den Weg zum Meer erklären zu lassen. Der Wind nahm an Stärke zu, Wolken bedeckten den Himmel, färbten ihn dunkelgrau. Die Sonne lachte nicht zu mir herunter. „Es wird sich wieder bessern“, sagten mir die Leute im Laden an der Straße, „wir sind öfter hier, und kennen das Wetter und die Insel.“

„Sie sollten eine Mütze aufsetzen.“ Ein gut gemeinter Rat. Heitere, freundliche Stimmung. Die Gäste standen praktisch gekleidet in Friesennerz und unterschiedlicher Kopfbedeckung.

„Sie sind heute erst gekommen? Ein neuer Gast? Herzlich willkommen, Hoffentlich gefällt es Ihnen hier!“

„Wissen Sie“, sagte mir der Geschäftsmann, „wenn es hier rauer zugeht, und der Westwind die Regenwolken über unsere Insel treibt, lässt sich Amrum intensiver erleben als sonst. Das Meer riecht würziger als im Sommer. Die Sonne scheint jetzt milder über den Dünen. Sie stehen unter Naturschutz. Aber auf Bohlenwegen können Sie zwischen den Sandbergen, die für unsere Insel typisch sind, gehen. Ich empfehle Ihnen einen Spaziergang am Watt an der Ostseite der Insel. In den Salzwiesen, die jedes Jahr einige Dutzend Mal vom Meerwasser überspült werden, blühen jetzt die Strandastern. Am Uferrand steht weißgrauer Wermut. Kiebitze stelzen auf den Weiden. Kaninchen hoppeln ohne Scheu durchs Gras. In aller Ruhe können Sie Seevögel beobachten.“

Ich hörte ihn an und fragte, wie oft der Bus von Norddorf nach Wittdün zum Anleger fährt und wie weit der Weg zu Fuß ist.

„Es sind etwas mehr als zehn Kilometer, wenn Sie gut zu Fuß sind, können Sie laufen. Hier ist ein Plan für die Busfahrten.“ Er reichte mir ein Blatt mit Angaben der Uhrzeiten.“ „Danke.“

Ich lernte es schätzen, dass die Ostfriesen wortkarge Menschen sind und keine unnötigen Fragen stellen. Von ihnen geht eine gewisse Behaglichkeit aus.

„Wenn Sie hier weiter gehen“, sagte mir einer der Gäste, „dann kommen Sie zum ‚Haus des Gastes’ Graf Luckner. Da können Sie im Restaurant gute Fischgerichte essen. Dann geht’s weiter zum Strandbazar Hinrichsen. Ach, schnuppern Sie einfach mal rein ... Wir haben auch ein Meerwasserhallenbad, wenn es Ihnen draußen zu kalt oder zu wild ist.“

Ich kaufte eine Karte im Maßstab 1:25.000 von Norddorf, denn die Worte Kniepsand und Wattenmeer suchten eine

Erklärung. Wittdün und der Anleger für Fährschiffe in leuchtendem Gelb. Ich sah noch keine Fußspuren im Sand. Am Morgen des nächsten Tages nach tiefem erholsamen Schlaf, fühlte ich mich hungrig. Im Frühstückzimmer saßen schon Gäste paarweise oder in Gruppen an ihren reservierten Tischen. Ich fühle Unsicherheit, wenn viele Menschen mich anschauen. Eine freundliche junge Frau führte mich zu meinem Tisch und fragte nach meinen Wünschen. Außer Kaffee konnte alles am Büffet ausgewählt werden. Zwei Stühle standen an dem kleinen Tisch am Fenster. Irgendwie steifbeinig ging ich zum Büffet um mir Tee zu brühen. Es kommt auf die Mischung an. Während ich mein Müsli zusammenstellte, fühlte ich mich beobachtet.

Ich wäre am liebsten wieder gegangen, irgendwo hin, oder hätte die Bedienung gebeten, mir dieses und jenes zu bringen, während ich an meinem Tisch sitzen konnte. Da kam eine Dame vom Tisch neben meinem zu mir und sprach mich an. „Verzeihen Sie, Sie kommen mir bekannt vor. Kann es sein, dass ich Sie vom Fernsehen aus *Hermann & Tietje* kenne?"

Sollte ich leugnen? „Ja", sagte ich, und spürte meine Abwehr.

„Ich freue mich, dass ich Sie kennen lernen darf", sagte sie. „Ich möchte Sie nicht stören, vielleicht treffen wir uns einmal im Dorf oder am Meer?"

Es dauerte nicht lange, bis jeder Gast wusste, wer ich war. Geheimnisse breiten sich so rasch aus, wie ein Feuer im trockenen Wald. Ich frühstückte fertig und zwang mich zur Ruhe. Man kennt mich, dachte ich, und freute mich ein bisschen. Aber mich kennen, verbinden die Menschen nicht mit guter Literatur, sondern mit meiner Lebenstragödie. In das Kennen mischt sich auch Mitgefühl.

Ich zog meine Laufschuhe an und machte mich auf den Weg nach Wittdün zum Anleger. Die Ankunft der ersten Fähre wollte ich dort erleben. Vielleicht kommt er schon früh? Zehn Kilometer sind für mich an der Donau mein gewöhnlicher Morgensport. Hier war es anders. Das Wetter war anders, der Boden war anders. Er war nicht Erde, sondern Sand. Der Wind wehte salzig vom Meer zu mir. Die Möwen kreischten oder lachten laut. Aber ich rannte los. Bald stand ich am Anleger. Die Fähre kam aus Dagebüll. Viele Menschen stiegen aus. Rüdiger kam nicht. Mit der nächsten Fähre wird er kommen, tröstete ich mich. Es ist noch zu früh. Er hätte in der Nacht von Hamburg wegfahren müssen, um die Fähre ab Dagebüll-Mole zu erreichen.

Langsam ging ich von Wittdün den Weg am Watt entlang. Ich sah das Wattenmeer und sah es nicht. Ich ging am Ufer entlang und starrte in das Wasser. Kein Stein, kein Fels, nur Wasser, in das meine Augen ein Bild zeichneten: Rüdiger. Ich habe dich gefunden, hörte ich ihn sagen, als er vor mir stand. Hatte ich mir die Nordsee, hatte ich mir die Insel so gedacht? Und eben jetzt, während ich so dösend ging, kam mir das Gespräch im Flugzeug in den Sinn, und ich hörte die Worte der Rothaarigen. Die Seele, hatte sie gesagt, die Seele hat ihren eigenen Willen. Sie sucht sich ihren Weg, sie diktiert dem Körper, in dem sie lebt, wohin sie will, an welchen Ort sie zurückkehren möchte.

Und ich fragte mich still: Ist es meine Seele, die sich hier her zurücksehnte, die mich hier her führte? Warum? Weil sie noch neben mir geht? Weil sie nicht in mir lebt? Sie geht neben mir und beobachtet den Körper. Es sind Körper und Seele, jeder mit seinem eigenen Willen, also zwei, die sich oft gegen einander aufrichten und sich nur selten einig werden können. Gedanken, an diesem Wattenmeer. Flutsaum heißt das dunkle Band am Meeresstrand und am Wattufer, wo die letzte Flut ihren höchsten Stand markierte und allerlei Meerespflanzen und Meerestiere aufgespült hat.

Jemand sagte in meine Beobachtungen hinein, ein Wattwanderer, wie ich einer war: „Am häufigsten sind draußen im Watt und im flachen Küstenbereich die Gehäuse von Muscheln und Schnecken; vor allem die weißen und blaugrauen, deutlich geriffelten Herzmuscheln. Sie bilden mancherorts dicht unter der Oberfläche, aber auch an der Oberfläche dichte Kolonien und sind die Hauptnahrung für die Silbermöwen. Ich führe Sie gern durch das Vogelschutzgebiet, da hinten gibt es richtige, hektargroße Bänke von Miesmuscheln, sie sind auch auf den Speisekarten guter Restaurants zu finden."

„Ja, ich lasse mir gerne von Ihnen das Vogelschutzgebiet erklären."

„Es gibt einen Plan für die Führungen, der liegt auch in Ihrem Hotel. Ich wünsche einen guten Urlaub."

Er ging weiter, das Lachen der Möwen blieb. Das Wetter besserte sich, die Sonne kam und tauchte das Wattenmeer in ein seltsames Licht, das wie ein Irrlicht war und sich im Wasser spiegelte. Ich setzte mich auf eine Bank, schaute irgend wo hin, ohne sagen zu können wohin. „Die Geschichte der Nordfriesen" hatte mir die Frau im Reisebüro versucht zu erklären, „die ist mit dem Wasser durch Jahrhunderte voller Dramatik in die Landschaft eingeschrieben. Überlieferungen berichten von noch heute sichtbaren Spuren früher Siedlungen im Watt, die die Geschichte des Kampfes der Menschen mit der Naturgewalt nachzeichnen."

Ich stand auf, nahm mir vor, irgendwann zum Teehaus zu gehen, um mir die Geschichte mit dem Wasser erzählen zu lassen, die die Leute hier kennen. Jetzt war nur eines wichtig: Die nächste Fähre wird anlegen. Ich rannte nicht, denn ich war nur die Hälfte des Weges gegangen. Den Zeitplan vom Anlegen der Fähren hatte ich auswendig gelernt. Ich ging durch den dunkler werdenden Tag.

Wieder stiegen aus dem Fährschiff viele Menschen aus. Ich starrte zu dem Tor, bis meine Augen schmerzten. Er kam nicht. Der Wind nahm an Stärke zu. Ich begann zu frieren. Wieder im Hotel war meine erste Frage, ob eine Nachricht für mich angekommen sei, der erwartete Gast, ein Telefax vielleicht, oder ein Telefongespräch.

„Nein,", sagte mir der Portier. „Es ist nichts gekommen.

Ich wünsche Ihnen einen angenehmen Abend. Wir haben heute Spargel auf der Speisekarte, besonders lecker mit Lachsfilet."

„Danke", sagte ich, „oh, vielen Dank". Ich hatte keinen Appetit, ging eine Stunde in die Sauna um mein inneres Frieren zu überwinden. Es gelang mir nicht. Ich zog mir Wollsocken an die Füße, wollte mich ins Bett legen, überlegte und schrieb einige Zeilen an Rüdiger. Um ein Fax aufzugeben, musste ich eine Treppe hinunter zum Portier gehen.

Bevor ich ging versuchte ich ein Telefongespräch mit ihm zu führen. In Köln meldete sich der Anrufbeantworter mit den bekannten Worten. *Rüdiger Pateau ist nicht hier, bitte sprechen ...*

Er war entweder nicht da, oder er nahm den Hörer nicht ab.

Was dachte ich? Konnte ich überhaupt noch denken?

Lieber Rüdiger. Der Wind bringt dir meine Grüße von der sonniger werdenden Insel. Das Wetter ist wirklich gut. Es beginnt das erste Wochenende. Wie geht es dir? Fürchtest du den Wind? Hat dein Beruf dich wieder voll im Griff? Fliegst du irgendwohin nur nicht nach Amrum? Warum kam ich hierher? Wenn ich wüsste, was ich nicht weiß, wäre ich weiser, geduldiger und wissender. Ich warte, bis es dir möglich wird zu kommen. Bist hoffentlich nicht erkrankt? Bitte gibt mir Nachricht. Katharina

Später wurde ein Telefongespräch in mein Zimmer gelegt.

„Hallo", klang die fröhliche Stimme meiner Freundin Ilona an mein Ohr. „Ich wollte nur wissen, wie es dir geht, ob du glücklich bist."

„Rüdiger ist noch nicht gekommen", sagte ich ihr.

„Nein!?" Nur das Wort, beinahe ein Aufschrei von Ilona.

Nach einem tiefen Atemzug sagte sie: „Aber du bist doch deswegen so weit gefahren, weil du ihn treffen wolltest. Du hast dich so sehr gefreut. Was ist passiert?"

„Ich weiß es nicht. Ich höre nichts. Ich bekomme keine Nachricht."

„Was machst du da allein?“

„Ich schaue mir die Insel an, lese und probiere leckere Fischgerichte.“

„Von köstlicher Frische?“

„Ja, gebacken, gebraten, Salat. Ich werde dir Rezepte mitbringen.“

„Hier gibt es die Fische nicht so frisch.“

„Man muss aufpassen.“

„Wir reden, wenn du wieder hier bist. Sei nicht traurig. Alles hat seinen Sinn.“

„So ist es wohl, ich denke darüber nach, wie mein Leben vom Schicksal, oder wie es im Märchen heißt, von den Weltzusammenhängen abhängig ist. Wenn ich nur zurückdenke, dann ist es ein Schwanken zwischen einer Enttäuschung zur anderen; auf jede kleine Freude folgt wieder eine Bitternis. Ich hatte schon einmal angenommen, dass ich mein Leben ‚im Griff‘ habe, aber nichts da. Das Leben ist nur ein Nacheinander von Ereignissen. Jetzt suche ich die Antwort auf meine Frage: Warum ist Rüdiger nicht hier? Warum meldet er sich nicht? Welche Bedeutung hat das für mich, für mein Karma?“

„Du machst mich traurig, so dass ich gern zu dir kommen möchte. Aber schau dir doch die Insel an, nimm sie dir, nimm sie einfach für dich. Mach sie doch zu deiner Insel! Pass auf dich auf.“

Ich sah Ilona vor mir, ruhig und sachlich, von starkem Gefühl getragen, richtete sie ihre Augen auf mich. Und da fragte ich mich wiederholt: Warum war ich hier her gekommen?

Bald ging ich einkaufen, denn ich hatte keine anderen bequemen Schuhe mitgenommen, nur meine Laufschuhe. Ich kaufte mir leichte weiße Schuhe für lange Spaziergänge und einen sehr leichten, wie handgestrickt aussehenden Pullover in hellem Rose. Er sei besonders feminin, wurde mir versichert. „Mit Ihrem kurzen Haar sehen Sie so knabenhaft aus. Sie sollten mehr die Farbe rosa tragen.“ „Er soll mich doch nur wärmen. Aber danke für den guten Rat.“ Die Menschen in ihrer zurückhaltenden ruhigen Art gefielen mir.

Dann hinterlegte ich einen größeren Geldbetrag an der Rezeption (aus Sicherheit vor mir selber), damit wollte ich gut auskommen. Ich weigerte mich, daran zu glauben, dass Rüdiger nicht kommen würde. Es war doch seine Idee. Ich wusste doch nicht einmal, dass es Amrum gibt! Soll ich denn allein auf der Insel sein? Mit meinem Fotoapparat suchte ich den Weg zum Wattenmeer, ging am Vogelschutzgebiet vorbei zum Anleger nach Wittdün.

XVI. Kapitel

Die Sonne schien, der Wind nannte sich Brise. Sicher wurde mir auch: Ich konnte nicht weg fahren. Meine Rückfahrt war festgelegt, ebenso das Hotelzimmer bis zu diesem Datum. Ich war also regelrecht dazu verurteilt dort zu bleiben. Ich war auf einer Insel. Mach’ sie zu deiner Insel, hatte Ilona mir geraten. Ein gutes Wort: Die Bedeutung erregte mich.

Den Weg am Wattenmeer kannte ich schon. Das große Rapsfeld stand in lichter gelber Blüte und verbreitete seinen Duft, zog Bienen an und weckte meine Fotolust. Das Mittagessen nahm ich im Hotel ein und ließ mich von dem Koch verwöhnen. Es war Spargelzeit und Lachs oder Butt gab es in köstlicher Zubereitung. Ich ließ mir sogar einen guten Wein empfehlen. Später packte ich ein Päckchen. Dazu ließ ich mir alles Notwendige von der Geschäftsführerin des Hotels geben.

Ich schickte Rüdiger die CD nach Köln.

Lieber Rüdiger. In der Hoffnung, dir Freude mit dem Klavierkonzert zu bereiten, meine Grüße von Amrum. Ich bekam die CD erst einen Tag vor meiner Abfahrt hier her, und möchte sie nicht wieder mit zurück nach Wien nehmen. Wenn du krank bist, wenn du nicht reisen darfst, kann die Musik vielleicht in deiner Wohnung ein bisschen zur Genesung beitragen, alles Liebe, Katharina.

Dann begann ich die Insel zu genießen. In alten Schriften las ich vor längerer Zeit einmal die Worte des Marcus Cato: *Was dir fehlt, borge dir bei dir selbst.*

Warum sollte ich mich nicht auch beschenken können? Unzählige Fälle gibt es, wo ich gewohnt war, gleichsam zwei Menschen aus mir zu machen, dann sagte ich zu mir: Ich will mit dir Zwiesprache halten. Wenn das geht, kann ich auch, so wie ich mir böse sein kann, auch freundlich zu mir sein; so gut wie ich mir Vorwürfe mache, kann ich mir auch Lob spenden, so gut wie ich mir schade, will ich mir selbst nützen.

Ich mietete einen Strandkorb. Nummer 231 stand weit entfernt von vielen Strandkorbgruppen auf einer Strandhaferinsel im Kniepsand. Dieses angenehme Domizil gehörte mir allein. Strandkörbe, weiß geflochten, als Liegefläche zu verwandeln, dennoch vor Wind schützend, sind eine gute Erfindung. Möwen gesellten sich zu mir, erhofften sich Leckerbissen, denn neben den Schreibutensilien hatte ich mich mit Äpfeln und Mineralwasser versorgt. Diese großen Vögel haben einen durchdringenden Blick.

Während ich die Möwen so nahe erlebte, erinnerte ich mich an das Taubenpärchen auf meinem Fensterbrett und erinnerte mich daran, was ich im Buch über Tauben und Möwen gelesen hatte. Die Möwen helfen den Menschen bei der Festlegung der Wanderdünen. Durch die Ablage ihres Kots düngen sie die Dünen und begünstigen so die Anpflanzung von Gräsern, also Dünengras und so weiter. Deshalb hat man viele Brutplätze an der Küste unter strengen Naturschutz gestellt. Möwen und Tauben leben nicht ohne Sinn, nicht einfach so nach den Worten ... sie säen nicht, sie ernten nicht, und Gott erhält sie doch.

Das Meer roch würzig. Die leichte Briese wehte mir den Salzgeschmack mit dem Sand ins Gesicht. Die Sonne schien mild über den Dünen. Weit draußen wo der breite Strand zur Nordsee hin ausläuft, weit draußen waren Surfer, die den kräftigen Seegang zum Training unter erschwerten Bedingungen nutzten; ein Spiel mit der Kraft des Wassers.

***

Ich wanderte rund herum um die Insel, – über den Strand, die Dünen, durch den Kieferwald nach Nebel, nach Süddorf, sah die Vogelschutzgebiete, fotografierte. An der Ostküste, wo einst die Wikinger eine Befestigung angelegt hatten, steht das „Teehaus Burg“. Ich ging hinein, um mich aufzuwärmen. Man verwöhnte mich mit leckeren frischen Waffeln, einem „Earl Grey“ und ganz viel Gemütlichkeit in diesem niedrigen Haus, dessen Reetdach beinahe den Boden berührt, den Innenraum in dämmriges Dunkel taucht und geheimnisvoll macht. Hier erzählte man sich die Geschichten von den berühmten Walfängern, während Tee mit Rum oder Pharisäer die Phantasie wecken. Die ganze Teestube hatte einen märchenhaften Charakter. Die Decke des Raumes war eben mannshoch und die Lampen hingen tief über den Tischen, so dass im Licht beinahe nur die Augen der Erzähler leuchteten. Die Fenster waren viereckig und klein vom gleichen Holz gerahmt wie die Sitzmöbel. Der Wind zog heulend draußen vorbei. Ich kuschelte mich in den bequemen Sessel und begann zu träumen. Der Tee mit ziemlich viel Rum, wärmte mein Herz. Im Kamin brannte das Feuer. Dicke Holzscheite waren über einander gestapelt, verbreiteten einen würzigen Geruch.

„Es war einmal“, hörte ich, „ich weiß nicht, war es gestern, war es heut ... da tanzte Rumpelstilzchen um das Feuer, das vor dem kleinen Haus brannte.

Der Müllerstochter gelang es nicht, das Stroh des Alltags in das Gold des gelungenen Lebens zu verwandeln. Die Kraft hierzu – Rumpelstilzchen – gehörte ihr noch nicht selber an – musste sie erst erfahren. Ratlos und tatenlos sitzt sie in ihrer Kammer. Das Kind – als Zeichen menschlicher Reife – gehört deshalb noch nicht ihr, sondern Rumpelstilzchen. Sie kann das „Feuerprinzip“ des reifen Lebens nur besitzen, wenn sie den Namen Rumpelstilzchen kennt, denn der Name ist nach alter Auffassung Träger und Offenbarer des Wesens.

Ein Märchen, in dem das brennende Feuer die Kraft symbolisiert, die das Leben licht und warm, also mit Einsicht und Wohlbehaben darstellt.

Und beides fehlte mir. Aber ich kannte nicht das Geheimnis, hatte keinen Knecht, den ich ausschicken konnte, um für mich nach der Bedeutung des Namens zu suchen. „Heute back' ich, morgen brau' ich, übermorgen hol' ich mir das Kind." Das „Stroh" ganz alltäglichen Lebens, wie Backen und Braten führt zum Besitz des Lebensinhalts. Das Märchen sagt: Rumpelstilzchen offenbart sein Geheimnis, ohne dass damit gerechnet werden kann, sozusagen am Ende der Welt, „wo Fuchs und Has' sich gute Nacht sagen", also da, wo man mit seinem Latein am Ende ist.

Es fiel mir schwer, mich aus dieser Teestube zu lösen. Am liebsten wäre ich hier bis ans Ende meiner Tage sitzen geblieben, hätte Märchen im Feuer gesehen, Tee mit Rum getrunken und Waffeln gegessen – alles andere draußen gelassen, draußen im Wind.

Später, viel später nahm ich die besondere Stimmung mit nach draußen.

Die Ebbe hatte eingesetzt, als ich am Wasser entlang zum Hotel ging. Die Wellen zogen sich in eine unbekannte Ferne zurück, nur leises Plätschern blieb hörbar. Die geheimnisvolle Ebbe zog mich in ihren Bann.

Es war mir, als riefe sie mich, – vielstimmig und lieblich lockend. Ich fühlte das Spielen der flachen Wellen mit dem Sand, unter meinen nackten Füßen. Ein Sehnen erwachte in mir, und ich ging langsam, Schritt für Schritt dem Wasser nach. Immer weiter ging ich, als würde ich gerufen, der Mond warf lichte, silbrige Streifen, die immer breiter wurden, auf das Wasser. Die Sterne spiegelten sich in der Dunkelheit in nebeliger Horizontlosigkeit.

Kleine Wolkenbällchen tanzten in diesem Silber des Mondes auf dem Wasser und erkannten sich in den leichten, ruhigen Wellen. Bald tauchte alles in eine Grenzenlosigkeit,

Himmel und Wasser wurden zu einer dunkelblauen Einheit. Das Wasser zog mich mit starker Magnetkraft; ich ging weiter, und spürte in einer geringen Entfernung das Ende einer weiten Fläche, so, als wäre die Erde eine Scheibe, zu deren Ende das Wasser strebte, wo es unweigerlich hinunterfallen müsste. Es war mir, als verschwinde das Wasser da, wo es nicht weiter fließen konnte; ich wollte mit ihm gehen, wollte wissen wohin es sich bewegte, weiter, immer weiter, die Augen geradeaus gerichtet, bis ich das Ende der Fläche ahnte.

Ich war allein. Bald sah ich das Wasser nicht mehr; unter meinen Füßen fühlte ich den feuchten Sand. Wie ich mich auch drehte, ich konnte keine Dünen mehr erkennen und war in einer Endlosigkeit. Der Wind streichelte meine heiße Stirn, das Wasser konnte ich nur leise wispern hören, es war weit, weit weg, meine Zunge wurde salzig.

Keine Möwe schrie in dieses gespenstige Erleben herein, in dem es nur die Stille gab! Das Ende von Etwas wurde für mich zum geheimnisvollen Objekt meines Verlangens. Es schien mir, als sei ich ein Teil oder Es ein Teil von mir. Zeit, von Ewigkeit zu Ewigkeit gleich, Wasser, mit dem ich eins war.

Wenn ich jetzt weiter gehe, dachte ich, und ich glaubte wirklich zu denken, wenn ich gar nicht mehr zurück finde, dann ist alles Leid, sind alle Tränen ausgelöscht, dann werden weder Gedanken noch Gefühle mich quälen. Komm, rief das Wasser, komm nur.

Die Wolken malten gestaltlose Schatten in den Sand, dichte Nebelschwaden tanzten um mich in harmonischem Rhythmus herum. Waren es Nebel? Waren es Gestalten? Es schien mir, als nähmen sie Gestalt an und verwandelten sich wieder, als würden die Nebelschwaden zu meinem Spiegel, so sah ich mich. Ein schwarzer Schatten griff nach mir, hielt mich umschlungen, löste sich wieder. Ich ließ es geschehen, stand da im Sand, reglos. Wolken, dunkle Wolkenballen verschwanden, wurden aufgerissen, tauchten mich in grelles

Licht. Ich schloss die Augen. Allem Leid ein Ende bereiten. Mich schauderte.

Eine andere Gestalt, nicht greifbar, nicht sichtbar, neben mir, in mir, hat keinen Namen. Gefühl ist alles, Name ist wie der Wind, die Gestalt umfasst sich und mich. Warum schweigst du? An Gott glauben! An dich glauben!

Die Frage verstehen! Welche Frage? Nach dem Sinn! Nach dem Leben. An Gott glauben heißt lieben! Siehst du dich nicht?

Die dunklen Wolken deckten die Helligkeit eilig wieder zu. Nebel, dichte schwarze Nebel schlangen sich um mich herum, hüllten mich ein wie ein Mantel, hielten mich fest, ließen mich in vollkommener Dunkelheit auf meinen Beinen im Sand. Ich breitete meine Arme aus, komm, rief ich, komm zu mir! Komm, rief das Wasser, komm! Allem Leid ein Ende bereiten ... Ruhe finden, endlich die Ruhe finden. Alles fraß sich selbst, zerfloss, zerriss, und warf mich auf die Abwesenheit aller mir bekannten Dinge zurück. Bald lag ich im weichen Sand, aber ich berührte ihn nicht, sondern schwebte reglos ohne Verbindung mit der Erde, und fühlte mich ohne stützende Arme getragen. Monoton platschten die Wellen.

Komm, rief das Wasser, komm, hier findest du Ruhe.

Nebel wurde dichter. Ich vermochte nicht mein Dasein zu fassen. Warum willst du dein Herz verbergen? Komm. Ich gehe dir voraus. Ich gehe dir nur voraus, komm...

Das gurgelnde, wispernde Platschen der Wellen weckte mich, griff mich. Wasser, in dem ich mein Gesicht erkannte. Komm. Erkennst du dich in dir? Schau dich an. Ich starrte in die undurchschaubare Ferne. Lange stand ich bewegungslos, Zeit in der Zeit. Suchend, Wartend. Auf wen wartest du? Wer fragt? Ich warte auf mich!

Nimm dich an! Erkenne dich! Katharina, liebe dich!

Irgendwie mechanisch, ohne es wirklich zu wollen, ging ich langsam Schritt für Schritt in eine ungewisse Richtung. Kein Fußabdruck blieb im Sand. Das Wasser kam. Ich war in dieser Unendlichkeit. Stimmen, Musik, Rufen, Gestalten, Nebelschwaden, wie Fetzen schwarzer Kleider, schwarzer Vorhänge, schwarzgraue Tücher, die mich trugen. Ging ich gar nicht? Gab es meine Spuren nicht?

Erkenne dich, sonst bist du verloren, hörte ich. Wortfetzen und doch zu mir gesprochen. Von wem?

Ich fühlte, dass der Himmel zur Erde kam, Himmel und Erde vereinigten sich, wurden zum Gemeinsamen verschmolzen. Es gab keine Linien, nichts Trennendes.

Der Wind wurde stärker, ich begann plötzlich zu frieren, es war sehr kalt.

Mein Körper zitterte. Ich spürte meine Haut wie eine durchsichtige Hülle um mich herum hängen.

Ich rannte, als würde ich gejagt, bis ich die Schatten der Dünen, bis ich die Dünen sah und das Gras unter meinen Füßen spürte; das harte Dünengras riss meine Fußsohlen auf. Ich achtete es nicht, rannte über den Strand auf den Weg zum Dorf.

In meinem Hotelzimmer bewegte mich nur ein Gedanke: wärmen, mich wärmen.

Wie sehr sehnte ich mich in dieser Stunde nach Wärme! Ich fühlte mich aus dem unendlichen Sein kommend, in dem Himmel und Erde eins waren. Ich wollte mein Da-Sein spüren, meinen Körper, der in dieser Stunde wie eine Leerheit war, als gäbe es weder diesen Leib noch die Leere, auch nicht die Sterne und nicht den Mond. Ich war wie ohne Besinnung und doch da.

Es war noch nicht zu spät für die Sauna. Bebend, wie gehetzt nahm ich den Bademantel, suchte die Entspannung, suchte die Wärme, suchte Wirklichkeit.

Ich war allein und begann tief und gleichmäßig zu atmen. Worte fielen mir ein. Wer hatte sie gesagt, irgendwann: Atme bewusst. Richte deine Aufmerksamkeit auf jeden der aufeinanderfolgenden Atemzüge, damit du der eigenen Gegenwart bewusst wirst. Ich lag in mein Badetuch gewickelt in der Saunakammer und fror noch bei einhundert Grad und nicht meiner eigenen Gegenwart bewusst.

Um mich zu stimulieren nahm ich eine kalte Dusche und ging wieder in die Sauna. Der kurze Weg führte an der Waage und dem großen Spiegel vorbei. Ich schaute hinein.

Ein bleiches, ja wachsbleiches Gesicht schaute mich an, in dem nur große fragende Augen deutlich wurden. Ich erschrak. War ich das? Ich wickelte mich in das weiche Frottiertuch und legte mich auf die Saunabank, wartete auf die Wärme, die ich in mir spüren wollte. Ein Aufguss, die Steine zischten, ich fror noch immer.

Später kam ein Mann. Ich beobachtete ihn aus den Augenwinkeln, wie man wohl jemanden beobachtet, der aus einer anderen Welt kommt. Er wirkte linkisch, als wäre er zum ersten Mal in seinem Leben in einer Sauna. Sein Haar war strähnig und fiel ihm ins Gesicht, als er sich bewegte. Er hatte nicht den weißen Frotteemantel angezogen, den die Gäste des Hotels für die Sauna bekommen; er trug einen dunklen, langen Mantel, schwarz mit grünen Streifen, den er mit einem Gürtel zusammen hielt.

Irgendwie fühlte ich mich gestört. Er kam, setzte sich auf die nächste Sprosse, dicht über mir. Es wurde mir unangenehm, ich spürte plötzlich meine Nacktheit. Ich ging hinaus, duschte mich, wechselte das Badetuch und ging in die andere Saunakammer, in die Bio-Sauna, die mit den Lichtreflexen, nur etwa sechzig Grad, und mit breiten Liegeflächen zum Entspannen. Ich rollte mich in mein Badetuch und versuchte die Ruhe in mir zu finden.

Lange lag ich und spürte angenehm meine Schwäche. Als ich mich nach dem kalten Duschen in den Ruheraum legte, kam dieser Mann, nahm sich einen Liegestuhl direkt neben meinem, obwohl wenigstens zwanzig Liegestühle frei waren. Ich sagte nichts, wollte nicht reden, versuchte ruhig zu bleiben und tat, als sähe ich ihn nicht. Was will er von mir, dachte ich, warum starrt er mich so an? Das ist in einer Sauna unüblich, jedenfalls in denen, die ich kenne, die in den Sportzentren. Da musste sich auch niemand in ein Badetuch wickeln. Ich wollte nicht denken, nicht grübeln, wollte entspannen! Aber ich hörte das Meer. Ich hörte Rüdiger: „Ich habe dich gefunden!“ „Wir haben etwas Gemeinsames.“ „Was?“

Der Mann lag im Liegestuhl und starrte mich an. Ich ging in mein Zimmer, legte mich ins Bett, stand wieder auf, versuchte ein Telefongespräch zu führen. In Köln meldete sich der Anrufbeantworter: Rüdiger Pateau ist nicht hier ...

Ich wollte nur eine kurze Nachricht sprechen und sagte „Hallo, Rüdiger, hallo, Rüdiger, wo bist du, melde dich bitte!“, und legte den Hörer wieder auf.

Ich weinte, spürte einen quälenden Schmerz in meinem Herzen, und konnte schließlich einschlafen.

***

Als ich mir den Frühstückstee gebrüht hatte, und an meinem kleinen Tisch saß, blieb Rüdigers Stuhl leer.

Da kam der Mann, den ich am Abend in der Sauna gesehen hatte, an meinen Tisch. Er setzte sich, ohne sich vorzustellen, legte seine Hände neben seinen Teller und fragte: „Reisen Sie allein?“ Was für eine dumme Frage. Warum, dachte ich, müssen sich Frauen immer und überall dafür rechtfertigen, dass sie allein reisen? Ist man als Frau allein nur ein halber Mensch?

„Guten Morgen“, sagte ich, wahrscheinlich etwas zu laut.

„Ich bin allein“, fügte ich etwas verärgert hinzu, „oder sehen Sie jemand neben mir?“

„Guten Morgen“, antwortete er leise, beinahe flüsternd auf meinen Gruß.

Sogleich fuhr er fort, und versuchte mir mit vielen Worten zu erklären, wie gut es sei, zu zweit zu leben, sich zu lieben, alles miteinander zu tun, alle Entscheidungen miteinander zu treffen. „Gott schuf Mann und Frau, damit sie einander begehren.“ Und er endete erst mit seinem Schwärmen, als ich ihn fragte, wo seine Frau sei. Er sah mich nur aus offenen glanzlosen, fast leblosen Augen an, in denen sich nichts bewegte, in denen ich mich nicht spiegeln konnte, beinahe starr war sein Blick. Ohne mir eine Antwort zu geben, begann er aus der Bibel Hiob zu zitieren.

Wieso kam er auf Hiob? Hiob an diesem Morgen? Sehr laut, beinahe eindringlich kamen die Worte auf mich zu:

Man darf es ein hohes Wort der mystischen Erfahrung nennen, dass dem, dem alles genommen wurde,
selbst mitten im Leid immer noch alles geschenkt ist,
wenn er dort die Nähe Gottes inne wird.

Den Geplagten rettet Gott durch seine Plage
und öffnet durch Bedrängnis sein Ohr!

Auch dich entreißt er dem Rachen der Bedrängnis
in Weite stehst du, nicht in Enge.

Hüte dich und wende dich nicht zum Bösen,
denn darum wirst du durch Leid geprüft.

Sieh, groß ist Gott in seiner Macht.
Wer ist ein Lehrer wie er?
Wer will ihm weisen seinen Weg?
Wer will ihm sagen: du tust Unrecht.

Bist du zu den Quellen des Wassers gekommen
hast du des Urgrunds Tiefe durchwandert?

Hast du je in deinem Leben dem Morgen geboten
dem Frührot seinen Ort bestimmt?

Sag es, wenn du das alles weißt.

Er schwieg. Bisher hatte er irgendwie über mich hinweg, an mir vorbei aus dem Fenster geblickt. „Entschuldigen Sie, aber als ich Sie gesehen habe, dachte ich spontan an Hiob und ob Sie die Worte kennen. Sie sollten sich die Zeit nehmen und die Weisheitslehren aus dem alten Testament lesen. Sie sind unendlich reich. Ja, die Liebe begreifen und wie gut es ist, nicht allein zu sein, denn, in der Partnerschaft liegt die Erfüllung.“

Ich spürte, dass in mir etwas aufsteigen wollte, aus mir hinaus wollte, was einem Schrei ähnlich war, und hielt mir wirklich den Mund zu. Wer ist dieser Mensch? dachte ich, was zieht ihn ausgerechnet in meine Nähe? Warum zitiert er hier und jetzt Hiob? Zu verwirrt, um mich wieder zu fassen, stellte ich ihm noch einmal die Frage: „Wo ist Ihre Frau?“ Er wurde verlegen.

„Meine Frau ist in unserer Wohnung in der Nähe von Stuttgart,“ sagte er leise. „Sie passt zusammen mit meiner Mutter auf unsere kranke Tochter auf.“

„Und Sie fahren allein in Ferien und schwärmen davon wie gut es ist, Freude und Leid miteinander zu teilen?“

Ich stand auf, wünschte ihm einen guten Tag. Ich habe ihn in den nächsten Tagen nicht mehr gesehen. Er kam wie ein Spuk und verschwand wieder.

Aber ich kam von den Worten nicht so schnell weg. Wenn mich doch je etwas Gehörtes gleichgültig sein lassen könnte! ... darum wirst du durch Leid geprüft ... in Weite stehst du, nicht in Enge ...

Ich ging zum Wasser, dahin, wo sich wenige oder gar keine Menschen aufhielten, zum Wattenmeer. Das Wasser ist meine Quelle, am Wasser fand ich meinen Körper. Warum kam ich hier her?

Alles vollendet sich hier? Es werden keine Fragen mehr sein. Es sprach in mir.

Ich ging aus dem kleinen Ort Norddorf nach Nebel, wollte jetzt diese Insel erleben, und lauschte den Worten der friesischen Sprache, die ebenso gepflegt wird wie die Tracht.

Da heißt guten Tag = *Gud dai.*

Wir kommen aus Hamburg = *Wi kem faan Hambora.*

Herzlich willkommen bei uns = *Hartelk welkimen at üüsen.*

Ich hoffe, Sie fühlen sich bei uns wohl = *Ik hööbe, jam mei at üüsen wees.*

Ich zeige Ihnen den Weg = *ik wise jam a wai*

Es gibt ein Sprachbuch, ich kaufte es, denn ich habe eine Zuneigung zu deutschen Dialekten. Unmodern ist diese Liebe; und auf der Aussterbeliste wie seltene Vögel, weil sie durch eine geschichtslose Sprache ersetzt werden. Das Platt ist unter den deutschen Dialekten einer meiner Lieblinge. Es ist poetisch, heimatbezogen, und doch in die weite Welt drängend. Wer sprachlich mit Plattdeutsch und sonst nichts aufwuchs, versteht die Engländer und die Holländer leichter als die Wiener. Wie schon vor Jahren, als ich durch den Wald ging und laut versuchte Sätze zu sprechen, um mir den Wortlaut einzuprägen, ihn in mir zu behalten, um später den Sinn begreifen zu lernen; so ging ich hier durch den Kiefernwald und versuchte zu singen, wie der alte Liedtext klingt:

Ännchen von Tharau ist, die mir gefällt.

Anke van Tharaw öss, de my geföllt, Se öss mihn Lewen, mihn Goet on mihn Gölt.

Und es kommt die etwas kindliche Frage in meine Gedanken: *Wat süht Gott nie, de Kaiser selten, un de Buer all Dag*?!

Die Antwort ist: *Siensgliechen,* was so viel bedeutet wie Seinesgleichen.

Für mich liegt die Vergangenheit eines Volkes in der Sprache. Ich glaube, dass jeder mit seinem eigenen Lexikon, mit seiner eigenen Grammatik, ja mit seiner eigenen Logik zur Welt kommt, und das alles im Rahmen seiner Muttersprache. Ich denke nicht, dass das mit dem, was uns jetzt über die Grundlagen der Vererbung bekannt ist, erklärt werden kann. Es gibt Erscheinungen, die durch Erklärungen nur verworrener werden. In einem Gedanken, der als Wort ausgesprochen wird, schwingen viele kleine Gedanken mit, es sind diese Untertöne. Muttersprache: Was für ein großes Wort. Sicher ist es richtig, dass jener Mensch, der seine Muttersprache verliert, auch seine Heimat verliert!

Ich denke weiter. In einem vereinigten Europa gibt es viele Verschiedenheiten, ja, natürlich auch Ähnlichkeiten. Verbindend ist, dass es sich immer um den Menschen in seiner unvorhersehbaren Einzigartigkeit handelt, in seiner einmaligen, nicht auszulotenden Tiefe. Aber können ein Grieche, ein Portugiese, ein Däne, ein Spanier und Franzose zufrieden unter einem Dach leben? Sie können sich nicht verständigen, sie sprechen unterschiedliche Sprachen, aber allen schmeckt der gleiche Wein, und der gleiche Käse.

Ich ging weiter über die Insel.

Zu der wunderschönen alten Mühle hatte es mich schon auf den Wegen von Norddorf nach Wittdün immer wieder gelockt. Amrum ist eine Mühleninsel geblieben, wie es die Nord- und Ostfriesischen Inseln über Jahrhunderte waren. Die Nebeler Mühle von 1771 auf den höchsten Erhebungen des Ortes Nebel, gehört seit gut 225 Jahren zu den Hauptkennzeichen der Insel und war sogar bis zum Bau des Amrumer Leuchtturms hundert Jahre lang Seezeichen für die Schifffahrt. Der Leuchtturm besitzt eine Aussichtsplattform, mit herrlichem Rundblick über die Insel, das Wattenmeer und die Nachbarinseln Sylt, Föhr und Nordstrand, ebenso die Halligen Hooge und Langeneß. Er hat bei normalen Verhältnissen eine Lichtsicht von 23 Seemeilen. Ich war beeindruckt, als ich oben stand und das Meer aus dieser Höhe sah.

Auf dem Friedhof, gegenüber der Mühle, wo Unbekannte ihre Ruhe fanden und wo unter Denkmalschutz stehende Grabsteine sind, auf denen ausführliche Lebensläufe von Kapitänen und Walfangkommandeuren stehen. Besonders spannend ist der Grabstein des legendären Hark Olufs, der es als Sklave des Beys von Constantine von Algerien bis zum Schatzmeister brachte und nach 12 Jahren als reicher Mann nach Hause zurück kehrte.

Die Geschichte erzählt man im Teehaus, wenn es draußen kalt ist, wenn der Sturm am Reetdach rüttelt und an die Fenster klopft, wenn ein bisschen mehr Rum im Tee die Phantasie anregt ... Ich wanderte von Aussichtsdünen zum Riesenbett mit zwei Grabkammern nordwestlich der Vogelkoje. Und ich sah mir alles an, war aber unfähig, wirklich alles in mich aufzunehmen. Es wäre wunderschön, dachte ich, wenn Rüdiger neben mir gehen und mit mir alles ansehen und erleben könnte. Wenn wir über unsere Gedanken sprechen könnten. Es war doch seine Idee, er wollte mich hier auf der Insel treffen. Warum ließ er mich hier allein?

Hallo, Rüdiger, rief ich. Das Wattenmeer ist für jemanden aus dem Binnenland etwas Besonderes, so über Meeresboden zu gehen, der auch teilweise alter Kulturboden ist. Eines wird mir bei allen Wanderungen und dem stundenlangen Alleinsein am Wasser klar: Die Wüste konnte nicht anders sein.

Viele Stunden – fünf, sechs, sieben konnte ich vollkommen allein, ohne einem anderen Menschen zu begegnen, barfuss über den Sand gehen, Kilometer weite Sandflächen, die das Meer während der Ebbe hinterließ, die Dünen, die Silbermöwen, die Lachmöwen, die kleinen Seeschwalben und Kiebitze. Es passierte etwas mit mir: Ich veränderte mich in diesen Tagen und Stunden des Alleinseins mit dem Wasser. Ich entdeckte mich. Nicht, dass ich mich im Wasser spiegelte wie Narziß, und mich in dieses Bild verliebte; oh nein. Ich spiegelte mich in mir selbst. Ich erkannte mich.

Es war Abend geworden. In mir breitete sich Ruhe aus, als ich das Meer sah, als ich es in dieser dunklen Neumondnacht spürte. Das zweite Niederwasser kam um 21.54. Ich saß am Rande einer Düne und schaute zum Horizont, der sich mit dem Wasser vermischte. Der Untergang der Sonne begann. Es gab nur das immer dunkler werdende Gold der Sonne, das Grau-Blau des Wassers, die weißen Schaumkronen der Wellen. Da war es, als kläre sich die Disharmonie in mir, als könnte ich meine Seele sehen, als ordne sich meine Verwirrung, als löse sich mein Wünschen und Sehnen auf, in einer Harmonie, die zur Musik in mir wurde. Ich fühlte mich leicht, als sei ich körperlos. Das Wasser hörte ich nicht mehr, fühlte mich als ein Teil von ihm. Es war in mir, ich war in ihm. Ruhe, flüsterte es leise, wie ein Hauchen, wie ein leises Singen, Ruhe findest du hier.

Ruhe! Komm! komm zu mir! Sage mir deinen Namen, hörte ich ein Flüstern. Wer bist du? Ich bin Katharina. Hörte ich meine Stimme? Ich bin Katharina, wiederholte ich, um meine Stimme noch einmal zu hören. Und meine rechte Hand nahm meine linke Hand. Sie berührten sich, hielten sich, spürten sich. Ich sah keinen Körper regungslos am Ufer liegen, sondern spürte mich als Person da-seiend. Ich nahm mich als meinen Körper wahr und erkannte mein Selbst, meine Seele. Eine Leichtigkeit schien mich zu beflügeln, körperlich fühlte ich mich und auch körperlos, aber ungeteilt.

Um mich herum war Licht – keine blendende Helligkeit, nur Licht, wie ein überirdischer Glanz, als öffne sich der ganze Himmel, und erlosch mit der untergehenden Sonne, bis es kalt wurde, bis ich die Kälte auf meiner Haut spürte. Diese wunderbare Erkenntnis kam zu mir: Das *ICH* ist die Erde, gleichend dem *DA*. Das *Sein* ist der Himmel. Gleichend dem *Selbst*. Himmel und Erde bilden in mir die Einheit, das „Da-Sein". Ich habe es erlebt, sagte ich laut. Ich habe Himmel und Erde als Untrennbares, Gemeinsames erlebt. Ich bin mein Körper, und ich bin ein Selbst! Mein Selbst ist jetzt in meinem Körper.

Ganz langsam ging ich, berührte bewusst den Boden mit meinen Füßen und beobachtete meinen Atem, bis ich meinen Strandkorb fand. Ich wickelte mich in mein sehr großes Badetuch, und legte mich in den Sand. Die Schaumkronen des Meeres, die kleinen weißen Wolken und die Möwen begannen zu tanzen. Irgendwoher kam die Musik aus Tschaikowskis Schwanensee. Sie füllte mich aus, ich schaute den großen weißen Möwen zu, wie sie ohne die ausgebreiteten Flügel zu bewegen über den Wellen tanzten, sich hin und her wiegten, sich trennten und wieder zusammen fanden. Kein einziger Schrei, nur die Musik in der Stille.

Als ich Stimmen hörte, öffnete ich meine Augen. Ich erkannte zwei Frauen, die vor meinem Strandkorb standen. „Ach, Sie leben ja", sagte die eine. „Wir dachten es ist etwas Schreckliches passiert, als wir Sie da liegen sahen."

Etwas verwirrt stotterte ich in diese Gegenwart hinein: "Ich bin eingeschlafen, ja, ich muss wohl geschlafen haben."

„Sie fühlen sich wohl?" „Ja, danke, ich fühle mich wohl."

„Wir kennen Sie aus dem Hotel Hüttmann, können wir

etwas für Sie tun, geht es Ihnen wirklich gut?"

Als ich mich aufrichtete, stellte ich mich sehr bewusst auf meine Beine und schüttelte den Sand aus meinem Haar.

„Ich werde jetzt ein bisschen schwimmen", sagte ich und dann zum Frühstück ins Hotel gehen, wenn es noch nicht zu spät ist."

„Wir wünschen Ihnen einen wunderschönen Tag, Sie sind immer so alleine, vielleicht sehen wir uns beim Mittagessen?"

„Vielleicht!"

***

Als ich mein Zimmer erreichte, war es zum Frühstück zu spät, ich ließ mir eine Jause herrichten, denn ich hatte in dieser Stunde einen erstaunlichen Hunger. Der warme Tee belebte augenblicklich. Musik war immer noch in mir. Jetzt begann ich meinen Abschied von der Insel zu schreiben. Norddorf am 27. Mai.

Lieber Rüdiger.

Meine Ferien sind beendet. Ich bin traurig darüber, dass du nicht hier sein konntest und hoffe, dass es keine Erkrankung war, die dich daran hinderte. Außerordentliches Erleben prägte mein Hier-Sein.

Ich habe Ruhe gefunden und die Einheit mit mir selbst. Du bist nicht unbeteiligt, denn ganz plötzlich und unerwartet, bist du mir auf meinem Wege begegnet. Es war so, als wäre ein Streichholz auf meine Kleider gefallen, wo es sich entzündete und sehr langsam ausgebreitet hat, schließlich auch den Körper erfasste. Das Glimmen in mir war nicht mit einem Brennen vergleichbar.

Wir waren vor 22 Jahren gemeinsam in Bad Herrenalb. Wir haben etwas Gemeinsames, sagtest du. Worte, deren Erklärung ich suchte. Viele Jahre meines neuen Lebens erfuhr ich nichts als Ablehnung, in Frage gestellt und ausgelacht werden. Ich saß zurückgezogen, ratlos in meiner Wohnung, komme was da kommen mag; ich kann es nicht ändern. Aber die Begegnung mit dir veränderte. Du hast mir Mut gemacht, ich fühlte mich ernst genommen. Du hieltest dich zurück.

Das war gut so. Ich weiß es hier und jetzt: Es war meine Seele, die sich sehnte, die sich nur danach sehnte, von mir verstanden, von mir angenommen zu werden. Es war nicht mein Körper, der etwas wollte. Ich denke, wer das von mir annimmt, weiß nichts von mir, versteht mich nicht. Der Körper, der vor 30 Jahren an einem Ufer lag und trotz Rufen bewegungslos liegen blieb, hatte mich noch nicht angenommen! Ich bin immer neben ihm gewesen, nicht in ihm. Der Körper war zum intellektuellen Ich geworden.

Hier, an das Ufer zurückgekehrt, hier am Wasser, ist es mir gelungen. Mein Körper hat sich geöffnet, hat mich angenommen. Ich gehe nicht mehr neben ihm. Erst jetzt lerne ich wirklich verstehen was Herzdenken bedeutet. Bisher war es ein Werden, ein Wünschen. Jetzt bin ich in meinem Körper und entfernt von der Annahme, dass mein Körper mich schützen wird. Es ist umgekehrt richtig: Ich schütze meinen Körper! So ist es wohl richtig zu sagen: Ich musste hier her zurück kommen. Ich musste meine Insel finden.

Ich wartete hier auf dich, dabei wurde mir nach und nach klar: Ich habe nicht auf dich gewartet, sondern auf mich! Du hast zu mir gesprochen. Für deine Worte suchte ich Erklärungen. Sie konnten mich nicht wirklich erreichen. Ich wollte mit dir nicht die Frage diskutieren, ob sich dein Gott von dem Gott unterscheidet, den die Vertreter der kapitalistischen Marktwirtschaft anbeten, dann dort wird jener Gott angebetet, der nur den Tüchtigen gern hat. Oder was du von jenem menschenverachtenden Gott Allah hältst, der offenbar die Frauen nicht mag, wie das im Orient zu sein scheint. Es gibt viel, was sich religiöser Glaube nennt, was für mich höchst unglaubwürdig ist. Ein Gott des Hasses und des Krieges ist für mich kein Gott. Soll ich ihn anders nennen als den Teufel? Oder was denkst du über Terrorismus? Das wollte ich nicht von dir hören. Auch nicht, ob du die Demut für die höchste christliche Tugend hältst. Es gibt viel Unglück auf der Welt durch das Gegenteil von Demut, die Überheblichkeit; zum Beispiel in der Politik. Den Menschen zuhören und dem eigenen Gewissen zuhören, das sind alles Fähigkeiten, von denen ich denke, die Menschen müssten mehr davon haben. Ich schrieb dir Briefe, weil ich mich suchte, weil ich Antworten auf Fragen suchte. Ich hatte nichts, worüber ich glücklich sein konnte. Glück hatte keinen Inhalt. Du hast keine meiner Fragen beantwortet. Das Rätsel löste sich mit dem Erkennen: Es ist falsch, sich im anderen zu suchen, aber richtig, sich im anderen zu erkennen.

Aufrichtigkeit ist eine gute Sache, aber sie ist wertlos ohne Liebe. Liebe heißt jede Überlegenheit, jedes Verstehenkönnen, jedes Lächelnkönnen im Schmerz. Lieben können – welche Erlösung!

Mein Körper ist das Haus. Das Haus ist im Märchen ein Bild des Kosmos. Er steht fest. Jetzt fühle ich mein Selbst in diesem Haus sehr bewusst. Ich bin in mir! Ich habe eine Mitte. Ich danke dir für die vergangene Zeit und dafür, dass du zurückhaltend warst und schweigsam. Hättest du dich anders verhalten, wäre ich wahrscheinlich nicht so weit gekommen, wäre ich vielleicht nicht hier, nicht jetzt. Du hast mich geführt, weißt du das? Nun suche ich nicht mehr.

Ich könnte mir vorstellen, hier am Wasser auf dieser (meiner) Insel zu leben. Herzlich, Katharina, Amrum, am 27. Mai.

Am Morgen des anderen Tages brachte ich den Brief nach Wittdün zur Post, der ganze Weg von einem Ende zum andern und wieder zurück, sind mehr als zweimal zehn Kilometer. Wattenmeer und Strand und Dünen und duftender Kiefernwald, eine Umrundung. Ich ging diesen Weg langsam, bis es auf der Insel zu regnen begann. Dann hatte ich es eilig, wieder nach Wien zu kommen.

Ich packte meinen Koffer, der kaum richtig ausgepackt worden war, stellte ihn in der Rezeption zum Abholen bereit. Das Taxi kam, ich bezahlte die Rechnung; Herr Hüttman sagte mir, dass noch ein kleiner Rest von der hinterlegten Summe übrig sei. Und ich war derartig unterwegs, dass ich nicht nach der Höhe des Restes fragte, sondern sagte, er könne es dem Personal geben, wahrscheinlich gibt es eine Gemeinschaftskasse?

Mit ganz besondern Gedanken stand ich an diesem Montag am Anlegeplatz der Fähre nach Hamburg. Es dauert lange, bis ein Fährschiff entladen, bis alle Leute, die zur Insel kommen, ausgestiegen sind. Dann dauert es noch eine Weile bis wieder eingestiegen werden kann. Zuerst die Personen, dann die Autos. Mit den Fahrzeugen kam ein schwarzes Auto eines Beerdigungsinstitutes auf die Fähre. Ein beklemmendes Gefühl ergriff mich, so, als würde mein Herzmuskel zusammengepresst. Es schmerzte. Die Möwen schrieen laut und umkreisten die Fähre. Ich ging nicht in den Speiseraum, sondern blieb stehen, schaute zu der kleiner werdenden Insel zurück und schaute auf das Wasser, das sich um das Schiff herum in starken Wellen aufbäumte, als wollte es dieses Schiff verschlingen. Bald konnte ich Amrum nicht mehr sehen, nur Wasser und dann das neue Ziel: Dagebüll-Mole. Das schwarze Auto fuhr von der Fähre weg. Ich bestieg den kleinen Zug nach Hamburg-Dammtor. Um achtzehn Uhr kam mein Zug, der mich nach Wien bringen sollte.

XVII. Kapitel

Am Vormittag war ich in Wien Westbahnhof. Ich hörte die Stimmen der Menschen, beobachtete wie sie rannten und fühlte mich zum ersten Mal von einer Reise kommend nicht zu Hause. Der Lärm störte mich, die Hektik, die Autos, die Straßenbahnen. Aber: Die Sonne schien warm.

Als ich die Tür zu meiner Wohnung geöffnet hatte, wehte mir Fremdheit entgegen. Ich fühlte mich wie ein Besuch und verhielt einige Minuten tief atmend. Dann zog ich die Gardinen zurück und öffnete die Fenster. Und dann sah ich es: Eine zerbrochene Eierschale lag auf dem Fenstersims nahe dem Blumenkasten, die Taubenmutter saß am Rande des Nestes, vor ihr ein winziges Lebewesen, nahe an ihrem aufgeplusterten Bauch, während sie das andere Ei beobachtete, aus dem das zweite Küken sich befreite. Sie hackte manchmal mit ihrem spitzen Schnabel ganz behutsam auf die Schale, bis sie endlich aufsprang und sich ein Wesen in heller gelber Farbe, feucht und verklebt, den winzigen Kopf mit geschlossenen Augen, die noch winzigeren Flügelchen aus der Schale befreite und auf den Nestboden fiel. Bald stellte es sich auf die kaum sichtbaren Füßchen dicht neben das andere Küken. Und schon deckte die Taubenmutter beide Winzlinge mit ihrem dicken geplusterten Federbauch zu. Und sie schaute mich mit ihren dunklen Kugelaugen an, als wolle sie mich teilhaben lassen an der Freude über ihre Küken ... Was für eine Freude!

Ich konnte meinen Blick nicht lösen und legte meine Kamera bereit. Irgendwann, dachte ich, muss sie aufstehen, los fliegen und Nahrung suchen, dann sehe ich die Kleinen! Schon nach drei bis vier Tagen hätten diese Küken nicht mehr in eine der Eierschalen hineingepasst, sie entwickelten sich im Zusehen. Die Schalen blieben am Nestrand. Am liebsten hätte ich diese Winzigkeiten in meine Hände genommen um ihr Leben körperlich zu spüren. Nie vorher hatte ich gesehen wie Leben entsteht, wie aus der geöffneten Eierschale ein vollkommen lebensfähiges Küken schlüpft und bald von der Mutter aus deren Schnabel ernährt wird. Die Taubenmutter stillt ihr Kind durch den Schnabel. In den ersten Tagen hat sie eine Kropfmilch für die Küken. Es sieht eigentümlich aus, wenn der große Schnabel den kleinen in sich aufnimmt, und aus dem Kropf die Milch herausgewürgt wird. Bald nahm sie beide Schnäbel beider Küken auf einmal in ihren Schnabel. Sie ‚säugte' beide gleichzeitig.

Ich war fasziniert. Väterchen kam in diesen Tagen nur, um mit seinem dicken Bauch zu wärmen. Vor jeder Ablösung begrüßten sie sich gurrend und schnäbelten in rührender Zärtlichkeit und irgendwie eifrig um ihre Brut bemüht. Ich legte einen neuen Film in meine Kamera und diese griffbereit in die Nähe des Fensters. Das Leben hatte mich wieder und mein Schreibtisch rief mich!

Ich musste schreiben: Ich habe dreißig Jahre auf meine Insel gewartet! Es gab einen Zusammenhang: Ich habe auf die Liebe gewartet. Ich habe auf mich gewartet. Dann kam der Morgen, als ich Hemmungen hatte den Briefkasten zu öffnen; meine Hand fühlte sich so kalt an. Ich sah jenen Brief, den ich von Amrum nach Köln geschickt hatte im Briefkasten liegen. Ich hatte meinen Stempel benutzt, auf dem die Wiener Adresse stand. Eine Sekunde für den Gedanken: Er hat mir den Brief zurück geschickt! Zögernd nahm ich ihn schließlich, und bemerkte die Aufschrift der Post:

Rüdiger Pateau* verstorben *am 26. Mai 2001!

Ein Zeichen des Kreuzes, auf einem gelben Aufkleber der Post. Ich ging die Treppe hinauf in meine Wohnung, den Brief wie ein Symbol in meiner Hand haltend. Kein Wort war in mir, kein einziges Wort.

Den Tod, so hatte Avenir mich gelehrt, den gibt es gar nicht, es ist nur ein Wechsel von einem Leben zum anderen. Die geistige Verbindung mit dem *Selbst* ist die eigentliche Verbindung zwischen den Menschen, die Teilhaberschaft am Ganzen. Sie bleibt nach dem Atemstillstand erhalten. Die Seelen bleiben verbunden. Gedanken – Worte – Schmerz! Wer bin ich, dass mir das alles passieren muss? Wo ist das Maß? Kann ich mich über mein Schicksal erheben?

„Hallo, Rüdiger, wie kann etwas im Mai enden – wo es doch beginnen sollte! Du hast mich gefunden, ich habe dich verloren – zur gleichen Zeit."

Er hatte meinen Brief gar nicht gelesen. Er ging weg und sagte kein einziges Wort.

Gedanken. Jetzt kamen sie wieder zu mir. Unbesiegbar können wir sein, aber nicht unerschüttert; und doch kommt die Hoffnung zu uns, auch unerschütterlich sein zu können. Als ich unerschütterlich war, lebte ich nicht, sondern funktionierte wie ein Roboter.

Jetzt lebte ich. Ohne Schlaf, ohne feste Nahrung, viele Mengen Wasser trinkend, schrieb ich drei Wochen meine Gedanken weg, formte Erkenntnisse zu Worten. Es schrieb sich. Es erklärte sich. Ich schrieb von mir weg, aus mir hinaus. Meine Gedanken bekamen ihre Gestalt. Ich machte sie mir selbst begreifbar.

***

Die Sonne schien warm, die Tauben entwickelten sich, bald lehrten Vater und Mutter die Kleinen eigene Nahrungsaufnahme, ich konnte das gut beobachten, nachdem ich aus meiner Reserve öfter Haferflocken, Hirse oder Buchweizen an den Nestrand gestreut hatte (sie gewöhnten sich daran und warteten darauf). Auf den Tag genau nach vier Wochen erreichten sie ihr eigenes Leben, wurden nur noch selten gefüttert, und nicht mehr ständig aus der unmittelbaren Nähe betreut. Sie hatten ihr vollkommenes Federkleid. Sie schliefen immer aneinander gekuschelt, wie am Anfang, als sie noch hilflos waren; sie wärmten sich gegenseitig, ja sie gingen und rannten alle ihr ersten Wege gemeinsam. Sie trennten sich keinen Augenblick. Ich nahm den Blumenkasten weg und gab ihnen ihre Freiheit.

In dieser Zeit des Beobachtens fühlte ich immer stärker den Wunsch Kind zu sein, die Mutterliebe zu spüren, behütet und beschützt zu sein, mich geborgen fühlen zu können, zu wissen wo mein Nest ist, wohin ich gehöre. Dieses Erleben, das ich nicht kannte, weil ich als Nichts dieses Leben beginnen musste und keinerlei Liebe oder Geborgenheit spürte, entwickelte sich zu einem starken Wünschen, ja Begehren, das ich bisher nicht kannte. Nicht, dass ich es mir vorstellen konnte, wie es sein könnte, wenn ich ein Baby wäre, nein, dieses Wünschen war ohne jede Vorstellung in mir. Es war nur die Sehnsucht nach etwas Unbekanntem, Unerfüllbarem. Ich wollte plötzlich irgendwohin gehören. Ich konnte nicht einmal analysieren, was in mir passierte.

Es gibt viele Menschen, die erklären, die Tauben müssen vernichtet werden. Sie bringen Viren und Krankheiten. Es gibt viel zu viele. Also bloß nicht füttern. Die Eier sollten gegen Gipseier umgetauscht werden, fordern sie. Die Menschen sind größer als die kleinen Tauben. Diese leben in aller Bescheidenheit. Diese fressen Körnchen, Sämereien, Früchte. Das kleine Nest ist anspruchslos. Zweiglein und Gräser sind aufeinander geschichtet. Und ich denke: Wenn es Wesen gäbe, die im Größenverhältnis zu Menschen dem entsprächen, das wir zu den Tauben haben und sie würden sagen: diese Menschen müssen wir vernichten. Es gibt zu viele, sie streiten, morden, sind gierig nach Macht und Geld, quälen Kinder, also weg mit diesen Menschen. Sie sollen kein Futter mehr bekommen. Aber jemand, der größer ist als die Menschen sind, lässt die Menschen leben und wartet darauf, dass sie mit dem leben lernen, was Er ihnen gegeben hat: die Vernunft, die Liebe.

***

Nachdem ich die Fotos abgeholt hatte, ordnete ich die Bilder und Dokumente in meinem Reisealbum. Überraschend erhielt ich aus Peru den ersten Brief meines Patenkindes Estefany. ...

„Meine liebe Freundin“, schrieb sie ... „Ich habe eine Menge Dinge, die ich dir erzählen möchte. Weißt du was für Essen ich gern mag? Ich bin gut in der Schule und möchte noch besser werden. Ich möchte, das meine Familie stolz auf mich ist. Was ich dir erzählt habe, ist ein Geheimnis. Niemand sonst weiß davon. Ich hoffe du schreibst mir bald?“

Ich beantwortete ihren Brief und schickte ihr ein Buch über Wien in spanischer Sprache, beantwortete ihre Fragen mit einem Rezept aus unserer Küche. Und gleichzeitig schrieb ich an die beiden jüngeren Mädchen, 5 und 6 Jahre alt, Rosalina und Zoila. Mit den Briefen, die ich nach Hamburg schickte, damit sie dort übersetzt und mit kleinen ausgewählten Geschenken nach Südamerika geschickt werden konnten, erbat ich mir Reiseunterlagen nach Peru. Die Idee, dorthin zu fliegen, wurzelte bereits in mir. Ich suchte die Aufgabe, spürte, dass ich sie brauchte und begann intensiv „Zukunft“ zu denken. Diesen Kindern fehlt es am Lebensnotwendigen. Plan-International hat das erkannt. Das soziale Ungleichgewicht dieser Erde beschäftigte mich schon lange, aber nicht so intensiv wie jetzt.

Nach langen Verhandlungen im Handelsgericht, gelang es meinem Anwalt die Verträge mit dem Verlag zu lösen. Alle Rechte für beide Bücher bekam ich, und anstatt der erwarteten Zahlung der letzten Abrechnung erhielt ich alle Exemplare der letzten Auflage. Ich ließ die Ladenpreise von bisher 29,- Euro auf 10,50 senken und richtete eine Homepage ein. Von „Wiener Wohnen“ mietete ich für mich einen Lagerraum und ließ alle Exemplare aus beiden Verträgen „Katharsis“ und „Erkennst Du mich?“ dort hin bringen.

Es wurden beinahe 8000 Bücher. Ich schenkte sie Plan-International für das Projekt „Brunnenbau in Peru“. Das bedeutete aber: Um aus dem Buchmaterial das Geld werden zu lassen (hier im übertragenen Sinne Stroh zu Gold werden lassen), musste ich diese Exemplare alle verkaufen. Und mein großer Nachteil ist, dass ich nicht mit Geld umgehen kann; denn rechnen habe ich nicht gelernt als ich zu leben begann und hoffte, dass meine Homepage mir dabei nützlich sein würde: ich setzte sozusagen auf Rumpelstilzchens Hilfe. Ich nahm Kontakte zu allen Aktionsgruppen in Deutschland auf, und schickte die signierten Bücher an die Besteller, sie schickten das Geld auf das für Plan eingerichtete Konto. Es war mein Wunsch aus Negativem Positives zu schaffen.

Es dauerte nicht lange, bis ich erste Reisevorschläge aus Hamburg bekam und beginnen konnte, die Zeit dafür auszuwählen, meine Ziele zu erreichen. Auf dem Plan stand zuerst Lima, denn in der armseligen Umgebung wohnten zwei meiner Patenkinder mit ihren Familien; weiter ins Land hinein nach Cuzco am Titicaca See, wo eines der Kinder mit ihrer Familie lebte.

Als Ilona zu mir kam, und nach meinem Befinden fragte, war sie erstaunt mich so aktiv zu erleben. Sie wurde nachdenklich, als ich ihr von Rüdigers Sterben erzählte. „Du überwindest auf deine unnachahmliche Art“, sagte sie. „Du wirkst so heiter!“

„Das habe ich aus dem Märchen Rumpelstilzchen auf mich übertragen. Du kennst das Märchen? Es ist mir eingefallen, während ich im Teehaus am Kaminfeuer saß.“

„Erzähle bitte, ich versuche mich an das Märchen zu erinnern, es ist lange her, dass ich es hörte“, gestand Ilona.

„Wer den Namen kennt, verfügt über die Kraft, die mit dem Namen identisch ist. In dem Augenblick, in dem die Müllertochter den Namen weiß, und ihn ausspricht, beweist sie, dass sie nunmehr selber über die Kraft verfügt, die für sie bisher eine fremde und äußerliche zu sein schien. Daher ‚verschwindet‘ Rumpelstilzchen. Es war die von der Müllerstocher abgespaltene, eigenständige Figur. Sie wurde nun in die reife Identität integriert.“

„Du willst damit sagen, dass Rumpelstilzchen ein Teil von der Müllertochter war?“

„Ein Teil, der ihr noch nicht angehörte, erinnere dich: ratlos sitzt sie in der Kammer und lässt mit sich geschehen was da kommt.“

„Das beziehst du aus diesem Märchen auf dich. Das ist doch naheliegend. Du legst Märchen für dich aus“, lachte Ilona, „Ich kann mir beinahe denken, was du sagen wirst!“

„Das bleibt mein Geheimnis. Denk doch mal darüber nach.“

Ilona ließ nicht locker. Sie wollte ergründen, warum ich so ruhig sein konnte.

„Rumpelstilzchen war für die Müllertochter tätig. Er war gewissermaßen ihr Diener, schließlich lernte sie über ihre Kraft selbst zu verfügen, daher ‚verschwindet‘ Rumpelstilzchen.“

„Du zwingst mich zum Nachdenken.“

Ich konnte herzlich lachen. Ich fühlte mich seit langer Zeit frei.

„Ich schließe daraus, das Rüdiger identisch ist mit dem Knecht, der ausgeschickt wurde den Namen zu finden?“

„Richtig. Er war für mich eine große Hilfe.“

„Er ist gestorben. Rumpelstilzchen ist verschwunden.“

„Ja. Jetzt weiß ich, dass es mir gelingen wird, das Stroh des Alltags in das Gold des gelingenden Lebens zu verwandeln. Ich bin ein Ganzes. Und in diesem Gedanken und mit dieser Idee verbinde ich den Verkauf meiner Bücher um Gold, um etwas Sinnvolles zu erreichen. Wenn ich es geschafft habe, werde ich keinen Lagerraum mehr brauchen.“

Ilona saß schweigend und schaute mich an.

„Du bist schon sehr extrem mit deinen Gedanken. Du wirst ein Buch darüber schreiben?“

„Ja, ich habe es schon entworfen, doch das ist es nicht. Ich möchte meine Patenkinder in ihrer Heimat besuchen. Später vielleicht, zu einem anderen Zeitpunkt mit Tina Soliman und ihrem Kameramann Torsten Lapp, vielleicht können wir dort filmen, um noch mehr Menschen dazu zu motivieren über den eigenen Tellerrand hinaus zu blicken, und neben der eigenen Schönheit auch die Armut auf dieser Erde zu sehen. Kinder, denen mit Zuneigung in Freundschaft begegnet wird, lernen die Welt anders betrachten.“

„... Tue immer das, was die konkrete Lebenslage, in der du dich befindest, erfordert, tue es sorgfältig, ohne dabei dein Glück erzwingen zu wollen.“

„Ja, das sagen die Märchen.“

„Obwohl wir Leid beobachten und Sterben, gibt es immer noch so etwas wie Glück.“

„Wir können Kinder, die in Deutschland oder Österreich leben, nicht mit jenen vergleichen. Hier gibt es genügend Schulen und gesundheitliche Fürsorge. Wir haben sauberes Trinkwasser und Elektrizität. Jeder hat wenigstens das Notwendige. Viele Menschen sind an ihrer eigenen Not nicht ohne eigene Schuld.“

„Dort und überall in der ‚Dritten Welt‘, wo es um Kinder in Not geht, ist jede helfende Hand wirklich notwendig, das heißt um Not zu wenden. Kinder brauchen Liebe und Vertrauen, persönliche Freiheit und Frieden."

„Hast du mal daran gedacht, dass du alles das eigentlich für deine Kinder tun möchtest? Dass dies alles nur Ersatzhandlungen sind? Ich glaube, dass du das Bedürfnis hast, dass du dieses Gut sein und Geben wollen, auf diese fremden Kinder überträgst, weil du deine eigenen Kinder nicht mehr erreichen kannst!"

„Du kannst Recht haben. Die Seele versucht das zu tun, was der kranke Körper versäumte. Es ist nicht das Wesentliche geliebt zu werden, sondern fähig zu sein zu lieben."

Als Ilona sich verabschiedet hatte, begann ich Saatgut zu streuen.

Ich schrieb an meinem Buch, suchte einen neuen Verlag und bereitete die Reise vor.

Ich flog allein im Herbst nach Lima. Allein mit der American Airline – viele Stunden.

Peru, geschichtsträchtig und vielschichtig, ein Land der Extreme.

Schon in seiner Geographie und seinem Klima kommt es zu variantenreichen Ausprägungen. Was ich da erleben durfte, wie ich den Menschen, den Patenkindern und ihren Eltern in den Dörfern in deren Alltag begegnete, wie ich empfangen wurde, erzähle ich in einem anderen Buch. Es wird auf dieses Erleben konzentriert sein. Das kann nicht mit drei Worten oder einem Satz gesagt werden. Ich war lange dort und werde wieder dort sein und länger bleiben. Die Verständigung war, dank der Plan-Mitarbeiter, sehr gut.

Als ich zurückkam, schrieb ich Notizen und ließ Filme entwickeln.

Ich war tief beeindruckt wie Menschen dort mit ihrer Armut umgehen, wie sie den christlichen Glauben harmonisch mit den Vorstellungen der dort vorher praktizierten Naturreligion vermischen. Viele Gläubige identifizieren sich mit dem leidenden Christi. Er ist das Bindeglied zwischen

Gott und den Sterblichen. Oder, wie mir ein Theologe sagte: „Die Lektion, die die südamerikanischen Arbeiter vom Leben Christi gelernt haben, ist, wie man stirbt.“ Ich plante die nächste Reise zum Filmen und zum Leben dort. Wollte mich besser auf Notwendiges einstellen, wie Kleidung, was unbedingt mitgenommen werden musste und was überflüssig blieb. Ein Land und Menschen voller Faszination.

Nur das Fliegen ist ziemlich teuer und braucht viele Stunden. Meine spärlichen Reserven erschöpften sich bei aller gelebten Askese.

So verging der Winter und wie in jedem Jahr erlebte ich den Jahresbeginn mit mir. Aber mit so vielen neuen Eindrücken und Plänen war ich gern allein. Ich war nie einsam.

XVIII. Kapitel

Das Lernen der spanischen Sprache, um mich besser verständigen zu können, wurde bald ein wichtiger Schritt in mein neues Leben. Und so erreichte ich das Jahr, von dem Udo Jürgens gesungen hat: „mit 66 Jahren, da fängt das Leben an, mit 66 Jahren, da ist noch lange nicht Schluss!“ Ich hatte den Computer angestellt um die e-Mails zu prüfen. Es gab wieder einige Bücherbestellungen, Leserbriefe und so weiter. Da erschien ein großes Foto im Bildschirm darunter ein Name, der mich verwirrte.

Nur wenige Worte unter „Betrifft“: Bitte nicht erschrecken. Das ist kein Bild von mir, auch wenn es so aussieht, alle Erklärungen folgen. Mit freundlichen Grüßen Michael – Absender @ nl., das heißt Niederlande.

Das Bild meines Sohnes Michael, so wie er in meiner Erinnerung blieb, als ich mich vor 20 Jahren in Baden Baden von ihm verabschiedete und ihn seither weder sah noch hörte. Er meldete sich mit einem Foto aus Den Haag.

Eine Zeitlang saß ich und schaute nur dieses Bild an. Mein Kopf war plötzlich ganz leer, ohne jeden Gedanken, als sei er gar nicht da.

Einen Augenblick nur. Bald löste sich die Erstarrung und das Denken setzte ruckartig wieder ein. Warum jetzt in dieser Zeit? Michael, mein Sohn. Er nimmt den Kontakt zu mir auf. Er hat mein Buch gelesen, oder eine Talk-Show gesehen. Er hat Fragen an mich?

Er wird bald 43 Jahre alt sein.

Ich brauchte nicht lange vertiefend zu denken. Eine weitere Meldung ließ mich wirklich erschüttert sein.

Hallo, Katharina, oder soll ich Irmhild sagen, oder Mutter, denn so kenne ich dich.

Die Vermutung, dass dies ein Foto von mir ist, ist falsch. Es ist mein Vater. Ich habe ihn gefunden. Er lebt in Tucson (Arizona) in Amerika. Er ist allein, das heißt nicht verheiratet und war sehr überrascht mich zu hören und meine Worte zu lesen, die ich ihm schrieb, um erste Unsicherheiten zu klären. Er war erstaunt darüber, dass es mich gibt, und er wollte alles von und über mich wissen.

Er erinnert sich an dich und möchte die Verbindung zu dir aufnehmen. Ich habe ihm alle mir bekannten Daten gegeben. Dein Verlag in Wien war so freundlich mir die Fragen nach deinem Wohnort, Telefon und e-Mail zu beantworten. Hier schreibe ich dir seine Adresse und e-Mail und Telefon auf. Ich wecke deine Erinnerung und sage: Er hat am 7. April Geburtstag. Möchtest du ihm schreiben? Alle weiteren Handlungen überlasse ich dir.

Ich habe ihm von deiner Tragödie erzählt. Er weiß, dass du dich nicht erinnern kannst. Nach seiner ersten Überraschung haben wir begonnen unsere Verbindung zu einander zu bauen.

Michael.

In meinem Kopf schwangen nur noch die Pendelschläge der Uhr, die an der Wand hängt ... bing bong … bing ... bong.

Hatte ich überhaupt noch einen Kopf? Was passierte da neben meinem schmerzenden Ohr?

Er sagte Mutter zu mir. Er schrieb meine Namen. Mario

lebt! Michael hat nicht geglaubt, dass sein Vater tot ist. Er hat ihn gesucht, wollte Klarheit, wollte, nachdem er mich verlor, seinen Vater finden. Er suchte seine Wurzeln. Mario lebt. Tatsache. Und ein Foto auf dem Bildschirm meines Computers. Keine emotionale Erinnerung an einen Anfang, nur Gegenwart, Bild und Namen.

Michael lebt seit vielen Jahren in Den Haag. Er fand seinen Vater in Arizona, nicht in Washington DC. Wie hängt das alles zusammen? Vierundvierzig Jahre dehnten meine Gedanken.

Und ich schaute auf dieses Gesicht und suchte die Augen immer wieder. Ich suchte jene Wärme, die ich spüren wollte und sah nur das Bild, wie ich viele andere Bilder gesehen hatte. Die Kinder in Peru waren näher, waren lebendiger. Da hatte sich eine gute Verbindung entwickelt. Und ich lernte in der Volkshochschule ihre spanische Sprache.

Verstehen lernen, verstanden werden, daran habe ich immer gearbeitet.

Dann holte ich alle alten Dokumente noch einmal aus dem Regal, schaute vergleichend, Emotionen suchend. Verbindung herstellen wollend, wünschend. Ich wollte laut schreien und saß stumm.

Was soll ich ihm sagen? Wie soll ich schreiben, ich kann nicht in englischer Sprache schreiben oder reden. Warum ich? Ich werde warten ... darauf warten was noch alles passiert, einfach nur warten, oder ganz langsam weiter gehen?

Ich sprach zu mir und mit mir – und ging an die Donau um dort eine Stunde zu laufen.

Später, ruhiger geworden, suchte ich den Weg zur Verständigung. Anruf bei Security meinem Provider: Wer übersetzt mir Briefe? Die Antwort überraschte mich. Es gibt im Computer die Übersetzungsmöglichkeit. Er schaltete sich in meinen Computer ein, machte mir den „Alta Vista <Babel Fishing> translated Text“ vertraut und für mich verständlich.

Lange probierte ich und musste feststellen, dass selbst zu

den Hinweisen, die der Computer mir gab, die englischen Worte notwendig waren.

Also machte ich mich auf den Weg zur Buchhandlung in der Nähe und erwarb ein „Langenscheidt Power Dictionary English-Deutsch“, und begann mechanisch zu handeln. Wie eine Marionette stimmte ich Bewegungen aufeinander ab.

Ich begann zu schreiben, überlegte die Anrede, dachte daran, wie ich Leserbriefe beantwortete, verwarf den Gedanken, denn da hatte ich ja schon Anhaltspunkte. Hier war ja alles neu. Ich schrieb, schickte nichts davon ab, übte den Wortlaut, fühlte mich hilflos. Geburtstagswünsche? Was für ein Geburts-Tag? Und ich begriff, dass ich nichts wusste, nicht einmal das Jahr seiner Geburt, nicht sein Alter. Ich nahm den Computerkontakt zu einem fremden Menschen auf, dessen Bild ich sah, den ich vor 44 Jahren liebte, den ich für tot erklärt hatte, der der Vater meines Sohnes Michael war und der jetzt allein in Tucson lebte. Der jetzt erfahren hatte, dass es mich gibt. Wenn ich vor 44 Jahren 22 Jahre alt war, grübelte ich, dann wird er wenigstens im gleichen Alter sein, also ein älterer Herr, keine junge Kraft mehr. Mir fehlte jede Vorstellung.

Ich nahm den Atlas und Bücher über Länder dieser Erde, informierte mich über Arizona und Tucson, so, wie ich mich vor gar nicht langer Zeit über eine Insel in der Nordsee informierte, oder Peru. Arizona war keine Insel und sehr viel nördlicher als Peru, und weit weg von Amrum. Südwesten Amerikas las ich, der sechstgrößte Bundesstaat der USA. Farmland, Wüste, ein Drittel Indianerreservate; Felshöhlen der indianischen Urbewohner gehören neben dem größten Nationalpark, oder Grand Canyon zu den größten Sehenswürdigkeiten, Abbildungen von Riesenkakteen.

Das möchte ich wohl sehen, dachte ich, da möchte ich ihm wohl begegnen, diesem fremden Mann.

Und ich rief meine Freundin Ilona an, suchte einen vertrauten Gesprächspartner, ich musste ihre Stimme hören und mich irgendwie trösten lassen.

Ich stellte bald fest, dass mich ihre Ruhe zu stören begann, mit der sie meine freudige Überraschung aufnahm. „Michael hat ihn gefunden. Er hat immer gewusst, dass ich gelogen habe. Vielleicht hat er damals alle meine Briefe und Aufzeichnungen gelesen, als ich im Koma weit von dieser Welt entfernt war." Ilona sagte nur sehr ruhig, „warte mal ab, was sich noch ereignen wird. Warte einfach ab."

Ich hörte ihre Worte gar nicht wirklich. Mein Kopf, mein Ich, mein Selbst waren beschäftigt. Am liebsten wäre ich sofort los geflogen um zu sehen!

Dass ich nichts wusste, wurde immer deutlicher in diesen Stunden und Tagen. Ich quälte mich damit ein Gefühl aus jener Zeit zu aktivieren. Es gelang mir nicht, es kam nur Neugierde auf.

Ich konnte nicht ruhig wartend sitzen. So wie ich begonnen hatte die spanische Sprache zu lernen, meldete ich mich für den nächsten Intensivkurs English an, musste erfahren, dass der erst nach den Sommerferien beginnt.

Es wurde Ostersonntag als das Telefon klingelte, als ich den Hörer aufnahm und mit den Worten begrüßt wurde „Hallo, here is Mario – how are you? Wie gehts dir? Michael sprach von dir ... Ich bin very lucky ... Ich mochte dir sehn."

Einige Worte in der deutschen Sprache und dann konnte ich nichts mehr verstehen. Nur diese Stimme wollte mich finden, wollte in mein Herz kommen, aber sie machte mich nur unruhig. „Ich werde an dir schreiben", noch einmal seine Worte mit dem Versuch deutsch zu sprechen.

Und ich dachte, dachte ich wirklich? Was mag dieser Mann empfinden und denken, seit er das alles weiß, im Alter plötzlich einen Sohn zu haben, mich am Leben zu wissen. Ich muss ihn fragen. Es ist sicherlich nicht leicht für ihn, so eine Überraschung zu erleben. Dabei wurde mir klar, dass ich an ihn dachte, an sein Empfinden, dass ich nicht Ich dachte, sondern Du.

Ich staunte über mich selbst. Und ich sagte laut die Worte: „Du, Mario, hallo, du", so wie ich es gelernt hatte, bevor ich zur Insel fuhr „hallo, Rüdiger, hallo du!“ Hier waren nicht 22 Jahre und Erinnerung an einen Anfang, sondern 44 Jahre ohne Erinnerung, nicht Herrenalb danach, sondern München lange vorher, kein Kameramann, sondern Mitglied der Air Force und erste große Liebe.

Es wurde Ostern – Symbol der Auferstehung.

Michael meldete sich noch durch Telefonate und e-Mail. Er erzählte aus seinem Leben in Holland und was er beruflich macht. „Es war nicht schwer meinen Vater zu finden, er lebt in der Wüste.“ Er sagte „mein Vater“. Es berührte mich.

Der Computer begann eine ganz neue Art seines Daseins. Er schickte mir Bilder aus dem Jahr 1960, die Mario damals gemacht, und alle für sich aufgehoben hatte. Er erinnerte sich, und stellte viele Fragen: „Was hat uns damals getrennt? Warum kamen meine Briefe, die ich an dich schickte, alle nach Washington zurück? Ich habe gesucht und nie eine Antwort erhalten. Ich möchte gern sofort nach Wien kommen, aber ich bin nicht gesund. Der Flug ist anstrengend und teuer. Ich bin kein reicher Mann. Ich möchte dich gerne sehen und mit dir sprechen. Wie siehst du aus? Du bist Schriftstellerin, das hat mir Michael erzählt, du bist erfolgreich und bekannt.“

„Ja. Ich möchte dich auch treffen, um mit dir zu sprechen. Jetzt, ganz neu.“

„Ich bin schon alt. Ich bin ganz fremd für dich. Ich schicke dir Bilder. Bitte schreibe mir alles über dich.“ Und der Computer-translater arbeitete. Tag und Nacht, denn dort ist die Zeit anders als hier. Es sind 9 Stunden Differenz.

Um ihm Wien näher zu bringen kaufte ich das Buch über Wien in englischer Sprache (Historie, Architektur, die gute Küche) und schickte es ihm.

Bei Freytag und Bernhard gibt es diese (Touristen) Bücher in allen Sprachen; ich hatte schon Estefany eines nach Peru mitgenommen. Bei allen meinen bisherigen Lernprozessen, denn was anderes war mein Leben bisher nicht, gab es selten in so kurzer Zeit so viel Neues. Und ich wurde jeden Tag offener. Was e-Mail für eine gute Einrichtung ist, wurde deutlich.

Und ich schickte ihm die Aufzeichnung des Dokumentarfilmes 37° des ZDF, damit er mich sehen und wieder neu kennen lernen konnte, in der Hoffnung, dass er die deutsche Sprache verstehen könne. Es ist leichter, wenn man den Sprecher sehen kann.

Und alles, was ich geschrieben und worüber ich nicht mehr reden wollte, nicht mehr ausschließlich über mich, musste ich jetzt wieder neu aufrollen und erklären.

Ja, auch der „Babel Fishing“ tat sein Bestes. Es war gut, dass ich nicht wusste, wie schlecht die Übersetzungen waren und dass es eigentlich gar keine gute Übersetzung gibt, dass der Empfänger jeder e-Mail vor unlösbaren Rätseln steht. Er übersetzte wörtlich und auch den Strom (wenn ich Elektrizität meinte) mit „River“.

Postsendungen brauchen wenigstens zwei Wochen.

Wie waren doch die Goethe-Worte, mit denen er sagte: „Man lernt nichts kennen, als was man liebt, und je tiefer und vollständiger die Kenntnis werden soll, desto stärker und lebendiger muss die Liebe, ja Leidenschaft sein.“ Und ich? Die Tat ist überall entscheidend.

Denke zu leben: Wage es glücklich zu sein!

***

Als unangenehm empfand ich es, dass eine Bekannte ohne mein Wissen die Presse über dieses Ereignis informierte.

Sie wollte meine Freude in die ganze Welt ausstreuen, alle meine Leser sollten sich mit mir freuen und darüber nachdenken, dass alles, was bisher unvollendet blieb, der Vollendung entgegengeht. Das ist die Kraft des Schicksals, alle Märchen sagen das aus, hatte sie meine Worte zitiert.

Zeitungen meldeten sich bei mir, zuerst *News, Woman, Die ganze Woche*, dann der NDR, Johannes B. Kerner. Er schickte zur Vorbereitung der Sendung seinen Assistenten zu mir; *Vera im ORF Wien* nahm eine Talk-Show auf, irgendwo im Wienerwald. Es war ein guter Rahmen für ein Gespräch;

und ich spürte das positive Echo daran, dass über meine Homepage viel mehr Bücher bestellt wurden. Aber was die Zeitungen alles wussten, blieb mir fremd. Sie malten eine Zukunft, die ich nicht kannte. Sie schrieben über Gefühle, die mir fremd waren.

Mein Lebensalltag nahm seine Spur wieder auf. Vom Kyrene-Verlag aus Innsbruck kam der Vertrag für mein Buch. „Du kannst mich nicht trösten" vom Bergerleben im Mont Blanc. Ich hatte einen Roman geschrieben, keine Biografie. Ich ließ Vertragliches von meinem Anwalt prüfen, zur Herbst-Buchmesse würde es erscheinen, dann versuchte ich eine Vorschusszahlung zu erhalten und ließ den Gedanken wachsen: Nach Tucson fliegen; den Ort sehen, die Umgebung, in der er lebt.

Ganz bewusst bewegte mich der Gedanke, der sich in einem Gespräch mit einem Neurologen, der mich kennt, der ständig mein EEG kontrolliert, verstärkte, dieses Zusammentreffen könnte die Erinnerung wecken. Es könnte sein, dass ich im Sehen, im Gegenüberstehen zurückfinden könnte. Die Zeit der damaligen ersten Begegnung könnte sich plötzlich wirklich für mich erleben lassen. Er könnte der Auslöser (der Schlüssel) dafür werden, dass sich mein totales Vergessen lockert.

Der Gedanke nahm Besitz von mir. Alles andere wurde zum Schatten.

Nach Tucson fliegen; den Ort sehen, die Umgebung, in der er lebt; und auch München sehen und an die Zeit von 1960 wirklich fühlend erinnern! Wie wünschte ich mir in diesen Stunden das Erinnern, mein Dabeisein, nicht nur Erzählungen nachvollziehen wollend. Er kann sich doch auch sehr lebhaft erinnern, grübelte ich, es könnte mir doch auch gelingen, wenn Gott will.

Klar wurde mir, wie sehr ich bisher ohne es mir immer wieder eingestehen zu können, wie sehr ich unter dieser Tragödie des Vergessen-Müssens litt, wie hilflos ich mich fühlte.

Meine Gedanken waren jenen, die mich kennen, beinahe selbstverständlich.

Ilona sprach von dem Märchen ‚Dornröschen' und davon, dass nun endlich der Zeitpunkt gekommen sei, die Dornenhecke zu durchtrennen, die viele Jahre um mich herum gewachsen war. Er, Mario, würde es schaffen, mich zu wecken, das heißt mir die Erinnerung an die Zeit vor „dem Stich mit der Spindel", vor dem Trauma zu geben. Er würde mich wach küssen und damit auch alle Zusammenhänge wecken. Jetzt, das war der Zeitpunkt, er war der „Prinz" auf den Dornröschen gewartet hatte.

Ilona konnte sich nicht wirklich beruhigen. So kannte ich sie bisher gar nicht. Sie hielt mich in meinen eigenen Märchendeutungen fest.

Märchen sprechen von Symbolen, hatte ich gesagt. Da kommt es darauf an, dass die richtige Zeit kommt, sie muss erwartet werden.

Das würde für mich so sein, hatte ich gesagt, als hätte ich nach 1960 lange geschlafen, während die Dornenhecke wuchs; und ich würde erwachen, wenn mich der richtige Prinz küsst.

Richtig war: meine eigene Spannung stieg.

Über Internet holte ich mir in verschiedenen Reisebüros Auskünfte ein, informierte mich über Kosten (da gab es große Unterschiede), Flugdauer, Sicherheit etc. 2000,- Euro sollte ich wenigstens zur Verfügung haben, bei Flugkosten von ca.1300,- Euro, dachte ich mir, und arbeitete an der Lösung.

Ich hatte schon Wachträume von dem Überfliegen des großen Wassers, und erinnerte mich öfter an die Worte der rothaarigen Frau während des Fluges von Köln nach Wien, das große Wasser wird eine besondere Bedeutung gewinnen! Nur wenige Monate vorher – was ist schon Zeit – hatte ich mir die Nordsee als das beschriebene Wasser gedacht, weil die Insel so wichtig wurde.

Aber das große Wasser bildete die Entfernung zwischen 44

Lebensjahren.

Wir telefonierten beinahe täglich oder sprachen per e-Mail miteinander.

Anfängliche Fremdheit wurde zu einem „jetzt kenne ich dich schon besser, deine Stimme wird mir vertraut, deine Art zu reden, erfreut mich."

Wir verabredeten Anrufzeiten wegen der Stundenverschiebung von Tag und Nacht.

Meine Sprachkenntnisse entwickelten sich durch Lesen der Computerübersetzungen, mit Hilfe meines starken Wollens und dem Dictionary. Mit viel weniger Hilfsmitteln hatte ich die deutsche Sprache wieder gelernt. Ich erkannte, warum es hier Missverständnisse geben musste, wenn das Wort „ich sage dir" übersetzt wurde in „legend" (was so viel wie „die Sage" bedeutet. Etwas sagen wurden allerdings in „say" – how do you say in English" (wie sagt man in English) übersetzt. Es stabilisierte sich der kurze Satz, ohne wenn und aber.

Wie es vor allen Unternehmungen bei mir ist, mein Körper meldete sich zu Wort. Mein Halswirbel schmerzte, so dass ich nicht einmal mehr die Finger beim Schreiben bewegen konnte.

Das kurzfristig angefertigte Röntgenbild gefiel nicht, erinnerte daran, dass starke Verletzungen auch Unfallfolgen waren, und das Alter und gewisser Verschleiß eine Rolle spielten. Ich hatte mich ja wirklich in den vergangenen Jahren nicht geschont.

Noch viermal schlafen bis zum Abflug. Rotlicht, Massage, Ruhe! Nichts tragen, keine Gymnastik. Wie war das doch mit dem Hörsturz ... „kein Klimawechsel, keine Höhe" und ich war dennoch in Tirol geklettert und hatte mich in den Anden nicht zurück gehalten.

Auch wenn das Schicksal mir Bremsen anlegte, mich an einen kaputten Halswirbel erinnerte, blieb mein Gedanke beweglich und ich erhob die Stimme: Mario alles wird gut.

Seneca kam mir wieder näher mit seiner Frage: *Weißt du*

einen, der wüsste, wie er dazu kam, zu wollen, was er will? Und weiter sagte er: Schmählich ist es nicht zu gehen, sondern mitgenommen zu werden, und plötzlich mitten im Wirbeltreiben der Ereignisse betäubt fragen zu müssen: Wie komme ich hier her?

Sicher ist und bleibt: die Philosophie ist Herrin, sie ist immer da und befielt. Sie gibt die Zeit an.

Marios Frage erreichte mich vor dem gepackten Trolly. „Und wenn ich meinen Zwilling zum Flughafen schicke um dich abzuholen? Würdest du es merken?" „Dein Zwilling hat keinen Bart, hast du mir verraten. Und vielleicht werde ich es spüren. Ich weiß es nicht."

„Mein Zwilling lebt nicht in Arizona, sondern in New Jersey."

Diese Worte nahmen die Anspannung nicht weg. Neu war: Er hat einen Zwillingsbruder.

Ohne Schlaf wurde es 3°° Uhr am Morgen.

Seit kurzer Zeit fuhr die Schnellbahn täglich um 4.20 Uhr und am Samstag um 4.55 direkt zum Flughafen. Sehr praktisch für mich. Schalter Swiss-Air suchen, Atmosphäre fängt mich auf, check-in, Trolly aufgeben, Tasche behalten, warten! Man kommt zu früh, um dann lange warten zu müssen.

Im Herzen sucht man den Freund, und nicht im Empfangszimmer. Im Herzen will er gehalten und geborgen sein. Verse gingen mir durch den Kopf .

Die Swiss-Air hat die ungute Angewohnheit, dass alle Getränke, die im Flugzeug gewünscht werden, selber bezahlt werden müssen. Eine Stunde Flugzeit bis Zürich, Fensterplatz 28 A. Wegen schlechter Sicht eine Verspätung. Abflug nicht um 7°° sondern um 8°°, Ankunft in Zürich erst 9.30 Uhr.

Einsteigen in den Riesen der American Airlines, der ca. 230 Menschen Platz bietet und etwa 9 Stunden bis Dallas fliegt.

Neben mir ein neunzehnjähriger Schüler, der zum Austausch nach Pennsylvania flog und viel zu erzählen hatte. Er war sehr aufgeregt, obwohl er das Land und die Familie schon kannte. Er war schon einmal dort, möchte länger bleiben und Matura machen. „Amerikas Schulbedingungen sind besser“, sagte er. „Dort kann ich mehr lernen. Man hat unzählige Möglichkeiten. Deutschland bietet mir keine Zukunft.“

„Die Amerikaner sind auch jene, die nicht wissen was Gefühl ist“, sagte ein anderer Fahrgast. „Sie haben nur Gefühl für Geld und „Geld machen – make money“ und ein großes Auto fahren, Party feiern, essen, trinken, nur nicht denken, und dem Präsidenten folgen, der davon spricht, dass die Amerikaner die Guten sind und die Aufgabe haben, das Böse in der Welt (durch Kriege und damit Förderung der Waffenproduktion) zu vernichten. Der 9. 11. und Terroranschlag durch Flugzeuge, war der einzige Krieg, den Amerika je erlebt hat. Das zerstörte Deutschland war eine Goldgrube. Sie konnten sich als Helfer fühlen, investieren und der armen Bevölkerung helfen. Dafür verdienen sie Lob und Dankbarkeit ohne Ende.“ Er schwieg und versteckte sein Gesicht wieder hinter der Zeitung. Der junge Mann sah mich betroffen an und wurde schweigsam.

In dem Riesenflieger waren bald zwei große Wagen zur ‚Fütterung‘ der Passagiere unterwegs. Es gab zwei Wege zwischen den Sitzreihen; der große Raum wirkte wie ein riesiger Wartesaal, wo an der breiten vorderen Wand der Fernsehapparat eingeschaltet war. Die Tische wurden ausgeklappt, und die Frage gestellt: *rice and chicken, or rice and lamb you like*? Hier wurde sehr deutlich: Du bist hier Fremde. Hier wird nur englisch gesprochen, orange-juice, and mineral water, please.

O, ja, ich war lernfähig!

Mit der veränderten Zeit war die Ankunft am Flughafen Dallas um $1^{\circ\circ}$ p.m. Meine Erregung nahm zu. Die Begegnung rückte immer näher heran.

Für wen Frankfurt (Flughafen) schon ein Alptraum ist, der

hat Dallas noch nicht erlebt! Sicher war die Tatsache: Ich war im Land der unbegrenzten Möglichkeiten: Zollkontrolle. Mein piece of baggage holen, checken lassen.

Weil der erste Ort im Lande, erfolgte die terror-sichere Kontrolle: Foto, Fingerabdrücke, Schuhe ausziehen, durchleuchten, Fragen beantworten: Haben Sie den Koffer selber gepackt? Für persönliche Sachen? Bargeld? Hat Sie jemand angesprochen? Haben Sie für jemand etwas mitgenommen? Übersetzte ein Dolmetscher. Sind Sie privat hier? Wie lange? Welche Adresse? Wie viel Geld haben Sie mit? Für persönlichen Nutzen?

Thanks, have a good fly …! Höflichkeit, Lachen. Er sagte fly ... nicht Flug!

Was passierte in mir? Mit mir?

Schuhe wieder anziehen, baggage abgeben, Gate suchen, 2.35 p.m. Abflug nach Tucson. Spannung steigerte sich. Und dann wurde ich bei dem Gedanken total nüchtern. Ich hatte bis zu dieser Stunde nicht einen Euro in Dollar gewechselt: Und wenn er gar nicht auf dem Flugplatz war, um mich zu holen? Wenn ich ihn gar nicht erkenne?

Dann müsste ich ein Taxi nehmen und wie bezahlen? Hier hat der Euro keine Gültigkeit. Wie ungeschickt ich war. Die Idee, auf dem Flughafen in Tucson wechseln zu können wurde mir genommen. Es war ein sehr kleiner Flughafen, den es vor einigen Jahren noch gar nicht gegeben hatte. Es wurde noch immer gebaut. 04.49 p.m. in Tucson. Wenige Passagiere stiegen aus. Ich hatte regelrecht gar kein Geld!

Ich ging zittrig den Weg zum Gepäck, das ich holen wollte, suchte den Schalter „Baggage“. Ich spürte die Hitze dieser Stadt in der Wüste bedrückend. Das Fließband drehte sich und schob das Gepäck zu den wartenden Passagieren. Mein suchender Blick, der meinen Trolly finden wollte, blieb an einer Gestalt haften. Ganz ruhig stand da ein sehr schlanker alter Herr in sehr heller, leichter Bekleidung. Dunkle Augen zogen meinen Blick an. So sahen die Bilder aus, die der Computer mir geschickt hatte; eine Hand in der Hosentasche, mit der anderen die Sonnenbrille haltend, schaute er in die Richtung, aus der ich ihm entgegen ging.

Ein Ort ist, wo Augen dich ansehen; wo sich Augen treffen, entstehst du.

Der Blick der Augen ist es, der Leben schafft.

Ein Augenblick bis ich seine Arme spürte, die er spontan um meinen Körper legte und mich fest an sich zog, so dass ich die Augen schließen musste. Seinen Atem spürte ich und einen leichten Kuss, ein Hauch, eine kleine zarte Berührung. Er lockerte die Umarmung, hielt meine Schultern fest und schaute mich an.

„Hello, du", sagte er... „hello, du!" Stehen bleiben, ansehen, Körpergeruch aufnehmen. Tausend Fragen und Antworten und Gedanken in diesem einen Wort: „Hello du"!

„Hattest du einen guten Flug? Hast du Gepäck? "

„Ja." Im Loslassen mühsam gesprochen. Du, halte mich wieder fest, wollte ich sagen, damit diese Fremdheit verschwindet. Auf dem Band erschien mein Trolly. Ich nahm ihn herunter und stellte ihn ab.

Der fremde Mann neben mir nahm ihn ohne ein Wort. Selbstverständlich trug er ihn zu seinem Auto, das rotlackiert in der Sonne wartete: Sonne! Hier ist die Durchschnittstemperatur zwischen 30° und 40° Celsius. Man misst hier in Fahrenheit, wobei 200° F etwa 93° C sind. Das bedeutet, dass ungefähr 90° bis 100° F die Durchschnitt-Temperatur ausmachen.

Er stand vor seinem Auto, groß, sehr schlank, beinahe mager, im hellen kurzärmeligen Leinenhemd und gleichfarbiger Hose, öffnete die Tür, und strich mit einer Hand durch seinen grauhaarigen kurzen Kinnbart. „Kennst du mich?" Leichte Falten auf der sehr hohen glatten Stirn, der Versuch eines Lächelns. Er war ein gut aussehender älterer Herr, mit einem sehr schmalen Gesicht und einem beinahe verlegenen Lachen. „Bitte, steige ein." Der Trolly war im Gepäckraum. Ich war unfähig ein einziges Wort zu denken oder zu sagen.

Er versuchte mich in deutscher Sprache zu begrüßen, Spannungen zu nehmen. Aber ich saß bei einem fremden Mann in einem fremden Auto und fuhr durch ein fremdes Land zu einer fremden Wohnung in einer fremden Stadt.

Hilfloser kann kein Teenager bei der ersten Verabredung sein. Ich konzentrierte mich vollkommen auf ihn, den Mann, den ich vor 44 Jahren mehr liebte als mein Leben. So hatte man es mir erklärt.

Was hatte ich an diesem Mann geliebt? Warum? Jung oder alt, gesund oder krank – es ist der gleiche Mann. Und ich?

Ich bin eine andere Frau. Ich gehe meinen Weg nicht mehr in den Schuhen, die mir 1960 gepasst haben.

Eigentümlich war, das ich trotz der Hitze zu frieren begann. In Wien ist es jetzt $2^{\circ\circ}$ Uhr nachts, es ist die Zeit zum Schlafen, dachte ich und fragte mich: Was suche ich?

Ich sah auf die rechte Hand des Mannes, die das Lenkrad hielt, der Ellenbogen des linken Armes lag im offenen Fensterrahmen, ganz lässig, ganz sicher.

Das in meinem Herzen vergrabene Bild, konnte ich nicht finden, es gab kein Streichholz, um eine Glut zu entzünden. Ich spürte meine unendliche Müdigkeit. Er legte die linke Hand auf das Lenkrad, und nahm mit seiner rechten Hand meine Hand und drückte sie ganz fest, als wollte er sich selbst bestätigen, dass es mich gibt. Es war viel Platz in diesem Auto.

„Bist du hungrig?“

Rechts und links rasten die Reklameschilder vorbei, Fastfood ...

Ich sah keinen einzigen Baum ... Steppenlandschaft, Kakteen, auch einige blühende, und rundherum helle Wüste, eine Hügelkette, die Tucson umrundete, bewachsen mit cactuses oder cacti was für uns schlicht Kaktus ist. Mannshoch und höher mit zum Himmel ausgestreckten Armen. Es gab diese eine breite Straße, keinen Fußgängerweg, keine Tram, keine U-Bahn, keine Menschen, nur Autos. Eine andere Welt.

Sein Haus präsentierte er mir mit gewissem Stolz und

überraschte mich.

Mehrere gleiche Häuser standen neben einander ohne Reihenhäuser zu sein. Es gab keine blühenden Blumen – nur hellen Sand und Steine.

Von drei großen Schlafräumen, jedes mit Bad, sehr geräumig, zeigte er mir eines, das ich während meines Aufenthaltes bewohnen sollte.

Schränke alle mit Schiebetüren in die Wände eingelassen, Rollos vor den Fenstern schützten vor der Sonnenhitze, ließen die Wohnung kühl sein und sehr angenehm. Der helle flauschige Teppichboden, die hellen Wände, das breite Bett in der Raummitte, mit einem Gestell aus Messing, mit einer blaubunten Wolldecke, die an den Seiten bis zum Boden herunter reichte, bildete einzigen Blickpunkt in dieser der Sonne angepassten Helligkeit. Kein wirklicher Schrank oder Regal, kein einziges Buch. Ich fröstelte. Ich stellte meine Sachen dort ab. Er zog die Türe des Schrankes auf und zeigte mir die Bügel für meine Kleidung, öffnete die Tür zum Bad. In dem großem Spiegel, an der Wand mir gegenüber konnte ich mich nicht sehen. Wahrscheinlich war er sehr lange nicht geputzt worden.

Mario zeigte mir seinen Arbeitsraum mit Computer, unseren Kontaktraum; sein Schlafzimmer, in dem, wie ich bald herausfand, Tag und Nacht, ob er im Haus war oder nicht, ob er schlief oder wach lag, der Fernsehapparat lief; Programm unwichtig, das ist amerikanische Sitte. Sein Bad sah ich nicht.

Geschmackvoll und praktisch eingerichtet die große Küche mit entsprechend großem Eisschrank, Vorratsschrank, dem Frühstückstisch und der Glastür zur Terrasse, Steine – ohne Blumen. Tür und Fenster mit Rollo verhangen – wegen der Hitze.

Ein großer Raum – living-room, diente dazu, seine Familie oder Freunde zu empfangen. Sessel, Sofa, Bequemlichkeit, eine kleine Stereoanlage ein Barschrank – kein einziges Buch, kein Bücherregal, nur eingebaute Schränke.

Musik ist nicht das Thema, Literatur auch nicht.

Er ist immer allein hier in dieser Steppe. Allein, ohne

wirkliche Nachbarn, ohne wirkliches Leben, wie es mir der Obst- und Gemüsemarkt vor meiner Türe vermitteln kann, die großen Lindenbäume, der Vogelgesang, die Tauben auf dem Fensterbrett, die mich früh am Morgen schon wecken, wenn sie Futter haben wollen. Was macht er hier mit seiner Einsamkeit?

Er ist mit dem Computer und dem Fernseher allein.

Ich duschte, zog mir leichte Kleidung an, hängte meine Sachen in den Schrank, fühlte mich sehr müde und irgendwie verloren.

Mario hatte sich auf sein Bett gelegt. Er klagte über Schmerzen in seinem Rücken. Er musste viel trinken und viele Medikamente nehmen. Anurismus der Aorta – sagte er, nach einem Autounfall. Es sind zwei, und ungefähr 3 cm lang im Bereich der Lendenwirbel. Es ist wichtig den Blutdruck niedrig zu halten.

Jetzt spürte ich körperlich die sprachlichen Verständigungsprobleme.

Ich wollte Geld wechseln? Wo, wenn keine Bank in der Umgebung, wenn selbst das große Einkaufszentrum nur mit dem Auto erreichbar war. Nur das eigene Auto hatte hier das Wort.

Wie dumm ich war, Wiener oder Europäische Verhältnisse zu „denken“.

Dieses Problem hatte ich in Peru nicht. Da war ich in dem Dorf, das von Plan-Mitarbeitern versorgt wurde, nicht nur ein Gast. Ich lebte mit ihnen, hatte mich auf die Einfachheit vorbereitet. Und natürlich hatte ich vorher Geld gewechselt. Ich konnte mir nicht erklären, warum ich es jetzt versäumt hatte.

Hier wollte ich verstehen, jedes Wort, jede Geste verstehen und wollte auch verstanden werden Und ich hatte nicht einmal mein Dictionary mitgenommen, sondern Tonbänder mit Strauss-Walzern und Beethoven-Konzerten und „Ode an die Freude!“, um zu schenken.

Als ich mich etwas ausgeruht hatte, fuhren wir mit der

Absicht los, irgendwo gut essen zu gehen. Er zeigte mir sein 99-Cent-Einkaufszentrum, wo er alles, was er braucht, einkaufen kann. Nichts kostete mehr, ob es Lebensmittel oder Putzmittel waren. Aber welche Art von Lebensmitteln, angefangen mit der Milch in Pulverform, in Wasser zu lösen, zu schütteln, zu trinken!

Ein Mexikanisches Restaurant, fast food, so ging es weiter.

Ein Mann, dachte ich, der seine Mahlzeiten immer nur zu Hause selbst bereitet und isst. Er ist noch alleiner als ich, noch dazu einsam.

Je länger ich ihn sah und beobachtete, um so näher kam Michael zu mir. Eine verblüffende Ähnlichkeit zwischen Vater und Sohn, daher auch immer weniger Fremdheit. So hatte ich Michael erlebt, als er, nachdem ich dieses Leben begonnen hatte, den Hausmann spielte und mich kochen lehrte, und was alles im Haushalt gebraucht wird. Hier war sein Vater Hausmann.

Wir fanden schließlich ein Japanisches Restaurant mit Küche, und bekamen sehr gut zubereiteten Lachs und Reis und Grünen Tee.

Es war, als würden wir uns an diesem Abend irgendwie aus dem Wege gehen, um keine körperliche Berührung zu ermöglichen. Eine starke Spannung war vorhanden, die wie ein seidenes Tuch um uns herum gebunden war, das sich keiner zu berühren traute.

Er schaute mich an. „Wie gut du aussiehst. Du bist so schmal, du kannst die gleichen Kleider anziehen wie damals.“

Dein Körper ist nicht verändert. Wie hast du das gemacht? Hier sind die Frauen alle sehr dick. Damals hast du langes Haar gehabt.“

„Du hattest dunkles Haar.“

Er lachte. „Dafür ist der Bart hier. Kannst du dein Haare wieder wachsen lassen? “

„Du wünschst es dir?“

„Ja.“

„Ich kann es versuchen."
Wir saßen schweigend, schauten uns an und da war diese Fremdheit, diese Unantastbarkeit.
„Michael hat mir die Zeitung NEWS geschickt. Da waren Bilder von dir und von mir. Wirklich bist du viel schöner", sagte er.
„Eine Freundin hat der Presse die Bilder gegeben. Ich war durch mein Buch Katharsis sehr bekannt geworden."
Es waren Wörter-Rätsel zwischen Englisch und Deutsch, aber irgendwie verständlich und unverständlich. Das Herz liegt auf der Zunge. Und diese ist nicht gespalten!
Unsere Augen schufen sich ihr eigenes Bild.
„Ich freue mich, dass du hier gekommen bist. Ich war sehr erschrocken, als ich alles gehört habe."
„Das Schicksal hat uns damals aus dem Paradies vertrieben. Können wir die Schlange zertreten?"
„Ich möchte wissen: Warum kamen meine Briefe alle zurück?"
„Das ist ganz einfach: Ich bin aus München weg gezogen. Dann habe ich bei meiner Mutter in Göttingen gewohnt. Sie hat Michael versorgt, als ich studierte und gearbeitet habe. Kein Postbote hat mich gefunden. Ich habe an dich geschrieben, und bekam keine Antwort. Ein uneheliches Kind war damals ein Problem. Ich erklärte, dass du mit dem Flugzeug angestürzt bist. Nur Michael hat das nie geglaubt. Er hat meinen Schmerz erlebt. Er war das Kind, das am stärksten und sehr bewusst gelitten hat, das von niemandem den notwenigen Trost bekam."
„Ich werde Michael sehen, wenn ich nach Europa komme. Wir werden zusammen sein."
Gleicht das alles einem Märchen, dachte ich. Wer hat es geschrieben? Wir sollten gar nicht reden.
Als wir wieder in seinem Haus waren, legte sich Mario auf sein Bett.
Er wollte ausruhen und schlief sofort ein. Wir beide, dachte ich, leichte Wanderer auf dieser schweren Welt; wir können

nur hoffen, dass das, was wir einmal gesagt und gelebt haben, die Wahrheit war.

Ich war auch sehr übermüdet und dachte nicht mehr, er hat mir nicht einmal „Gute Nacht“ gewünscht, einfach vergessen, dass ich da war.

Ich legte mich in ein breites bequemes Bett. Der Schlaf konnte mich in diesem fremden Bett nicht so leicht finden; und ich dachte an den Zeitunterschied und dass es jetzt schon Morgen wurde in Wien.

Dort begann der Tag anders als von mir praktiziert. Kein Laufen, Duschen, Frühstücken und Arbeit am Computer, sondern bewusst machen: Ich bin nicht allein, bin hier Gast, vergiss deinen eigenen Rhythmus vom Tagesablauf ... In anderen Ländern sind andere Sitten.. Dort gab es kein richtiges Frühstück mit Kaffee und frischen Brötchen und Butter, Honig oder Käse, es gab kein Brot, keine frische Milch, sondern Milchpulver, aufgelöst in Wasser. Äpfel hatte ich mir mitgebracht und das war gut so. Es gab kein „zusammen am Frühstückstisch sitzen.“

Ich sah einen fremden Mann in seinem Bett liegen und hörte mich fragen, „Trinkst du Tee zum Frühstück?“

„Ja, du bist schon wach? Ich trinke zuerst Wasser, ich muss Tabletten nehmen. Sie stehen auf dem Tisch in der Küche.“

Der Fernsehapparat lief. Ich verstand kein einziges Wort. Mein Abenteuer wurde mir bewusst. Ich brachte ihm seine Tabletten und eine Tasse Leitungswasser. Er bedankte sich und blieb im Bett liegen, klagte über starke Rückenschmerzen.

Er hatte mir gezeigt wo Teebeutel und Kaffee zu finden sind; und ich machte Wasser heiß und goss es über einen Teebeutel ...

Dann stand ich dösend in dem leeren Raum, der ohne Leben war.

Ich konnte nicht aus dem Haus gehen, um Aufschnitt zu holen oder Brötchen, denn ich hätte mit dem Auto in den Supermarkt fahren müssen, außerdem musste ich erst Euro gegen Dollar tauschen.

Also packte ich zuerst in Ruhe meine Sachen aus, putzte den Spiegel, der mich noch nicht gesehen hatte und die Toilette. Und ich dachte, ob er sich eine Putzfrau oder Stundenhilfe nicht leisten kann? Kommt kein Mitglied seiner Familie? Dann setzte ich mich an den Tisch in der Küche und schrieb Notizen. Gegen Mittag lag er immer noch im Bett und war eingeschlafen.

Ich blieb stehen und schaute ihn an, versuchte Fremdheit zu überwinden, suchte mein Gefühl, suchte Vertrautes.

Michael, dachte ich, nur viele Jahre älter.

„Wie spät ist es?", fragte er mich. „Hast du Hunger?

„Ja."

„Nachher gehen wir irgendwo essen."

„Ich möchte Tucson ansehen und Geld wechseln."

„Ja. Wir werden es versuchen. Ich habe Schmerzen im Rücken."

Frau, sagte ich zu mir: du bist in Tucson in Amerika und besuchst einen fremden Mann, von dem du gar nichts weißt, außer dass er der Vater deines Sohnes ist.

Er stand auf. Als er aus dem Bad kam, holte er einen Karton aus einem der Schränke in der Wand und begann mir Bilder zu zeigen und sein Leben zu erklären.

Ich sah nur seine Bilder, nicht das seiner Frau oder seiner Söhne.

Und ich fragte nicht danach. Er sprach von Korea und Vietnam und dass er 1966 geheiratet und zwei Söhne habe ... „und wie das so in einer katholischen Ehe ist, die unter den Worten geschlossen werden: ... „zusammen bleiben in guten wie in schlechten Tagen", war es eben so, dass ich die schlechten Tage erwischt hatte. Als die Söhne groß waren, ließ sie sich von mir scheiden. Seitdem bin ich allein, sechs Jahre in meinem Haus in Tucson. Die Familie blieb in New Jersey, wo ich auch geboren wurde. Ich fliege oft dorthin, um sie zu besuchen. Ein Sohn lebt in New Orleans. Bald wird er zwei Kinder haben."

Und dann legte er mit stiller Selbstverständlichkeit ein kleines Buch in meine Hände. „Quellen östlicher Weisheit“ Gedanken und Blumen aus China und Japan ... und Tsing-Kuang sagte:

Der Mensch kann nicht tausend Tage
Ununterbrochen gute Zeit haben.
So wie die Blume nicht hundert Tage blühen kann.

„Das hast du mir geschenkt, damals in München. Ich habe es aufbewahrt.“

Das äußere Karton des kleinen Büchleins war vergilbt.

Das bedeutete für mich, dass mir schon damals vor 44 Jahren diese Gedanken gefallen haben.

„Du hast es mir geschenkt, als ich dir erzählte, dass ich in Japan war.“

Jetzt hielt ich diese kleine Kostbarkeit in meiner Hand.

„Ich danke!“ Das ist eine Freude für mich. Meine Liebe zu den Weisheiten ist nicht so neu, wie ich angenommen habe. Ich kam mir wieder einen kleinen Schritt näher.

Die Gedanken teilten sich dann, wenn von Michael gesprochen wurde. Trotz meiner versuchten Erklärungen blieb es ihm unverständlich, wie es möglich werden konnte, dass mein Sohn mehr als 20 Jahre getrennt von mir lebt, dass es gar keinen persönlichen Kontakt gibt. „Wenn ich nach Europa komme“, versicherte er, „dann werden wir zusammen kommen. Wir werden die Versöhnung machen.“

Vorsätze! Immer wieder hörte ich die Worte: „Ich werde zu dir kommen.“

„Europa ist anders als vor 44 Jahren!“

Es gab von Tucson nach Den Haag nicht einmal ein gemeinsames Telefonat, während ich dort war. Er hatte Michael gesagt, dass ich zu ihm kommen werde.

Meine Nackenschmerzen quälten mich. Mario zeigte mir seine Stadt, die sich an der Hauptstraße entlang aufgebaut hatte. Ich lernte einen Mann kennen, der jeden Dollar prüft, bevor er ihn ausgibt, nein, nicht Geiz, sondern sparsamste Lebensart.

Warum mir dieser Vers in die Erinnerung kam, versuchte ich nicht zu ergründen: „Wer mit Geld knauserig ist, ist auch knauserig mit Gefühlen. Hüte dich vor knauserigen Menschen."

Die Berge um Tucson herum heißen Catalina Mountains und sind etwa 800 m hoch, sehr zerklüftet und nicht mit Bäumen bewachsen sondern mit Riesenkakteen, den schlanken, hohen, mit Armgliedern, die sie zum Himmel hoch strecken. Ein eigenartiges Land, das mir während eines Ausflugs nach Mexiko noch rätselhafter wurde.

Der einzige Lichtblick und kulturelles Zentrum bilden hier für alle Bewohner die Spielcasinos. Es sind prachtvolle Gebäude, dem Bau unser Kathedralen oder Opernhäuser gleichend. Ganze Tage bringen die Menschen dort mit Glückspielautomaten und an den Pokertischen zu. Sie essen und trinken dort ... fast food ... Alles ist möglich. Es geht nicht nur darum zu gewinnen, sondern auch, um der Langeweile zu entrinnen, mit jemandem zu reden, Kontakte zu pflegen und aufzubauen, das Alleinsein in sich selbst nicht zu spüren.

Kein Opernhaus, kein Konzerthaus, kein Theater, kein Kaffeehaus, kein Heuriger, nur zwei große Casinos und Supermärkte bilden den kulturellen Rahmen der Stadt in der Wüste.

Diese Umgebung prägt die Menschen.

Ich begegnete einem Mann, der etwas älter war als ich und ebenso viel Leben hinter sich hatte wie ich, der einmal große Aufgaben hatte und gefordert wurde, der jetzt in der Wüste einsam und allein war und das Pokerspielen mochte.

Ich erkannte Grenzen.

Lebensinhalte? Er setzt sich für Vietnam-Veteranen ein, die vom Staat noch keinen entsprechenden Unterhalt bekommen, die wohl Gesundheit und Leben opferten, aber jetzt ohne Existenz sind und Hunger leiden. Die sozialen Verhältnisse in den USA sind mit unseren nicht vergleichbar.

Ich hatte mich bisher wenig oder nur am Rande für das

Leben und Lebensverhältnisse in Amerika interessiert und hatte eine gewisse Abneigung in mir gespürt, ohne erklären zu können, warum.

Es fehlte mir nicht nur die Sprachkenntnis, sondern auch Verständnis für diese Menschen, die vor Hunderten Jahren Europa verlassen hatten, um das Land der Indianer für sich zu nutzen. Sie alle hatten das andere Leben gewollt und es zu leben begonnnen. Ich versuchte zu lernen und sagte mir: Hier ist nicht das ganze Volk, sondern nur ein Mann, noch dazu mit Siziliens europäischen Wurzeln.

Bei einem Juwelier konnte ich schließlich meine Euro in Dollar wechseln und erfuhr, das der Euro sogar mehr Wert hat. Damals, 1960 war es so, dass er für einen Dollar ungefähr 4,50 DM bekam, und in München gut leben konnte. Vielleicht lebt in ihm noch die Vorstellung von damals, dachte ich, die Nachkriegszeit in Deutschland, die anders war als die Österreichs nach 1955.

Damals lebten Amerikaner in Deutschland sehr großzügig, denn sie galten als die Befreier vom Hitlerreich und wurden allgemein geliebt.

So ändert sich die Zeit. Es ist nicht 1960, sondern 2004! Wir sind nicht 22 und 28, sondern 66 und 72 Jahre alt. Und leben nicht im Paradies.

Ich lernte seinen Freund David kennen. Daraus erklärte sich, wie Amerika zusammengewachsen ist. Davids Vorfahren kamen aus Minsk (Weißrussland) nach Amerika.

Er gab uns den Tipp in ein richtiges Westerndorf zu fahren, das auch als Filmstudio gilt, Tombstone „Walk the streets that Wyatt Earp, Doc Holiday and the Cowboys walked over 120 years ago“. Tombstone, alte Straßen, Pferdekutschen, als Cowboys verkleidete Menschen. Und es gab richtig gute Restaurants. Ich aß ziemlich heißhungrig ein gutes Steak und viel frischen Salat. Etwa 100 km von Tucson entfernt, Fahrt hin und zurück: Wüste und schließlich ein großartiges Gewitter. An dem breiten Himmel Blitze von seltener Faszination, Größe und Helligkeit. Eine halbe Stunde, kurzer, heftiger Regen, Sonnenschein und ein Regenbogen über der Wüste. Ein schaurig-schönes Bild auf Ansichtskarten wahrscheinlich als kitschig bezeichnet.

Bald wieder Bläue ohne jede Wolke.

Seneca sagte: „Wenn du Liebe haben willst, dann gib Liebe."

Alle Menschen haben es schwer mit mir umzugehen. Ich bin sehr extrem, sehr kritisch, sehr beobachtend, analysierend, alles erfragend, es fällt mir schwer Gegebenes einfach hinzunehmen, es zu leben, ohne Warum oder Wie?

Ich war nach Amerika geflogen, nicht um Tucson zu sehen. Es war Mario, der Mensch, den ich vor langer Zeit liebte, bis diese „Spindel" den Stich verursachte und ich eingeschlafen bin. Hier war ich, hier war der Prinz. Ich wollte wach geküsst werden. Wollte ich?

Als spürte er meine Gedanken, lag er am Abend nicht mehr in seinem Bett allein, und ich nicht mehr im großen Gästebett. Ganz langsam, beinahe zaghaft machten wir den Versuch Fremdheit zu überwinden

Wir starrten gemeinsam in seinen Fernsehapparat und sahen einen amerikanischen Film. Er legte seinen Arm um mich.

War das mein Suchen nach der Vergangenheit, oder Neues Erleben wollen?

Einmal hatte er mir geschrieben und dabei sein Bild aus der Gegenwart und mein Bild aus der früheren Zeit zusammengefügt und mir per e-Mail geschickt, „we made a good looking couple. Wenn du hier bist, werden wir nicht mehr zwei Hälften, sondern wieder ein Ganzes sein."

Aber wir waren uns noch fremder, als wir selbst glaubten es zu sein.

Das geschriebene Wort und Wunschdenken unterscheiden sich von der Gegenwart. Wir kauerten zusammen im Bett oder auf dem Sofa und versuchten zu reden, uns zu erklären. Ja, ich spürte wohl, dass ich diesen fremden Mann gern hatte, das er mir in seiner seltsamen Lebensart nicht gleichgültig war, dass aber zum Verstehen noch ein weiter Weg blieb.

Er sprach kein Wort über sein Empfinden, sein Gefühl. Ich suchte seine Augen, um sein Herz zu sehen.

Ich weiß nicht, wem von uns beiden es schwerer wurde, neue Lebenszusammenhänge zu finden und schöne Stunden miteinander zu verbringen.

Ich dachte grübelnd, dass es ihn gar nicht verwundern würde, wenn ich einfach im Bett bliebe, wenn ich ihm nicht „Guten Morgen“ wünschte. Er schien oft zu vergessen, dass ich in seiner Wohnung war und erschrak, wenn ich in sein Zimmer kam um ihn zu wecken. Und er freute sich, wenn er mich erblickte.

Wir besuchten das Museum der prähistorischen Tiere, den Zoo, und das Casino, wir aßen wenig beim Mexikaner und beim Japaner; er bereitete selbst eine Mahlzeit zu. Ja, er ist auch Hausmann auf seine Art. Gemeinsam an einem Tisch sitzen hat mehr Bedeutung als eine opulente Mahlzeit. Hier fehlte dafür jedes Verständnis neben dem Nichtverstehen der Sprachen.

7 Tage wurden viel zu kurz. Er hatte mir gesagt, dass er sehr wenig Geld hat. Ich erstattete ihm seine Unkosten. Ich lasse mir ungern etwas bezahlen. Er nahm das Geld dankbar an. Er wollte sein Auto waschen, und den Motor überprüfen lassen.

Wir sprachen bereits darüber, wann er zum Gegenbesuch nach Wien kommen wird, und er dachte an den Oktober. Und wie lange? Wir planten richtig. Wiedersehen um besser verstehen zu lernen.

Wieder an einem Samstag um 9.30 a.m. Abflug nach Dallas.

Damit ich vor dem Flug guten Schlaf bekam, bereitete er mir warme Milch mit viel Honig. Wir schliefen in seinem breiten Bett, jeder auf seiner Seite, das heißt ohne wirkliche Nähe, eingewickelt in Frotteemäntel. Der laufende Fernseher störte mich, konnte nicht ignorieren. Um 8°° a.m. Uhr fuhr er mich zum Flughafen. Wir sprachen wenig, er hielt mit seiner rechten Hand meine Hand fest und seine linke Hand hielt das Lenkrad.

Es gab eine Traurigkeit wohl auch darüber, dass es nicht möglich war uns zu erkennen. Er fuhr langsam auf dieser breiten Autostraße.

Auf dem Flughafengelände machte ich letzte Fotos. Eine junge Frau am Schalter machte ein Bild von uns beiden.

Er nahm die Board-Card und begleitete mich bis zum Einstieg. Und ganz plötzlich wurde der Abschied schwer. Jeder wollte noch irgend etwas sagen. Eine Umarmung, wie am ersten Tage. Aber los lassen. Gehen lassen.

„Schreibe mir gleich per e-Mail, wenn du in Wien bist. Ich werde versuchen im Oktober zu kommen.?"

„Ich habe kein großes Haus, nur eine kleine Wohnung."

„Das wird uns genügen."

Worte, die über den Abschied nicht hinaus konnten.

Ich weinte und wusste nicht warum. Es war kein Abschied wie am 2. September 1960 und doch ein Abschied, verbunden mit der Hoffnung uns wieder zu treffen.

Um 10.30 a.m. landete der Flieger in Dallas. Weiterflug erst um 1 p.m. mit der American Airlines nach Zürich. Mineralwasser kaufen, Zeitung lesen. Warten.

Ankunft in Zürich am Sonntag morgen Europazeit 7.55 a.m. Abflug verzögert sich; ein Vorsatz: nicht mehr mit der Swiss Air fliegen. In Wien Ankunft um 11.30 Uhr. Steifbeinig, marionettenhaft nahm ich den Weg zur Schnellbahn und erreichte um $2^{\circ\circ}$ p.m. meine Wohnung. In totaler Erschöpfung streichelte ich alle meine Bücher, nahm dieses Bild in mich auf, legte mich auf mein Bett und schlief augenblicklich ein.

XIX. Kapitel

Den Aufenthalt in Amerika begann ich mit einem Wetterbericht zu vergleichen, den ich gehört oder irgendwo im Fernsehen gesehen hatte, und dessen Auswirkungen ich nun erlebte, der mich bis in die Träume hinein verfolgte.

Es war dieses Amerika mit seinen Menschen, die mit Texten auf den Hemden, Wagenkleber, Fähnchen, keine wirklich unschuldigen Reklametricks, wie allgemein gesagt wird, herumgingen. Ich achtete auf so vieles. Der Tiefsinn des Unsinns kann ein Menschenleben erfüllen, und viele auslöschen. Hinter der Symbolik des Geplappers verbirgt sich die Apokalypse. Oft wird der Fehler gemacht, den Teufel zu einem Meister des Banalen zu machen. Kinder bunt dekoriert mit Hemdentexten spazieren mit ihren Eltern im Tiergarten.

Amerika, das spürte ich, ist kein Land, in dem ich immer leben möchte. Da gibt es so viel Unterscheidendes, und ich spürte das Ende von etwas, obwohl der Anfang noch nicht begonnen hatte. In dieser Situation denke ich daran, mit welchem glühenden Eifer ich am Anfang meines neuen Lebens lernte, lernte, und nichts anderes tat, als alles, was ich vergessen musste, in mein Leben zu holen, das zu erforschen, was allgemein Bildung genannt wird: Schon 1807 war die Definition von Campes: „Zustand, da ein Mensch an Geist und Herz gebildet ist, Geschicklichkeit und feine Sitte angenommen hat.“ In einem deutschen Wörterbuch las ich: „Entfaltung und Prägung der geistig-seelischen Anlagen des Menschen.“

Mein Lernen beschränkte sich nicht auf Persönliches, nicht auf die kleine Geschichte, sondern weitete sich auf Landesgeschichte und Menschengeschichte aus. Da ging es um Kultur und Traditionen, die es zu bewahren gilt, weil sie ein Volk ausmachen. Ja, ich suchte diesen ganzen natürlichen Grund auch in Märchen, die zu Beginn meines Lebens in Wien der Märchenerzähler zu vermitteln verstand.

Aber in Amerika wird der andere Weg gegangen.

Natürlich kann von Amerika nicht erwartet werden, dass es in der historisch kurzen Zeit seiner Existenz eine nationale Kulturtradition entwickeln konnte. Das wäre zu viel verlangt.

In mancher Beziehung ist erstaunlich viel geleistet worden.

Aber wenn man in Amerika von einer Tradition reden kann, dann ist es wohl eine englisch-bürgerliche unter der Schutzherrschaft der englischen Sprache des 18. Jahrhunderts. Viel ist davon nicht übrig geblieben, weder in dieser Tradition noch in dieser Sprache. Was die großen Männer, die Amerikas Unabhängigkeit begründeten, nicht eingesehen haben und wahrscheinlich trotz aller Aufklärung nicht hätten einsehen können, war der furchtbare Schaden, den sie in ihrem neuen Gebilde durch die Beibehaltung der Sklaverei mit auf den Weg gaben.

Die Erbschaft der Doppelzüngigkeit zerfrisst als unaufhaltsame Fäulnis den Unterbau des Landes.

Jedenfalls wird es noch Hunderte von Jahren dauern, bevor eine Richtung festgestellt werden kann, in der eine eventuelle amerikanische Tradition sich bewegt. Vielleicht wird es auch nie dazu kommen, denn wenn man von der Tendenz redet, die in Amerika herrscht, dann besteht sie in der Vernichtung von Tradition, in der Ausmerzung von Erinnerung.

Amerika ist, denke ich, eine a-historische, und sogar eine antihistorische Nation.

Das Verschwinden der Tradition ist zu beklagen, das ich als Verschwinden des historischen, kulturellen Bewusstseins umschreiben möchte.

Es hat nichts mit dem sogenannten Blut zu tun, sehr viel hingegen mit der Sprache. In uns Europäern gibt es so etwas wie eine psychische Geographie, ein Ortsbewusstsein, das den Einzelnen befähigt, zu erkennen, auf welchem Boden er steht. Er kann die Ahnen nennen, die ihm vorausgingen, die Vorbilder, die ihm vorschwebten, die Schreckbilder, die zu vermeiden er versuchen muss. Was nach ihm selbst kommt, kann er nicht wissen.

Je mehr er zu zweifeln vermag, um so ferner ist er der Verzweiflung. Denn die Ungewissheit bei ständigem Suchen wird selbst zu einer Festigung.

Aus dem Vermächtnis unzähliger Menschen ist die Vergangenheit gewoben, nicht nur solcher, die man nennen kann; aber ohne Knotenpunkte könnten wir das Gewebe nicht sehen. Traditionsbewusstsein darf man nicht mit dem vergleichen, was man als Wissen bezeichnet. Es ist vielmehr etwas, womit das ganze Wesen, der ganze Geist des Einzelnen gleichsam gebeizt und getränkt ist. Oft kann er gar nicht sagen, woher es gekommen ist, aber es ist verfügbar, assoziativ aus abgründigen Tiefen auftauchend.

In Amerika besteht die Tendenz, die Tradition zu vernichten. Ausmerzen der Erinnerung. Welche Katastrophe!

Als ich zu schreiben begann, bin ich mit der Sprache gewachsen, und meine Sprache ist mit mir gewachsen. Ist es denn Zufall, dass die großen Autoren Henry James und T. S. Eliot Amerika aufgegeben haben, um sich in England, dem Heim einer lebenden Sprache und Tradition niederzulassen?

Ich verstehe unter Tradition einen ganz besonderen Zustand, in dem die geistigen Züge und Schöpfungen der Vergangenheit weiter leben, sozusagen als Klima, als Atmosphäre, auch wenn einzelne Menschen ihrer Existenz nicht gewahr werden.

Als Pfeiler einer lebenden Tradition können Kunstwerke dienen.

Kompositionen, Bücher, Gedanken, Erlebnisse und was auch immer, aber nur so lange, wie die Nachkommenschaft Rezeptoren besitzt, die auf die Tradition ansprechen. Aber was heißt das, wenn man von einem Volk sagt, es habe diese Eigenschaft, von einem anderen, es habe jene.

Verfällt man dann nicht in einen Fehler, der sehr häufig gemacht wird, in den Fehler einer Globalisierung über die Völker?

Die Meinung, die in solchen Urteilen enthalten ist, mag für ein ganzes Volk gelten, nie aber für einen einzigen Vertreter des Volkes, ja auch nicht für tausend. Wir reden von Frauen, Männern, Amerikanern, Chinesen, Europäern und glauben im Einzelnen den Geschlechts- und Nationalcharakter wieder zu erkennen, den wir aus der Gesamtbeschreibung bezogen haben.

Ich glaube, dass damit ein großer Irrtum begangen wird.

Denn wir haben es immer mit Einzelnen zu tun, und wir verfälschen sie, wenn wir sie so behandeln, wie wir es für das ganze Volk gelernt haben. Je ferner uns eine Gemeinschaft ist, um so größer ist die Gefahr eines unsinnigen Urteils.

Was hatte ich in Amerika erwartet?

Ich war in das Land geflogen, um einen einzigen Menschen zu treffen, von dem ich wusste, dass er in Amerika geboren war, dass er Ende der 50iger Jahre in München studiert hatte und wir uns im Februar 1960 begegneten. Er hatte sein Leben für sein Land eingesetzt, während er bei der Air Force war und nicht nur Vietnam erleben musste.

Er war älter geworden. Er war nicht gesund, und keineswegs wohlhabend zu nennen.

Auch das gehört zu Amerika: Millionen Menschen leben unter der Armutsgrenze, Millionen Menschen sind obdachlos.

Was ich erwartet habe?

Ich kann es nicht sagen. Es ist wahrscheinlich Zeit meines Lebens mein großer Fehler, mehr von den Menschen zu erwarten, als ich das Recht habe. Der kühle Skeptizismus eines Montaigne konnte nicht so leicht enttäuscht werden. Der in Europa in seiner Entwicklung eingeschränkte Frühkapitalismus konnte sich in Amerika rücksichtslos ausleben. Wer nicht früher gehenkt wurde, wurde oft reich oder wenigstens wohlhabend.

Mich nach Analogen in der Weltgeschichte umsehend, würde ich sagen, dass die gegenwärtige tatsächliche Regierungsform in Amerika am ehesten der des antiken Roms zur Zeit der Soldatenkaiser ähnelt. Was hätte zum Beispiel Septimius alles zustande gebracht, hätte er über das Fernsehen und die anderen Massenbetäubungsmittel verfügen können?

Dieser wichtige Grundsatz steckt hinter der unheilvollen Wirkung der Massenmedien, die zu unserer Zeit ihren vorläufigen Höhepunkt erreicht hat. Allerdings verspricht die gerade jetzt allenthalben vor sich gehende vertrottelnde Verkabelungsaktion die Verklebung der Gehirne noch weiter voran zu treiben. Ein Vorgang, der im leichtgläubigen Amerika viel verhängnisvollere Folgen haben kann als zum Beispiel in Italien. Aus diesem Grund ist das Land besonders anfällig nicht nur für die Verbreitung von Coca Cola, sondern auch für den Hass.

Man sollte sich nicht durch schlechte Sprachgewohnheiten täuschen lassen. Zum Beispiel durch den Missbrauch des Verbums „to hate" im amerikanischen Englisch. „I hate spinach" ruft das Kind und will damit nur sagen, dass es Spinat nicht mag. Es gibt jedoch einen Hass des Einzelnen. Der Hass gegen das Schlechte auf der Welt, gegen den Teufel im Menschen.

Kain und Abel sind dort sehr lebendig.

In diesem Sinne ist das Land Amerika von tiefen Furchen des Hasses durchzogen. Es gibt Menschen, die nur aus Hass überleben, zum Beispiel die den Staat Florida überfüllenden Kubaner hassen Fidel Castro: der Rassenhass wirft im ganzen Land hässliche Wellen. Heimatliebe, Vaterlandsliebe sind gewiss in verschollene Urzeiten zurückreichende Gefühle. Ist der Hass das Herz jedes Nationalismus?

Es gibt keinen reineren Hass als den, dem zuliebe ein Mensch sein eigenes Leben opfert. In diesem Sinne muss man das Anwachsen des Terrorismus in unserer Welt verstehen. Er wendet sich oft gegen Unbeteiligte, das wird mit Recht beklagt; über Hass nachzudenken und zu schreiben, geht über meine Kraft.

Da wird vom Hass gegen das Schlechte dieser Welt geredet, es ist ein Hass, der eine Form größter Liebe ist: Liebe zu Gott, Liebe zum Geschöpf.

Von Anfang an war Amerika ein zugleich manichäisches und messianisches Volk. Sie möchten, wenn es nicht zu viel kostet, die Welt erlösen, eine Welt, die hauptsächlich im Schatten des Bösen dahindunkelt. Das hatte im 18. Jahrhundert noch einen gewissen Sinn, denn die Gründer der

Republik waren alles in allem bedeutende Leute, und die von ihnen Angeführten, waren im schlimmsten Falle unternehmungslustige und willensstarke Desperados. Ich denke, dass der Respekt vor dem Seienden auch das Gewesene einschließen muss. Und ich möchte nicht einmal sagen, dass jedes Volk die Geschichte hat, die es verdient.

Was mir eine Gleichung mit Österreich zu sein scheint, ist eine gewisse Ehrfurcht vor der Behörde.

Vor langer Zeit hatten Frankreich und England Gesellschaftsformen entwickelt, die es der Bevölkerung möglich machten, über relativ weite Räume ohne seelischen Leithammel auszukommen.

Das Denken war eine Privatsache; sei es des Aristokraten oder des Bürgers, von diesem Privileg wurde viel Gebrauch gemacht.

Anders in Österreich, anders in Amerika.

Hier gibt es mehr Autoritätsgläubige als in anderen Ländern, in denen Bonzen eher komisch wirken.

In Österreich wurde die Ehrfurcht vor der Behörde und die Kriecherei vor den behördlich anerkannten Denkspezialisten noch größer. Österreich ist ein Land, das nie eine Revolution aus eigener Kraft geführt oder beendet hat. Die Bevölkerung zug es vor zuzusehen, wie andere den Mist für sie ausräumten.

Vergangenheitsbewältigung bleibt ein dummes Wort.

Es gibt genug Schuld auf der Welt. Von der nicht allgemein anerkannten Erbsünde ganz abgesehen.

Das Gedächtnis der Völker besitzt nur einen beschränkten Lagerraum für nationale Schandtaten. Wobei es schwer wird, von einer amerikanischen Nation zu sprechen Vielleicht kommt das von der kurzen und zähflüssigen Geschichte des Landes, sicherlich auch von seiner großen Ausdehnung und dem noch immer unverdauten Völker- und Sprachgemisch.

Wenn man von einem amerikanische Nationalcharkter reden kann, was oft bezweifelt wird – so wird man ihn als gutmütig, hilfsbereit und in mancher Hinsicht großzügig bezeichnen. Der Grundzug des vielleicht legendären Yankees war ein überaus gesunder Skeptizismus. Die alte Redewendung „He is from Missouri“ ist geradezu ein Synonym für einen misstrauischen Zweifler.

Amerika, das vermute ich, und die Geschichte des Landes, werden mich noch lange beschäftigen.

***

Sicher wurde: Das Leben in meiner kleinen Wohnung bekam ein anderes Gesicht, obwohl alles noch an seinem Platz stand oder lag. Der Computer wurde Verbindungsglied, e-Mail beförderte Gedankengut. Nachdem jeder wieder für sich war, gab es viel mitzuteilen, zu erklären, zu sagen, als wäre dazu gar keine Zeit gewesen. Eine Art Nach-Denken breitete sich aus, dem sich ein Vorwärts-Denken anschloss. Ich spürte die Gewissheit wachsen gern allein zu sein, und nahm meinen Lebensrhythmus wieder auf.

Er lebte sein Leben. Er hatte seine Untätigkeit, seine geringe Pension und bezeichnete sich selbst als arm. Er pflegte den Kontakt zu seiner Familie, seinen zwei Söhnen in Amerika und seinen beiden Enkeln. Da stellte sich viel sizilianischer Familiensinn dar.

Unserem Sohn Michael wurde bekannt, dass er zwei Brüder hatte. Sie waren 1966 und 1968 geboren, also jünger als er. Irgendwann werden sie sich kennen lernen. Soll ich sagen: wenn Gott will?

Väter sind für Söhne sehr wichtig. Wahrscheinlich litt Michael unter seiner Vaterlosigkeit mehr, als ich mir je eingestehen kann. Noch dazu hatte er die Mutter verloren, als er 9 Jahre alt war.

Vater und Sohn werden sich nach 45 Jahren Trennung begegnen.

Was für eine Stunde wird das sein!

Solche Geschichten kann nur das Schicksal erfinden, Regie führen und Menschen spielen lassen.

Die Dornenhecke ist noch nicht zerrissen.

Mein Unterricht begann.

Der Intensivkurs forderte Schulbücher und Konzentration. Montag bis Donnerstag täglich von 18°° bis 20°° Uhr. 12 Schüler aus unterschiedlichen Ländern, Ungarn, Slowenien, Kroatien, jünger als ich. Aber lernwillig und fröhlich. Es ging sehr schnell bis Grundkenntnisse und Grammatik verständlich wurden. Aber ich spürte einen inneren Widerstand, ohne ihn erklären zu wollen oder zu können. Bald brauchte ich immer weniger Hilfe von „Babel Fishing“ beim Lesen und Übersetzen von Marios e-Mails. Seine Briefe halfen mir dabei, Gelerntes zu stabilisieren. Wenn ich mit diesen jungen Kursteilnehmerinnen zusammen traf, erinnerte ich mich daran, wie ich vor Jahren in Baden Baden gemeinsam mit emigrierten Russen, die deutsche Sprache lernte, weil ich nach dem Wachwerden wohl die russischen Buchstaben kannte, aber der deutschen Sprache fremd gegenüber stand. Jetzt lerne ich gemeinsam mit Slowenen und Kroaten die englische Sprache. Wie rätselhaft das Schicksal in seinen Zeiträumen ist.

Sprache wird im Berufsleben gebraucht. An einem Tag der Woche, Freitag, ist mein Spanisch-Unterricht. Ich denke, dass die Volkshochschule eine gute Einrichtung ist.

Von Mario erreichte mich die Nachricht, dass er voraussichtlich nicht im Oktober kommen könnte. Er müsste, um einen längeren Aufenthalt hier zu haben, einen neuen Pass beantragen. Es wird ungefähr 6 Wochen Wartezeit sein. Längst hatte ich verstanden, dass Warten zu meinem Lebensinhalt gehört.

Meine These, dass alles im Leben der Sinn ist, bestätigte sich in dem Moment, als ich aus New York, ganz unabhängig von Mario, eine Einladung bekam, mich auf ein Treffen mit anderen Schriftstellerinnen einzustellen. Ein internationales Literaturhaus zwei Autostunden von New York entfernt, sprach die Einladung aus.

Es werden 10 gute Autoren zwischen April und Juni des kommenden Jahres im Literatur-Haus sein. *Englisch-*

Sprachkenntnisse werden vorausgesetzt. Der Aufenthalt ist frei wie die Unterkunft, nur der Flug nach NY ist selbst zu bezahlen. Gewünscht wird ein Exemplar des zuletzt veröffentlichten Buches, kurze Biographie. „Wir würden uns freuen, wenn Sie von April bis Juni unser Gast sein werden." International Writers-Colony mit Mail-Adresse und Fax Angabe.

Das kam wie bestellt auf mich zu. Ohne Mario zu begegnen, hätte ich nie einen Englisch-Kurs belegt, wäre ich nie auf die Idee gekommen, dass Zukunft nicht Europa heißen muss, dass ich wieder einmal einen Beginn wagen werde, dass jetzt das „große Wasser" eine Bedeutung bekommt. Ich schickte alle gewünschten Unterlagen dorthin.

Als Ende des September der Intensivkurs vorbei war, schrieb ich mich für das nächste Semester bis Ende des Februar ein. Die gleichen Schulbücher blieben, die gleiche Lehrerin blieb, die gleichen Mitschüler, aber es gab nur noch einen Unterrichtstag in der Woche. Montag von 18^{oo} bis 21^{oo}, als jeweils drei Stunden. Ich spürte mich sicherer werden.

In Amerika begann der Wahlkampf. Der jetzige Präsident George W. Bush und sein Herausforderer John F. Kerry standen sich gegenüber. Biografien wurden aufgeblättert. Die väterlichen Vorfahren von John Kerry kamen aus Österreich. Er war Mario seit Vietnam bekannt. Nicht nur das machte ihn mir selbst sympathisch. Er ist Demokrat wie der frühere Präsident Bill Clinton war, und er ist intelligent. Amerika steht an einem Scheideweg. Es gibt große Bereiche in denen ein Präsident John F. Kerry historische Veränderungen zustande bringen könnte. Abbau des zur Zeit herrschenden Misstrauens Europa gegenüber Amerika; Zusammenarbeit mit den Vereinigten Nationen im Kampf gegen Armut und Verbreitung von atomaren Waffen und Terrorismus. Ausbau des Bildungswesens in den Vereinigten Staaten, wo fast 20% der Bevölkerung mit dem Lesen und Schreiben nicht zurecht kommen. Alles andere wird nicht zuletzt davon abhängen, ob die Demokraten auch im Kongress die Wahlen gewinnen.

Denn zuerst haben sowohl im Senat als auch im Abgeordnetenhaus die Republikaner das Sagen, und sie wollen, dass in der neuen Welt alles beim Alten bleibt.

Ich bin wirklich neugierig. Und mit großem Interesse beobachtete ich die Fernsehduelle, die sich beide in dieser Zeit lieferten. Diese Wahl hatte ja nicht nur für Amerika Gültigkeit.

Es ist besser, wenn versucht wird, friedlich mit einander zu leben.

Aber die Wahl gewann der amtierende Präsident. Das heißt, die nächsten vier Jahre wird Amerika noch oder wieder W. Busch als Präsidenten haben.

Mein Plan, meine Idee der Einladung zu folgen, New York vom April bis Juni zu meinem Ziel zu machen, gefiel Mario sehr.

„Dann werde ich kommen, dann werde ich dich besuchen. Ich kann in der Zeit bei meinem Zwilling in New Jersey wohnen. Du kannst auch, wenn du in New York warst, zu mir nach Tucson kommen. Wir werden Zeit für uns haben."

Ähnliche Worte hatte ich doch schon irgend wann einmal gehört. Wir werden uns (auf der Insel) treffen, wir werden Zeit für uns haben. Werden wir?

„Ja, alles wird gut. Aber vorher wolltest du zu mir nach Wien kommen."

„Bald werde ich meinen Pass haben. Dann werde ich noch eine medizinische Kontrolle brauchen." Es war mir bekannt, dass er monatlich einmal im Hospital der Air Force eine Kontrolle brauchte. Und dann musste er nach New Orleans fliegen, weil sein Enkel getauft wurde und er Pate wurde.

Wenn es Herbst wird, oder Winter, hat die Stadt Wien weniger Reiz als im Sommer. Das Wetter ist kühl und nebelig. Schwer für ihn, der die Hitze gewöhnt bist. Obwohl ich bald darauf die Beteuerung hörte, dass die Stadt nicht sein Anziehungspunkt sei und das Wetter ihn vom Reisen nicht abhalten könne, bekam ich wenig später die Mitteilung: „Ich halte es für ganz wichtig, dass ich mich hier vor einem

Besuch in Europa gegen Grippe impfen lasse. Hunderte Menschen begegnen mir im Flugzeug. In Amerika ist momentan der Impfstoff knapp.“

Ich hoffte, dass es bald möglich sein würde. Er dachte daran, dass eine Erkrankung hier viel Sorgen bereiten könnte. „Soll ich dir die Flugkarte schenken?“, fragte ich.

„I am old fashioned when it comes to accepting expensive gifts from ladies. I do not think it is right. I hope you can understand me.”

Diese Worte versuchte ich mir einzuprägen.

Die nächste Meldung machte mich betroffen.

„Wenn ich im November, vielleicht für drei Wochen nach Wien kommen werde, dann würde ich den Flug über New York planen, mich einige Tage bei der Familie aufhalten und dann über London kommen und auf dem gleichen Wege zurück. Es wäre wohl besser, ich machte es folgendermaßen: „Wenn ich im Dezember zu Weihnachten zur Familie nach New Jersey fliege, und einige Tage dort bleibe und anschließend zu dir komme, dann könnten wir Sylvester zusammen verbringen. Und ich könnte im Januar noch drei Wochen bleiben. Wenn du mich so lange aushalten kannst.“

Gute Idee. Aber sicherlich der Änderung untergeordnet. „Und wenn ich im April, Mai, Juni ohnehin in New York sein werde, dann müsstest du gar keinen Flug nach Europa planen.“

„Ich möchte zu dir kommen, um dich zu besuchen. Dann kann ich dich noch besser kennen lernen. Deinen Lebensstil möchte ich in Wien erfahren. Ich möchte nicht nur Erinnerung wecken, sondern neu erleben. Dich in Wien erleben. Es sind vierundvierzig Jahre gewesen, seit wir zuletzt einen ausgedehnten Zeitabschnitt mit einander erleben konnten. Eine Menge Sachen haben sich geändert Wir werden vorwärts schauen. Und wenn du in New York warst, kommst du zu mir, wir werden nach Mexiko fahren und wir werden einen Freund in Santa Barbara in Kalifornien besuchen. Ich bin sicher, dass es dir gefallen wird.“

Das alles ist doch wunderbar. 2005 hört sich vielversprechend an.

Es wird nicht mehr heißen Ich, sondern Wir.

Aber die Zeit hatte wieder einmal ganz andere Pläne.

Am Jahresanfang schrieb mir die „Writers Colony", dass man sich dazu entschlossen habe nur Übersetzer einzuladen, die Autoren voraussichtlich erst im September 2005. Es tut uns leid ... Sie verstehen sicher ... Kontakt zu den guten Übersetzern ... Ende einer Freude. Wieder war ein Kartenhaus zusammengefallen, eine Idee gestorben.

Mitteilung an Mario: Auf diesem Wege komme ich nicht nach New York. Mario bedauerte und schrieb: I hope all is good with you. I am looking forward to the time when we can be together again. I will be looking for flights that might be able to have me be in Vienna around the first week in February. Take care ... love Myron.

Kurz darauf schrieb er mir, dass er durch einen unerwarteten Tod einen guten Freund verloren habe.

Und ich schrieb versucht tröstende Worte, mit denen ich mich wohl selbst ansprach: Tue zu jeder Zeit das Nötige.

Weiter bleibt uns in guten wie in bösen Zeiten nichts übrig.

Alles hat seine Stunde.

Eine Zeit zum Leben, eine Zeit zum Sterben.

Eine Zeit zum Pflanzen eine Zeit zum Ausreißen.

Eine Zeit zum Töten und eine Zeit zum Heilen.

Eine Zeit zum Bauen und eine Zeit zum Niederreißen.

Eine Zeit zum Lachen und eine Zeit zum Weinen.

Reine Zeit zum Trauern und eine Zeit zum Tanzen.

Eine Zeit zum Steine werfen und eine Zeit zum Steine sammeln.

Eine Zeit der Umarmung und eine Zeit der Enthaltung.

Eine Zeit zum Suchen und eine Zeit zum Verlieren.

Eine Zeit zum Bewahren und eine Zeit zum Verwerfen.

Eine Zeit zum Zerreißen und eine Zeit zum Zusammennähen.

Eine Zeit zum Schweigen und eine Zeit zum Reden.

Eine Zeit zum Lieben und eine Zeit zum Hassen.

Eine Zeit für den Krieg und eine Zeit für den Frieden.

Es gibt kein Vergangenes, das man zurücksehnen dürfte.

Es gibt nur ein ewig Neues, das sich aus dem erweiterten Element des Vergangenen gestaltet; und die echte Sehnsucht muss stets produktiv sein um Neues, Besseres zu erschaffen.

Er antwortete mir sehr rasch per e-Mail.

Dear heart, thank you for kind thoughts and words.

Ich mache den Versuch durch Amsterdam zu fliegen, wan ich bei dir eine besuchen gemacht wurde in February oder marz, an einer möglich reise konnte ich vor eine paar stunden, oder mehr da bleiben weg von den Staaten, was denkst du von das? Michael hat eine Temperament gliche wie seine Bruder in Staaten mit der selbe Name ...

Jetzt ist die erstemal Zeit, das ich dir auf deutsch geschrieben hat ohne Hilfe. Wies hat das gegangen?

Ich antwortete ihm mit dem Vorschlag in beiden Sprachen hin und her zu schreiben und dabei gegenseitig zu lernen.

Es vergingen nur wenige Stunden oder Tage ohne Nachricht.

Sie hatten beinahe immer den gleichen Wortlaut: I hope all is going well with you. I am still looking for a flight that will take me to you soon ... take care dear heart ... Myron.

In der nächsten Stunde kam eine kurze e-Mail.

Dearest ... there is a old American song standard entitled „prisoner of love".

Do you know it? I believe it may have written with a person such as yourself in mind. It does like it:

Alone from night to night you will find me …
To weak to break the chains that bind me ...
I need no shackles to remind me.
I'm just a prisoner of love

I cant remember the rest now, but I will keep in looking.

Every time I think of this song I think of you.

Love Myron.

Beim nächsten Telefonanruf erklärte er mir mit fester Stimme: I have the flight number. You can call the airport to see if the plane is arriving on time … Love Myron

Das hieß: „Ich werde am 16. März in Wien sein und Ostern mit dir erleben, am 5. April fliege ich nach New Jersey und habe dort mit meinem Zwilling Geburtstag. Am 10. April werde ich wieder in Tucson sein" , eingefügt bekam ich die Kopie seines Tickets.

Da stand nun alles richtig fest. Er hatte den Flug zum großen Teil mit der Gutschrift seiner bisherigen Flugmeilen bezahlt, und konnte daher mit dem geringsten Aufwand an Dollar nach Europa fliegen.

Dazu kam die Mitteilung von Michael, dass er für die Ostertage in Wien sein werde und per Internet ein Hotel aussuchen werde.

Man würde sich dann in meiner Wohnung begegnen. Ostern – genau ein Jahr nach dem ersten mündlichen und bildhaften e-Mail-Kontakt. Nicht früher – nicht später.

Was soll ich denn kochen, fragte ich, was wird dir hier im alten Europa schmecken?

Und er sagte: hoffentlich du kast meine schlect Deutsche leassen ... meine Liebling ... be mehr mushrooms schmect sehr gut aber, zuchina gefelts merh nichts. Von north seacrabs, die schmect auch gut zur mir wie deinen lipfen.

Am besten gefelts mir eine gutte vienner schnitzel eine glass wein und du. Fur nacht speisen vieleict eine gutte affel kuchen.

I will brings a dark jacket and pants with me and some other clothes for daytime trips ... If there is anything else I should bring, let me know …

Love … Myron

Die Zeit – hatte sie es eilig, oder waren es meine Gedanken?

Ich traf Vorbereitungen, bestellte Konzertkarten; in der Karlskirche gastierte ein Jugendchor der Lakeville High School aus Colorado, und ich dachte, es könnte ihn freuen;

für Schönbrunn ein Konzert in der Orangerie und zwar der Lincoln Youth Symphoniker (Porgy and Bess – Musik – die wir aus unserer Zeit kannten; ein Bach-Konzert (Requiem) zu Ostern im Musikverein ... und so weiter ... Karten waren schwer zu bekommen, Preise stiegen; also kaufte ich sie.

Und ich wusste nicht einmal ob überhaupt Interesse für Musik bestand. Ich wusste grundlegend nichts außer: Er kommt am 16. März und bleibt drei Wochen. Meine Wohnung hat 55 qm und ein Sofabett. Ich setzte einfach voraus und bestellte auch den Grill-Tisch beim Japaner in der Börsengasse.

Ilona würden wir dort treffen. Ich hatte sie informiert und eingeladen. Sie wollte ihn kennen lernen, um später mit mir reden zu können. Und ich habe sogar Kekse gebacken, obwohl ich keine esse und mein Herd noch nie Kekse backen musste.

Und dann kam dieser Tag. Wegen der unterschiedlichen Zeit musste er schon am 15. März fliegen und käme über Paris am 16. März am Nachmittag planmäßig um 2.40° p.m. nach Wien.

Der Reporter einer Wiener Zeitung wartete mit mir, er wollte erste Bilder machen und schreiben.

Ich war schon sehr früh auf dem Flughafen. Als alle Fluggäste durch den Ausgang herausgekommen waren, wurde sicher, dass er nicht gekommen war. Der Reporter ging zum Air France Schalter und erkundigte sich. Er musste erfahren, dass der Flieger aus Amerika zu spät in Paris angekommen war, als die planmäßige Maschine schon Paris verlassen hatte. Er muss dort auf die nächste warten, was ungefähr 4 Stunden Verspätung bedeuten würde.

Wir entschlossen uns im Restaurant zu warten. Tee trinken mit Zitrone, von Rauchern umgeben, mit schmerzenden Augen, redeten wir die Zeit tot. Ich war sehr nervös.

Als um ungefähr 07. p.m. das Flugzeug kam, sah ich Mario ohne ein einziges Gepäckstück in die Halle kommen. Ich rannte, um ihn zu begrüßen, zu umarmen, ihn gegenwärtig zu spüren. „Wie fühlst du dich?“ Er sagte anfangs kein Wort und hielt mich nur fest. Er war sehr blass und vollkommen erschöpft und antwortete auf meine Frage nach seinem Gepäck, dass ihm in Paris beim Warten sein Handgepäck gestohlen worden ist, und das ausgerechnet mit allen seinen Medikamenten und Schecks und Geschenken.

Der Reporter wollte Bilder haben. Der Flugkoffer war auch verloren. Es mussten Papiere zur Nachforschung ausgefüllt werden.

Angabe meiner Adresse und so weiter. Der Koffer wurde erst am Folgetag vom Flughafen in meine Wohnung gebracht. So viel Pech auf einmal und immer nur „warten“.

Der Reporter fuhr uns in meine Wohnung, stellte Mario unterwegs noch einige Fragen. Er störte mich jetzt. Selten habe ich einen Menschen so störend empfunden. Er zeigte kein Feingefühl, als ich ihn bat uns allein zu lassen.

In meiner Wohnung klappte ich mein Sofabett auf, Mario legte sich sofort ungewaschen und ohne sich umzuziehen auf das Bett, schaute weder rechts noch links und schlief sofort ein. Er hatte zwei Flugtage hinter sich.

Meine kleine Wohnung, die mir lieb war, wurde zu eng. Sein Auto stand nicht vor der Tür – Wien ist anders als Tucson. Amerika und Europa zwei Welten, nicht nur durch großes Wasser getrennt. Das lehrt uns kein Schulbuch.

Drei Wochen Kraftprobe.

Jede Saat bringt unweigerlich ihre eigene Art hervor.

Der Gedanke ist die Saat des Schicksals, redete es in mir.

Als Mario erwachte, hatte er keine Medikamente. Einen Ausweg wollten wir finden. In Tucson mussten seine Schecks gesperrt werden.

Als hier der Tag begann war es dort Nacht. Also warten.

Ins AKH fahren, mit Herrn Prof. Huck, dem Gefäßchirurgen sprechen, den ich auf diesen Besuch schon vorbereitet hatte. Bitte diese – von Mario aufgeschriebenen – Medikamente rezeptieren.

Das war bei Morphiden nicht leicht. Außerdem haben in

Amerika alle Medikamente andere Namen als in Europa.

Die Zusammensetzung musste erforscht werden. Es brauchte Zeit.

Weil ohne Versicherungsschutz in Wien, musste die Konsultation mit 100,- Euro bezahlt werden, schließlich war er mein Gast. Die Tabletten, mit Kopie der Ausweise und Adressen endlich rezeptiert, kosteten die gleiche Summe. Aber wir waren ohne Auto. Und Mario fuhr mit mir Tram-Bahn. Er hatte Schmerzen. Ich bereitete ihm eine leichte Mahlzeit aus Reis und Lachsfilet. Er hatte noch mehr Körpergewicht verloren, seit ich bei ihm war, und er aß wie ein krankhaft Magersüchtiger. Er trank ein Glas Orangensaft, legte sich wieder ins Bett, und schlief sofort ein, wachte auf, kontrollierte seinen Blutdruck, der immer niedrig sein musste, nahm seine Tabletten und schlief wieder ein. Wir sprachen kein einziges Wort.

Ich packte seinen Trolly aus und hängte alle seine Hosen in den Schrank zu meinen Hosen. Ich entdeckte Hosen mit defektem Zipp-Verschluss und einen leichten Parka mit ausgerissenem Innenfutter. Ich brachte diese Sachen zum Änderungsschneider und ließ sie in Ordnung bringen für nur 25,- Euro aus meiner Kasse. Er hatte Unterhemden eingepackt, die am Hals und Ärmeln ausfransten und grau waren. Ich warf sie weg und tauschte gegen jene, die ich vor seiner Ankunft gekauft hatte. Ich hatte daran gedacht, dass er reichlich zum Wechseln brauchte, wenn wir viel unterwegs wären; den Frottierbademantel, hatte ich für die Sauna gekauft in der Annahme, er würde seinen nicht mitbringen. Er hatte gesagt, dass er gerne mit mir in die Sauna gehen würde. Schließlich war es dort warm, während es in Wien nach dem langen Winter noch recht kalt und ungemütlich war.

Mein Bett wurde nicht mehr zugeklappt.

Es wurde deutlich bewusst, dass es nur Worte blieben: zusammen in meinem kleinen Bett kuscheln, endlich Fremdsein überwinden, uns so nahe kommen wie früher, damals ...

als wir jung waren.

Die zweite Matratze von meinem Sofabett wurde in meinem Arbeitszimmer mein Nachtquartier und verschwand am Tage wieder zusammen gelegt hinter dem Vorhang. Ich bereitete Frühstück und weckte ihn, spürte seine Schwäche. Das Konzert in der Karlskirche um 18°° Uhr? Aber ohne Auto mit der Trambahn, besser mit dem Taxi. Bis zum Abend würde er noch schlafen, leichte Suppe essen Chinesisch-Süß-Sauer aus der Dose. Du wolltest doch Wien sehen!

Die Karls-Kirche war kalt, das Konzert gut, aber zu lange. Schon nach zwanzig Minuten wollte Mario nach Hause fahren und schlafen.

Du wolltest mit mir in der Stadt sein, mich in der Stadt erleben?

Am dritten Tage wurde Mario richtig krank. Er hatte am Abend Fieber, es steigerte sich bis zu 40°. Ich rief den Notarzt. Die Angst kam und ließ mich nicht mehr los.

Eine Ärztin kam mit einem Helfer eine halbe Stunde später, und verlangte schon an der Tür 100,- Euro, ohne den Kranken gesehen zu haben. „Sie haben mich gerufen", sagte sie. „Ich bin gekommen, dafür erhalte ich für alle meine Unkosten zunächst 100,- Euro – sonst sehe ich den Patienten gar nicht an." Ich bezahlte, denn mit Mario konnte niemand sprechen. Ich wusste nicht, ob und wie viele Dollar er mitgebracht hatte, oder schon gewechseltes Geld in der Börse trug.

Ich fragte ihn nicht nach seinem Geld. Er war mein Gast. Seine großen Worte: Ich lasse niemals eine Frau für mich etwas bezahlen, verloren hier ihre Gültigkeit.

Die Ärztin horchte Marios Lunge ab, nachdem der Helfer ihn mühsam aufgerichtet hatte, gab ihm eine fiebersenkende Injektion und verschwand wieder nach den mahnenden Worten: „Geben Sie ihm sehr viel Wasser. Er ist völlig ausgetrocknet, wenn Sie das nicht tun, muss er ins Spital und bekommt Infusionen. Ich kann ihn auch zwangsweise einweisen.“

Das bedeutete: den Schlafenden wecken, ihn Wasser trinken lassen, weiter schlafen lassen, ohne Wäsche zu wechseln, ungewaschen. Ich fühlte mich entsetzlich.

Mein Raum wurde zu eng. Wenn ich ein separates Schlafzimmer hätte, wäre alles etwas leichter, dachte ich; aber es ist nicht so, basta.

... Do you think I enjoyed lying in bed in pain … I came over to visit you and to get to know Michael. Unfortunately things did not work out as I had hoped ... I did not expend the time and the travel costs to have things end up to as they did

Ja, sicher bist du nicht gekommen um hier krank zu sein, oder zu werden. Denn ich glaube, dass du schon vor dem Flug nicht gesund warst. Es ist durch den Klimawechsel, die Anstrengungen, und Aufregungen durch den Diebstahl der Sachen noch schlimmer geworden. Es ist für uns beide enttäuschend.

Später bat ich ihn um die Adressen seines Bruders, seiner Söhne und schrieb ihnen. Meine Angst wurde immer größer. Wenn er hier in meinem Bett stirbt? Was soll ich tun? Holt ihn nach Hause, denn wenn ich ihn hier ins Spital bringen lassen muss, werde ich für jedes Bett für jeden Handgriff für jedes Medikament bezahlen müssen. Er ist ohne Versicherungsschutz. Und er ist ein armer Mann. Ich bin hier und jetzt verantwortlich.

Sein Bruder in New Jersey verstand meine Angst nicht. Er beteuerte per e-Mail, dass Mario gesund weggeflogen war.

Das Fieber senkte sich wieder. Damals in Korea, erzählte er mir später, hatte er Malaria und bei allen Aufregungen, Erschöpfungen oder Klimawechsel kann so ein Fieber kommen.

Warum wusste ich das nicht vorher? Warum musste ich derartige Angst durchleben? Der Sohn Mark schrieb mir per e-Mail er sei in Sorge, und möchte weitere Informationen. Mit Dank für meine Bemühungen.

Myron sagte mir: “I'm still amazed that you can live

contently with so little personal contact with friends. It is not healthy to hide away from society as you are doing, with the exception of your work related activities ...You have to learn to stop living in the past and think of the future ... The worst thing I have done is to retire, I was content working it kept me occupied and I enjoyed the contact with new people."

„Ja, ja das ist schon alles richtig, aber es kommt darauf an wie jemand allein ist. Ich brauche mein Alleinsein zum Schreiben. Ich meide die Gesellschaft. Dich macht Alleinsein krank. Du langweilst dich, du schreibst keine Bücher ... Du hast keine Freude und findest nur schwer den Sinn im Alleinsein. Das unterscheidet uns."

Und soll ich etwa jetzt Gäste einladen?

Und der Gedanke kam: was empfindet ein Mann, der sich lange auf diese Reise vorbereitet hat, der sich freute die Stadt wieder zu sehen, die er vor 40 Jahren kennen lernte und mich in meiner Umgebung erleben möchte, wenn er durch plötzliche, unerwartete Krankheit daran gehindert wird.

Weil er in Paris bestohlen wurde, und hier nach Medikamenten suchend blockiert war, hohes Fieber bekam und Angst verursachte, was hat dieser Mann empfinden müssen, der unplanmäßig in so eine Situation kam, die aus Freude Leid entstehen ließ? Welchen Weg hat das Schicksal bestimmt?

Und ich dachte: was hat sich jener Mensch gedacht, der in Paris auf dem Flughafen das Handgepäck gestohlen hat. Geld war sein Gedanke: Geld des anderen. Dass aber lebensnotwendige Medikamente in der Tasche waren, die für 3 Wochen reichen sollten, bedachte er sicher nicht. Noch frevelhafter war es, sie nicht zurückzugeben, nachdem sie entdeckt worden waren. Das einfach hinzunehmen fiel schwer.

Wie ist Mario zumute, dachte ich. Seine Freude auf unsere Begegnung; mit mir zusammen Wien erleben wollend, und jetzt alle Tage im Bett liegend, hilflos, der Sprache unkundig, sich bedienen lassen müssen.

Was dachte er nach allen langen Vorbereitungen? Er sprach nicht darüber. Er sprach gar nicht über sich selbst. – Es wurde Ostern und am Samstag Vormittag kam unser Sohn Michael. Er kam zum ersten mal in meine Wohnung in Wien. Wir standen uns nach 20 Jahren Trennung gegenüber. Ich fand keine Worte, außer: „Hallo Michael. Hattest du einen guten Flug?“ Ich kann diese Situation nicht beschreiben. So viel passierte in diesem Augenblick.

Noch größer das Phänomen, der Sohn, der viele Jahre in dem Glauben gelebt hatte, dass sein Vater tot ist, der sich ein Phantombild von ihm gezeichnet hatte, das ihm die Phantasie vorgespielt hatte. Was für eine Geschichte, in der sich ein Vater und ein Sohn zum ersten Male gegenüber standen.

Michael ging in das Zimmer und fand seinen Vater im Bett liegend, vom Fieber geschwächt und auch, weil er bisher kaum etwas gegessen hatte. Unregelmäßig versuchte er Cornflakes mit Milch zum Frühstück und frisch gepressten Orangensaft, manchmal ein Toastbrot; ein Stückchen Apfelstrudel liebte er geradezu, noch warm und frisch. Eine Mandarine, ein kleines Lachsfilet, Reis mit frischen Pilzen, nicht mehr als ein Kind isst. Unentbehrlich Wasser und Tabletten in Regelmäßigkeit.

Er erhob sich nur mühsam mit starken Rückenschmerzen, um zur Toilette zu gehen, oder um durch meinen Computer seine e-Mail in Tucson zu lesen, oder e-Mail an seine Bank zu senden, mit der Aufgabe, auf seine Konten zu achten. Nach dem Diebstahl hatte er seine Konten sperren lassen. manchmal stand er auf, ging zur Toilette, um zu erbrechen. Eine Ernährungsstörung, vermutete ich, er hat im vergangen Halbjahr mehr als 20 kg Körpergewicht abgehungert. Er wollte schlank sein. Er wollte mir gefallen, denn damals, sagte er, als wir uns trafen, war er Sportler und schlank.

Ja, ich mag dicke Menschen nicht. Aber musste er so radikal vorgehen? Im Alter ist ein kleiner Bauch doch wirklich kein Grund, sich nicht zu mögen. Einem Mann wie Mario musste es in dieser Situation des Wiedersehens schwer fallen das einzusehen.

Bald saß Michael im bequemen Sessel neben dem Bett und sprach mit seinem Vater. Seit einem Jahr wussten sie von einander. Dieses Kind aus der Liebe wurde 1961 geboren, verlor 1970 die Mutter und suchte den Vater, suchte Halt, suchte Liebe. Es war Ostern 2005. Ich ließ beide allein.

Die Spannung, die in der Luft gelegen hatte, lockerte sich. Michael zeigte sich besorgt. Und ich spürte mich weniger allein; jemand verstand mich und teilte meine Sorgen.

Am Ostersonntag fuhren wir nach Schönbrunn zum Konzert Porgy and Bess. Es war ein sonniger Nachmittag in der Orangerie. Michael hatte Hunger. Wir gingen in ein Restaurant nahe dem Park. Das Gehen fiel Mario schwer. Mühsam schob er einen Fuß vor den anderen, langsam, schleichend, unsicher, weil der Rücken im Lendenbereich schmerzte. Ich bekam ein schlechtes Gewissen, fühlte mich als eine, die ihn quält, ihn zum Gehen zwingt, obwohl er lieber im Bett liegen wollte. Als wir am Tisch im Restaurant saßen, bestellte Michael reichlich, probierte die Wiener Küche; Mario aß nichts, bestellte nur ein Glas Wasser, um Tabletten zu nehmen. Wir mussten ein Taxi zum Rückweg nehmen.

Mario konnte nicht gehen, nicht mit der Tram fahren. Sobald wir in der Wohnung waren, legte er sich wieder auf das Bett und schlief ein. Er zog seine Kleidung nicht aus. Es war ihm kalt, sagte er und zog den Bademantel über den Anzug, nahm die Wolldecke zum Federbett dazu. Ich hatte Mühe, ihm die Schuhe auszuziehen. Ich spürte Abwehr. Er wollte nur in Ruhe gelassen werden.

Die Karten für den Bach-Abend im Konzerthaus brachte ich zurück. Man erstattete mir den Betrag von 50,- Euro zurück. Es war gut so, denn ich brauchte jeden Cent. Es entstanden Unkosten, mit denen ich nicht gerechnet hatte. Ich zähle nicht zu den reichen Leuten. Mein einiger Reichtum sind die Gedanken.

Vater und Sohn begannen sich gut zu verstehen. Eine

besondere Ähnlichkeit besteht zwischen beiden. Man könnte sagen, dass der, der den Vater kennt, auch den Sohn kennt oder Vater und Sohn gleichermaßen erlebt.

Beide bestanden darauf, dass ich ihnen den Naschmarkt in Wien zeige. Die Sonne schien. Wir konnten draußen sitzen und warme Schokolade trinken. Es fiel mir unendlich schwer, Marios Gehen zu beobachten, wie er sich einen um den anderen Schritt abquälte. So hatte ich ihn in Tucson nicht erlebt.

Wir besuchten den Stephans Dom und kehrten in der City nahe der Griechischen Kirche beim „Augustin" ein. Mario erholte sich nicht. Er bleib schwach und ohne jede Freude an Gesprächen. Ich spürte in jenen Stunden und Tagen wie stümperhaft meine Sprachkenntnisse waren, dass es viele Missverständnisse gab, dass Wichtiges ungesagt blieb.

Mario fühlte sich nicht wohl und sehnte sich zurück in sein Haus. Das verstärkte sich, als Michael seinen Rückflug ankündigte. Er hatte sich nur für die Ostertage Zeit genommen.

Vergeblich versuchten wir Marios Flug zu ändern, denn der Rückflug bedeutete eine Unterbrechung in Paris für eine ganze Nacht. Durch die Buchung mit Bonus-Meilen konnte der Flug nicht geändert werden, es sei denn, man plante total neu und bezahlte erheblich dazu.

Mit tausend Euro kann ich nicht locker umgehen. Wie schlimm es ist, mit wenig Geld zu leben, spürte ich jetzt deutlich. Allein lebend hatte ich dieses Problem nicht; ich kann mich einschränken.

Aber Mario hatte den Flug so gebucht, sich also zugetraut, eine Nacht in Paris zu verbringen. Michael und ich wollten ihn in diesem schwachen Gesundheitszustand nicht eine Nacht der Kälte des Flughafens ausgesetzt wissen und bemühten uns per Internet ein Hotel in der Nähe des Flughafens zu finden. Man würde ihn vom Flughafen abholen und zur bestimmten Zeit wieder hinfahren. Das hörte sich beruhigend an. Aber meine Sorge ließ mich nicht los.

Am Abend vor seinem Rückflug trafen wir uns mit meiner Freundin Ilona beim Japaner, um am Grilltisch die Harmonie einer gemeinsamen Mahlzeit zu genießen. Ja, es war gemütlich, Kerzenlicht schuf Atmosphäre. Ilona spricht gut Englisch und wollte sich mit Mario unterhalten. Sie meinte, viele Missverständnisse könnten daher kommen, weil ich nicht sprachkundig war. Wie recht sie hatte. Aber Mario war müde und lehnte in seinem Sitzplatz, als wäre er gar nicht wirklich da. Er hatte mir einen Gefallen getan, obwohl er lieber im Bett liegen würde. Seine Schmerzen waren richtig spürbar. Und ich dachte mir: warum musste ich ihm das antun?

Es war ein misslungener Versuch, ihm ein Stückchen Wien an der Börse zu zeigen; etwas Angenehmes zu vermitteln.

Wir fuhren mit dem Taxi in meine Wohnung; wo er sich sofort wieder zum Schlafen ins Bett legte.

Am 4. April, einem Montag, brachte ich ihn zum Flughafen. Ich hatte seine gestohlene Reisetasche durch eine von meinen ersetzt, die er sich umhängen konnte, hoffend, dass er den Flug gesundheitlich ertragen konnte, und machte die Stewardess auf ihn aufmerksam.

„Das nächste Mal“ ... „The next meeting“ sagte Myron ganz weich, ganz zärtlich, wie, um alles Negative auszulöschen und zu betonen: „Ich war doch zu dir gekommen, ich wollte dich hier richtig erleben und dir nahe sein, ich wollte sicher nicht krank im Bett liegen, es tut mir so leid, dass ich dir so viel Kummer gemacht habe! ‘the next meeting ... ‘we’ll have in Munich ... This is the city I like most ... ... there I lived gladly, and we met there ... or we’ll meet to holiday on the Island Sizilien im next Year ... in May ... Du weißt, in der Nähe von Palermo lebten alle meine Vorfahren und noch meine Eltern wurden da geboren, dort möchte ich mit dir sein. Ich war noch nicht dort.“

Oh. Ja, warum nicht, dachte ich, eine Insel sehr südlich, warum eigentlich nicht? Was begleitet uns länger als die Hoffnung und das Warten auf etwas Schönes?

Zuerst musste dieser Flug gut erlebt werden. Um 6°° p.m. würde er in Paris sein und erst am 5. April um 9°° a.m. Uhr nach New York fliegen können.

Erst als ich seine Nachricht aus New York bekam, dass er dort angekommen, von seinem Zwilling abgeholt und sich in seinem Haus befinde, war ich beruhigt. Ich hatte die Verantwortung für den Kranken abgegeben. Es wurde die Nachts zum 6. April. Er wollte einige Tage dort bleiben und dann nach Tucson fliegen.

Dearest ... I just arrived at home of my brother and the first thing I do was to try to call you and Michael. Unfortunately my phone card is not working and it might not be until next week before I can call.

It was very difficult getting back to the States. May credit cards were not accepted, so I could not get a room in Paris.

Again I wish to thank you for putting up with me and for your concern.

You will probably be in touch with Michael before I'm to do so … Please tell him, I'll mail him short after I get home at Tucson on the 11th of April … und so weiter.

Gewiss war, nun hatte er sein Land wieder erreicht, war in der unmittelbaren Nähe seines Zwillings, nicht in Washington D.C., sondern in New Jersey, seiner Geburtsstadt.

Ich habe viele Tage gebraucht um die Angst abzulegen, meine kleine Wohnung wieder für mich zurecht zu machen, zu beginnen wieder in mir selber zu wohnen. Ich musste einsehen, dass es mein bestimmter Lebensplan ist, allein zu sein und zu bleiben.

Ja, ich kann vielen Menschen, und im Besonderen auch Einzelnen, gedanklich eng verbunden sein, ohne persönliche Nähe zu wünschen, oder zu erstreben; da hilft mir die Erkenntnis:

Ach liebe Leut' .... war es gestern, war es heut ... da saßen auf einem Baum am Ufer eines kleinen Flusses zwei Affen.

Plötzlich sprang einer hinunter zum Wasser, holte einen Fisch heraus, trug ihn auf eine Astgabel des Baumes und legte ihn sorgfältig hin. Warum tust du das, fragte der Freund.

„Siehst du nicht, ich rette ihn vor dem Ertrinken ...“

Leben und leben lassen?

Im Vergleichen mit menschlichem Handeln lösen sich Rätsel.

Was würde aus uns werden, wenn wir nicht lernten, die Meinung anderer zu respektieren?

Katharina Beta, Wien

Das fruchtbarste Lernen ist die Überwindung des eigenen Irrtums

Wer keinen Irrtum eingestehen will, kann ein großer Gelehrter sein, aber er ist kein großer Lerner.

Wer sich des Irrtums schämt, der sträubt sich ihn zu erkennen und zuzugeben; d. h. er sträubt sich vor seinem besten innerlichen Gewinn. Da jedermann irrt, da die Weisesten geirrt haben, so haben wir keinen Grund unseren Irrtum als etwas Schändliches zu empfinden.

(Goethe)

Kurzbiografie von Frau Beta:
Katharina Beta wurde 1938 in Berlin geboren.
Ausbildung und Staatsexamen als Kinder- und Krankenschwester: dabei Abitur im Abendkurs. Studium der Medizin mit dem Ziel der Kinderärztin.
Mutter von drei Söhnen; Scheidung 1968; 1970 nach einem schweren Autounfall und Schädel-Hirn-Trauma (Totalamnesie). Ende der beruflichen Laufbahn Lebenskrise und eigene langwährende Genesungsarbeit. Nach der Rehabilitation Eintritt in die Russisch orthodoxe Kirche in Baden Baden. Sprach nach dem Erwachen aus monatelangem tiefen Koma die russische Sprache; Deutsch wurde später gelernt.
Studium der Geschichte des Ostens und der russischen Sprache.
Frau Beta begann 1985 das Leben als freie Autorin in Wien: Sie ist Mitglied des Stiftungsfonds pro oriente; engagiert sich in ökumenischer Arbeit mit Jugendlichen. Zahlreiche Publikationen; Vorträge.
1990 persönliche Krise, Änderung der Einstellung zur Religion; Studium der Geschichte und Philosophie in Wien. Schreiben von Romanen für anspruchsvolle Jugendliche. 2000 Autobiografie „Katharsis“, die im vorliegenden Buch zur Vollendung kommt.

Sachbuch

Gerd Thumser, *Ludwig Ganghofer, Alpenkönig und Kinofreund, Zum 150. Geburtstag*; 18 Abb., 214 Seiten mit Register, 2005
ISBN 3-931680-46-0 EUR 14,80
Gerd Thumser, *Ludwig Thoma, Als München leuchtete,* 171 Seiten, 8 Abb., 3.Auflage, 2002
ISBN 3-931680-27-4 EUR 12,70
Erhard Köstler, *Heckenrosen, Tagebücher aus Krieg und Gefangenschaft in Frankreich, November 1944 bis Oktober 1948,* mit Zeichnungen von Franz Grohmann und einem Nachwort von Prof. Dr. Rudolf Bentzinger, 396 Seiten, 13 Abb., 2003
ISBN 3-931680-39-8 EUR 14,80
Roland M. Horn, *Gelöste und ungelöste Mysterien dieser Welt, Enthüllungen, Analysen, Fakten,*
269 Seiten, 13 Abb., 2000
ISBN 3-931680-22-3 EUR 14,70
Cornelia Heins, *Ladies von Dallas, Reich, Blond und Exzentrisch,* Die Geheimnisse und Finessen der Ladies von Dallas, Ein amüsanter Hintergrundbericht über die texanische Präriemetropole,
202 Seiten + 16 Seiten Farbfotos, 1999, Hardcover
ISBN 3-931680-14-2 EUR 20,35
Frank Schweizer, *Wie Philosophen sterben,*
300 Seiten , 2003, Pb.
ISBN 3-931680-42-8 EUR 14,80
Katharina Beta, *Bist Du der, auf den ich gewartet habe?*,
Autobiografie, 316 Seiten, 2005
ISBN 3-931680-48-7 EUR 16,80

Gerd Thumser, *Schickeria* - Eine Großstadtmoritat mit Musik von Christian Bruhn - , *Songs und Balladen für die Bühne*
228 Seiten, 2002
ISBN 3-931680-33-9 EUR 12,70

Reihe BPW

Nr. 1: **Peter Bachmaier**, *Die Logik der Sprachspiele: Eine philosophische Abhandlung,* 244 S., 1996
ISBN 3-931680-02-9 EUR 24,50
Nr. 2: **Peter Bachmaier**, *Gnothi sauton! Erkenne dich selbst! Philosophiegeschichtlicher Abriß zum Problem der Selbsterkenntnis.*
Teil I: Von den sieben Weisen bis Aristoteles. Mit Register 178 Seiten, 1998
ISBN 3-931680-07-X EUR 26,60
Nr.3: **Peter Bachmaier**, *Gnothi sauton! Erkenne dich selbst!*
Teil II: *Von der griechischen Klassik bis zum englischen Empirismus.* Mit Register 167 Seiten, 1999
ISBN 3-931680-10-X EUR 26,60
Nr. 4 **Peter Bachmaier**, *Gnothi sauton! Erkenne dich selbst!*
Teil III: Vom englischen Empirismus bis Kant und dem englischen Utilitarismus. Mit Register 378 Seiten, 2000
ISBN 3-931680-24-X EUR 26,60

Nr.5-6 in Vorbereitung

Nr. 5.1 **Peter Bachmaier,** *Gnothi sauton! Erkenne dich selbst!*
Teil V/I: Der Zauber des linguistic-pragmatic turn in Universal- und Transzandentalpragmatik. Mit Register 270 Seiten, 2005
ISBN 3-931680-38-X EUR 26,60
Nr. 7 **Roland Wallner**, *Die Entstehung des Gedankens der Hilfe zur Selbsthilfe im Zeitalter der Reformation,* 106 Seiten, 1998
ISBN 3-931680-06-9 EUR 16,40
Nr. 8 **Olav Bagusat,** *Die Rolle der Sprache beim Problemlösen,*
Eine sprach(spiel)theoretische Untersuchung für die Managementdisziplin, 200 Seiten, 2004
ISBN 3-931680-44-4 EUR 18,80